Remo Vetter

The Lazy Gardener

Wie man sein Glück im Garten findet

Für Frances:
Ohne dich wäre das alles nicht möglich gewesen.

Dank

Oft wurde mir die Frage gestellt, wie lange ich an diesem Buch gearbeitet habe. Die Bilder und Texte sind im Laufe von zwei Gartenjahren entstanden, aber «eigentlich» habe ich mein Leben lang daran gearbeitet, vorab die letzten 25 Jahre in dem uns anvertrauten Garten. Es ist die Philosophie und Geschichte meiner Familie. Ich danke allen Menschen, die mich beim Gärtnern und Schreiben begleitet haben:
Meinem Grossvater, der mich gelehrt hat, auf die Natur zu vertrauen und meinen Weg zu gehen.
Dem berühmten Heilpflanzenpionier Alfred Vogel für das einmalige Privileg, seine letzten 14 Lebensjahre mit ihm arbeiten zu dürfen. Frances und ich führten mit ihm faszinierende und inspirierende Gespräche im Garten, auf Wanderungen oder am Kaminfeuer in seinem geliebten Engadin.
Denise Vogel für ihr Vertrauen und ihre Freundschaft. Sie hat uns die Möglichkeit gegeben, unsere Ideen umzusetzen.
Dave, Catherine und Mark Brüllmann für den Spass beim Fotografieren und die anregenden und heiteren Gespräche nach vollbrachter Arbeit. Immer wieder haben wir neue Ideen entwickelt, und Dave war oft erst durch die untergehende Sonne zu bremsen.
Meinem Freund Hans Reckhaus für die philosophischen Freitagabend-Gespräche im Garten.
Victor Cirefice für die Inspiration über Kunst, Erdverbundenheit, Bergtouren, Fischfang und die italienisch-irische Sicht der Dinge – bei einem guten Glas Wein und selbstgemachter Pasta am offenen Feuer in seiner alten Mühle in Irland.
Günter und Ingrid Langer, unseren Vize-Grosseltern, für das Mittragen der «Familienfestung».
Carmine, Velimir und Vito für ihre tatkräftige Unterstützung.
Jolanda Spirig und Alois Stolz für das Lektorat.
Markus Rusch und Eveline Sutter vom Verlag Appenzeller Volksfreund für die Umsetzung und Realisierung des Buches.
Michael Watt für jene immens wichtigen zwei Minuten!
Seiner Frau Gaynor für ihre edle Art, Schönheit einzubringen, welche uns sehr begeistert und motiviert hat.
Otto Belz für seine Ausführungen zu den Themen Einzigartigkeit, Begeisterung für die Arbeit, das persönliche Engagement und: «Was mir wichtig ist.»
Meiner Frau Frances und unseren Töchtern Maria, Ashlin und Seraina, die den Garten und vor allem mein Leben auf das Wunderbarste bereichern.

Neben meinem Beruf als Fotograf bin ich immer öfter im Garten anzutreffen.
Es ist für mich ein Vergnügen in der Erde zu wühlen und die wunderbaren Düfte der Natur einzuatmen. Dabei kann ich mich regenerieren. Dieses Buch gab mir die Möglichkeit Arbeit und Vergnügen zu verbinden.
Dave Brüllmann

1. Auflage 2008

© 2008
Herausgeber Verlag
Druckerei Appenzeller Volksfreund, Engelgasse 3, 9050 Appenzell.

Alle Rechte für Verbreitung und auszugsweisen Nachdruck sind vorbehalten.

Autor
Remo Vetter

Gestaltung, Satz, Druck und Verlag
Druckerei Appenzeller Volksfreund, 9050 Appenzell

Bilder
Dave Brüllmann

Lektorat
Jolanda Spirig
Alois Stolz

ISBN-Nr.
978-3-9523357-4-1

Inhaltsverzeichnis

Das Glück im Garten – zum Autor	12
Mäuse, Schnecken, Hangrutsch	14
Die neue Leichtigkeit des Gärtnerns	22
Füttern auf eigene Gefahr	28
Das Wetter und ich	38
Von Pflanzen und Tieren	52
Das Hügelbeet als Nährstoffbombe	66
Objekt der Begierde	72
Kupferspuren	74
Misten, Mulchen, Glücksmomente	84
Geben und Nehmen	90
Kompostieren	92
Bodenkosmetik	102
Das grosse Fressen	106
Die Gemüsefavoriten	122
Obst, Früchte und Beeren – ein Genuss	140
Unsere Lieblingskräuter	154
Der erste Tag	170
Im Schnee	176

Il faut cultiver notre jardin

Voltaire, Candide

Das Glück im Garten – zum Autor

«Wir Menschen meinen immer, wir seien es, die über die Pflanzen bestimmen. Man kann das auch umgekehrt sehen», lacht Remo Vetter. Der Garten ist für ihn ein Ort der Begierde und des Kokettierens: «‹Iss mich, ich schmecke so gut!›, heisst für ihn die Botschaft des Basilikums.»

Remo Vetters erste sieben Lebensjahre waren geprägt durch seinen Grossvater, ein naturverbundener Freidenker. Seine Devise war: Weg von der Strasse und ab in den nahen Wald, wo er ein Stück Erde pflegte. Grossvater und der Garten faszinierten den Buben gleichermassen, trotzdem ergriff er einen technischen Beruf in der Basler Chemie. Nach einigen Wanderjahren lernte er an der irischen Westküste seine Frau Frances Mc Veigh kennen, eine Künstlerin mit einem herausragenden Flair für Formen und Farben und einer grossen Liebe zur Natur.

Auf der Suche nach dem guten Leben, dem perfekten Ort sind die Beiden viel gereist, mit der Einsicht, dass es diesen Ort auf der Landkarte geografisch nicht gibt. Heute sind sie überzeugt: «Das gute Leben liegt nicht irgendwo in der weiten Welt, sondern im Hier und Jetzt bei uns selbst.» Bei der täglichen Arbeit im Garten, den sie vor fünfundzwanzig Jahren vom bekannten Heilpflanzenpionier Alfred Vogel übernommen haben. Im appenzellischen Teufen am Fusse des Alpsteins sind sie umgeben von Sanddorn und Johanniskraut, Artischocken und Basilikum. Eine Zauberwelt von Düften und Farben tut sich auf. Die Arbeit im Garten, zwischen Heilpflanzen, Obst und Gemüse, ist für Remo Vetter Erholung, der Kontakt zu den Besucherinnen und Besuchern aus der ganzen Welt Motivation auf dem Weg zu immer neuen, faszinierenden Erkenntnissen. Die Wichtigste: «Nicht der Gärtner gibt vor, was wächst und gedeiht, sondern die Natur.» Vetters achten ihre uralten Gesetze, die einmalige Symbiose zwischen Natur, Mensch und Insektenwelt fasziniert sie. Und wenn sie erzählen, dann erblühen die Pflanzen zu einem zweiten Leben. Da fangen sie bei einem kleinen, grünen Blättchen an, kommen auf die Monopolisierung der Natur durch die grossen Samenproduzenten zu sprechen und verraten, wie man das Glück im Garten findet. «Die meisten Menschen stressen sich selbst», sagen sie. «Wer hindert sie, glücklich zu sein? Nur sie selbst.»

Auf der Suche nach dem guten Leben, dem perfekten Ort sind wir viel gereist, mit der Einsicht, dass es diesen Ort auf der Landkarte geografisch nicht gibt. «Das gute Leben liegt nicht irgendwo in der weiten Welt, sondern im Hier und Jetzt bei uns selbst und unserer täglichen, bewussten Arbeit.»

Mäuse, Schnecken, Hangrutsch

Unser Garten liegt tausend Meter über dem Meeresspiegel, mitten in den sanften Hügelketten des Appenzellerlandes. Frances und ich pflegen ihn seit fünfundzwanzig Jahren. Alfred Vogel, der bekannte Naturheilforscher, hat ihn uns anvertraut. Der Winter in Teufen ist lang und kalt, der Schnee liegt hoch, der Frühling ist nasskalt und die Wachstumsperiode kurz. Kein Wunder, dass die Appenzeller keine Gärtner sind und sich seit Jahrhunderten auf Viehzucht und Milchwirtschaft spezialisieren. Denn eigentlich lohnt sich das Gärtnern hier oben nicht. Aber vielleicht hat uns gerade das angespornt: Wir tun etwas, was «eigentlich» nicht geht. Dass wir dabei mit einigen Problemen zu kämpfen haben, ist nur natürlich.

Im Westen begrenzt eine Wiese den Garten, im Osten der Wald. Die steile Hanglage ist nach Süden offen und geniesst damit volle Sonneneinstrahlung. Das nahe Alpsteingebirge bremst die Nordwinde, und es gibt oft Staulagen mit lang anhaltenden, ergiebigen Regenfällen und Föhnlagen mit warmen Winden.

Das Wetter kommt meist von Westen. Wenn ich also wissen will, wie das Wetter wird, geht mein zweiter Blick nach Westen. Der erste Blick geht auch nach fünfundzwanzig Jahren noch immer zum Alpsteinmassiv, das direkt vor unserer Haustüre liegt und zu unserem Hausberg, dem 2500 Meter hohen Säntis, der täglich in einem anderen Licht erscheint und eine faszinierende Kulisse bildet.

Da wir im voralpinen Raum leben, liegt der Schnee oft von November bis Mai. Man kann somit nicht sagen, dass wir an bevorzugter Lage gärtnern. Ganz im Gegenteil: «Eigentlich» dürfte das meiste, was in unserem Garten gedeiht, in diesem Klima gar nicht wachsen. Der Boden ist lehmig, schwer und basisch.

Als wir vor vielen Jahren die aus dem Süden mitgebrachten Bäume, Sträucher, Beeren und Kräuter in unseren Garten pflanzten, waren wir erstaunt, wie langsam diese gediehen. Da war praktisch über Wochen kein Wachstum auszumachen. Ganz im Gegensatz zum vorher bewirtschafteten Garten im milden Klima der Südschweiz, wo die Pflanzen förmlich aufschossen. Doch nachdem sich die importierten Mitbringsel an das alpine Klima gewöhnt hatten, waren wir erstaunt über die Wucht und horizontale Ausbreitung unserer Pflanzen. Hier im Appenzellerland scheint alles etwas langsamer, gemäch-

> «Eigentlich» dürfte das meiste, was in unserem Garten gedeiht, in diesem Klima gar nicht wachsen.

Mäuse, Schnecken, Hangrutsch

licher, weniger gross, dafür unheimlich wuchtig und in die Breite zu wachsen.

HANGRUTSCH

Die Mäuse liebten unseren Garten heiss. Von unten knabberten sie die Wurzeln unserer Delikatessen an, sie frassen Artischocken, Auberginen, Peperoni und Tomaten, während sich die Schnecken von unseren Salaten, Gurken und Radieschen ernährten.

Zu allem Übel schwemmte es uns den Gemüsegarten nach starken Regenfällen immer wieder talwärts. Gegen Süden hat das Terrain 24 Prozent Gefälle. Das ist zwar gut für die Sonneneinstrahlung, doch Schnee- und Hangdruck zeigten uns den Meister und liessen die Beete zuverlässig rutschen. Als verantwortungsbewusster Gärtner glaubte ich zu wissen, was richtig ist, und legte meine Beete in Ost-West Ausrichtung an. So quasi: «Ich bestimme, wie das hier läuft.» Stoisch baute ich meine Beete jedes Frühjahr neu auf, bis ich lernte, die Natur als Lehrerin anzunehmen und die Beete in Hangrichtung anzulegen, in Fliessrichtung des Regenwassers.

Um den Hang zusammenzuhalten, vernetzten wir den Boden unter den Gemüsebeeten mit feinem Maschendraht. Damit hielten wir auch die gierigen Mäuse von den Wurzeln fern. Unterhalb des Gartens pflanzten wir Weiden, die mit ihren tiefen Wurzeln den Hang stabilisierten. Die Gartenwege bestreuten wir mit Holzhäcksel und verscheuchten damit die Schnecken, die lieber über feuchte Graswege kriechen.

Unser Gemüse- und Heilpflanzengarten hat eine Fläche von rund tausend Quadratmetern. Über hundert verschiedene Kräuter wachsen hier, dazu Gurken, Tomaten, Auberginen, Artischocken, Kirschen, Feigen und weitere Pflanzen, die eigentlich auf dieser Höhe gar nicht gedeihen. Sie tun es trotzdem, dank ausgeklügeltem Mikroklima, das wir seit Jahren pflegen, und einer besonderen Anbaumethode, die wir hier verraten.

Der Gemüsegarten misst 130 Quadratmeter. Er umfasst acht 10 bis 15 Meter lange Hügelbeete.

> Beim Gärtnern habe ich Zeit zum Reflektieren. Fragen tauchen auf: «Habe ich das Recht, mich über die Natur hinwegzusetzen? Zu bestimmen, was wo gedeihen darf? Oder könnte es sein, dass die Natur uns vorgibt, was möglich und was unmöglich ist?»

Die 1.20 Meter breiten Beete haben eine Oberfläche von 1.50 bis 1.80 Metern und sind bequem von beiden Seiten bis zur Beetmitte bearbeitbar. Etwas gefährlich ist die Länge der Beete, ich gebe es zu. Man ist geneigt, nicht den ganzen Weg herumzugehen, sondern die Abkürzung über das Beet einzuschlagen. (An sich verboten, doch hin und wieder breche sogar ich diese Regel!)

Wir haben drei Wasseranschlüsse im Gemüsegarten. Sie sind alle in zehn bis zwölf Metern Distanz zu erreichen. Vom Dach des Gartenhauses sammeln wir das Regenwasser in einem Dreihundertliterfass. In zwei Ecken des Gemüsegartens stehen Kompostbehälter aus Lärchenholz, in denen wir die geernteten Gemüsepflanzen vorputzen, bevor wir Salate & Co. in der Küche abliefern. Das «Vorrüsten» im Garten ist viel effizienter, als alles nach Hause zu bringen, in der Küche zu putzen und anschliessend die Pflanzenabfälle wieder auf den Kompost zu tragen.

Der Garten versorgt unsere fünfköpfige Familie während sechs Monaten im Jahr mit wunderbar frischem Gemüse, Obst und Kräutern. Natürlich wäre es toll, wenn wir uns das ganze Jahr selbst versorgen könnten, aber das lassen die klimatischen Bedingungen einfach nicht zu. Wir sind auch so mit Aufwand und Ertrag mehr als zufrieden. Es geht ja auch nicht darum, Rekordernten einzufahren, denn was wollen wir schon mit einem hundert Kilo schweren Kürbis! (den wir übrigens zu viert aus dem Garten tragen mussten). Wir setzen viel lieber auf Vielfalt und so haben wir es auf 27 Sorten Kürbisse gebracht.

Natürlich ist es ratsam, auf Flachbeeten einen Fruchtwechsel einzuhalten und nicht Jahr für Jahr die gleichen Pflanzen am selben Standort anzubauen. Ehrlich gesagt, wir halten uns nicht pedantisch an die Regel, denn sobald auf dem Hügel eine Reihe frei wird, säen oder pflanzen wir ganz einfach wieder nach. Da dies zu ganz verschiedenen Zeiten der Fall ist, wird es vermutlich sowieso eine andere Pflanze sein. Ein bisschen chaotisch, ich weiss!

Die neue Leichtigkeit des Gärtnerns

Unser riesiger Garten gebe sicher sehr viel Arbeit, darauf sprechen uns die Gäste des A.Vogel Naturgartens häufig an. Wir stellen dazu meist eine Gegenfrage: Wie viel Zeit investieren Sie wöchentlich in Ihren Einkauf? «Zehn Stunden», meinte kürzlich eine Besucherin. Dazu kommt, dass sie sich ins Auto setzen, zum Supermarkt fahren, einen Parkplatz finden und sich an der Kasse anstellen muss. Und dann hören wir oft von Neujahrsvorsätzen, dieses Jahr nun wirklich etwas für die Gesundheit tun zu wollen und regelmäßig das Fitnesscenter zu besuchen. Zu diesem Zweck und um das Gewissen zu beruhigen, wird dann ein teures Jahresabonnement gekauft, wobei es meist bei einigen wenigen Besuchen bleibt.

Die meisten Menschen reagieren auf Umstände und Vorkommnisse. Das heißt, sie werden gelenkt und sind nicht Entscheidungsfinder. Es geht hier um die Diskrepanz zwischen «Reagieren» und einer «pro-aktiven» Haltung, bei der ICH entscheide und die Dinge nicht für mich entschieden werden.
Es entspricht unserer Philosophie und Arbeitsweise, dass wir «pro-aktiv» tätig sind.
Unser Fitnesscenter ist der Garten. Frühmorgens kratzen wir die Beete mit der Pendelhacke oberflächlich durch. Das ist gut für das Gehirn, denn wir verrichten eine leichte Tätigkeit, bei der unser Geist erwacht und sich auf den Tag einstimmt. Es ist ausserdem gut für die Bauchmus-

> Unser Fitnesscenter ist der Garten. Frühmorgens kratzen wir die Beete mit der Pendelhacke oberflächlich durch. Das ist gut für das Gehirn, denn wir verrichten eine leichte Tätigkeit, bei der unser Geist erwacht und sich auf den Tag einstimmt. Es ist ausserdem gut für die Bauchmuskulatur, womit wir auf das Fitnesscenter verzichten können, und zu guter Letzt ist die ganze Sache gut für den Boden.

kulatur, womit wir auf das Fitnesscenter verzichten können, und zu guter Letzt ist die ganze Sache gut für den Boden. Eine der wichtigsten Arbeiten ist es, den Boden zu lüften, die Kapillaren zu öffnen und der Erde Sauerstoff zuzuführen. Das Fantastische daran ist, dass der riesige Garten dank der «pro- aktiven» Arbeitsweise mit wenig Aufwand und Kraftanstrengung in kurzer Zeit durchgekratzt ist. Wichtig ist, dass wir diese Arbeit praktisch täglich und insbesondere nach Regenfällen tätigen, da dann die Unkrautsamen keimen. Wir stören also das aufkeimende Unkraut und belüften gleichzeitig die obere Bodenschicht. Warten wir zu, wird der Arbeitsaufwand für das Jäten um ein Vielfaches größer und der Garten zwingt uns zur «Reaktion».

ZEIT

Wir heizen unser Haus zum Teil mit Holz.
Ich brauche zwei Bäume, um unser Haus einen Winter lang zu beheizen. Oft höre ich: «Mir fehlt die Zeit, um in den Wald zu gehen, um Holz zu sammeln oder Bäume zu fällen».
Wenn ich in den Wald gehe und einen Baum fälle, gibt mir der Baum zum ersten Mal warm.
Wenn ich ihn zersäge, gibt er mir zum zweiten Mal warm.
Wenn ich ihn aus dem Wald trage, gibt er mir zum dritten Mal warm.
Wenn ich ihn zu Scheiten spalte, gibt mir der Baum zum vierten Mal warm.
Wenn ich die Scheiter zu guter Letzt im Kamin anzünde, hat mir der Baum fünf Mal Wärme gegeben.

«Die Hummel hat es mir angetan. Amerikanische Luftfahrtingenieure haben herausgefunden, dass eine Hummel eigentlich gar nicht flugfähig ist. Sie hat eine Flügelfläche von 0,7 Quadratzentimetern und ein Gewicht von 1,2 Gramm. Gemäss aeronautischen Gesetzen wäre eine solche Maschine nicht flugfähig. Gut, dass die Hummel nichts davon weiss. Sie fliegt einfach...»

Füttern auf eigene Gefahr

In einem grösseren Garten fällt so viel Material an, dass wenig bis nichts zugekauft werden muss. Man kommt mit sehr wenig Geld über die Runden.

Die Wahl der Arbeitsweise ist in jedem Fall eine Entscheidung für oder gegen die Natur. Den Garten biologisch zu bewirtschaften und gleichzeitig den Rasen und die Blumenbeete mit Herbiziden, Fungiziden und Kunstdünger zu behandeln, ist absurd. Früher oder später führt das zu einem inneren Konflikt, zu einer nicht vertretbaren Haltung dem Leben und dem Boden gegenüber.

Es geht auch nicht, dass wir zugekaufte, gespritzte Pflanzen wie Melonen, Orangen, Bananen, Rosen oder Tulpen auf den Kompost bringen, denn damit vergiften wir die Erde und wichtige Kleinlebewesen. Auf unserem Kompostbehälter steht deshalb in grossen Buchstaben: «Achtung wilde Tiere! Füttern auf eigene Gefahr.» Die Kompostwürmer und Kleinlebewesen sind zwar

Der biologische Garten ist ein einheitliches Gefüge. Alles ist miteinander verbunden.

Es ist eine Vernetzung und Symbiose zwischen Nutzpflanzen, unterstützenden Gründüngungen, Zwischensaaten, Tieren, Nützlingen, Schädlingen und dem Gärtner. Alle sind Teil des Naturkreislaufs. Jeder hat seine Aufgabe, sogar die Schädlinge, denn sie zeigen an, wo es etwas zu tun gibt, wo der Garten nicht im Gleichgewicht ist. Biologisch Gärtnern ist eine Lebenshaltung und heisst, nicht gegen, sondern mit der Natur zu arbeiten und sich mit deren Gesetzmässigkeiten auseinanderzusetzen.

v.l.n.r. Frances, Maria, Ashlin, Seraina und Remo

Füttern auf eigene Gefahr

> Die Natur reguliert sich selbst. Sie braucht den Menschen nicht.
>
> Auf einem gesunden Boden wachsen gesunde Pflanzen und das wiederum gibt gesunde Menschen.

wild, aber natürlich ganz und gar ungefährlich. Wir schützen uns und die Nützlinge vor unerwünschten und meist giftigen Gaben unserer Gäste, die den Kompost gerne als «Abfallhaufen» betrachten. Kürzlich hat mich ein Besucher gefragt, was für wilde Tiere denn im Kompostbehälter hausen. Ich gab ihm zur Antwort, sie seien schon sehr gefährlich, aber wenn er sich traue, könne er es schon wagen, den Deckel zu öffnen. Zu meiner kleinen Freude hat er die Bananenschalen woanders entsorgt.

> Koriandersamen: Ausschliesslich von Hand geerntete und kontrollierte Samen garantieren ein gesundes Saatgut.

Der biologische Garten ist ein einheitliches Gefüge. Alles ist miteinander verbunden.

Es ist eine Vernetzung und Symbiose zwischen Nutzpflanzen, unterstützenden Gründüngungen, Zwischensaaten, Tieren, Nützlingen, Schädlingen und dem Gärtner. Alle sind Teil des Naturkreislaufs. Jeder hat seine Aufgabe, sogar die Schädlinge, denn sie zeigen an, wo es etwas zu tun gibt, wo der Garten nicht im Gleichgewicht ist. Darum ist biologisch Gärtnern nicht einfach Nichtstun oder arbeiten ohne Einsatz von Chemie. Biologisch Gärtnern ist eine Lebenshaltung und heisst, nicht gegen, sondern mit der Natur zu arbeiten und sich mit deren Gesetzmässigkeiten auseinanderzusetzen. Biologisch Gärtnern braucht Zeit: Zeit zum Beobachten, Zeit zur Reflexion, Zeit, um die Pflanzen und Ideen im Garten wachsen zu lassen.

Das Ziel des biologischen Gartenbaus ist ein gesunder Organismus. Mein Grossvater wusste es: Die Natur reguliert sich selbst. Sie braucht den Menschen nicht. Wer keine Insektizide einsetzt, wird je nach Klima früher oder später Blattläuse und andere Schädlinge im Garten haben. Gesunde Pflanzen sind in den meisten Fällen widerstandsfähig und erholen sich schnell von den Angriffen der Schädlinge. Wir beobachten das immer wieder bei selbstgezogenen Salaten und bei Setzlingen, die wir aus dem Gartencenter zugekauft haben. Da Letztere meist mit künstlichem Licht und Wachstumshilfen forciert wurden, werden sie von den Schädlingen zuerst angegriffen.

HOCHZEIT UND RÜCKZUG

Wir lassen nicht benötigte Pflanzen den ganzen Zyklus gehen. Eine Pflanze hat eine Hochzeit: Blüte- und Erntezeit.

Nach dem Samenstadium beginnt das Vergehen, Säfte und Energie ziehen sich in die Wurzeln zurück. Seit wir den Pflanzen diesen Ausreifungsprozess gönnen, seit wir ihnen Ruhephase und Rückzugsmöglichkeit zugestehen, gibt es in unserem Garten kaum mehr Mangelerscheinungen.

Biologisch Gärtnern und Nichtstun sind also nicht dasselbe. Wir müssen dann eingreifen, wenn wir sehen, dass Pflanzen kränkeln oder Schädlinge überhand nehmen. Klar ist, dass wir auf jeden Fall auf Pestizide, Herbizide, Fungizide, Schneckenkörner und Kunstdünger verzichten. Wir verwenden auch keinen Torf und ziehen die Pflanzen aus biologischem Saatgut. Die Philosophie ist denkbar einfach: Auf einem gesunden Boden wachsen gesunde Pflanzen und das wiederum gibt gesunde Menschen.

Der Garten ist ein Gemeinschaftswerk. Biologisch Gärtnern ist für uns nicht bloss der Anbau von gesundem Gemüse, sondern Lebensanschauung, Erfüllung, vielleicht sogar Lebenswerk.

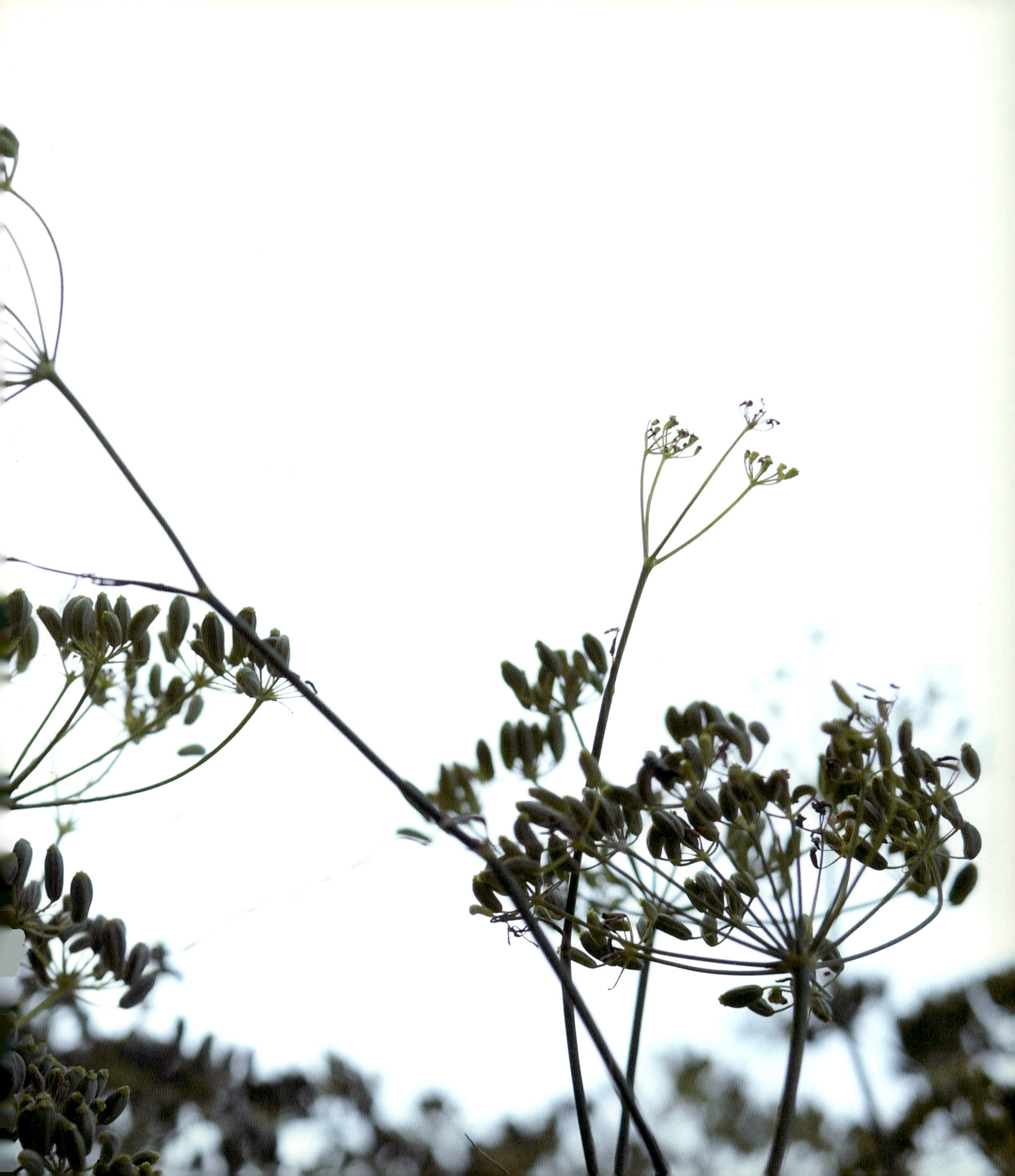

Das Wetter und ich

Es ist ein schöner Frühlingsmorgen. Der Wetterbericht war schlecht, deshalb habe ich mich heute auf Schreiben eingestellt. Oder soll ich doch lieber meinem Herzen folgen und in den Garten gehen? Als Gärtner bin ich immer wieder spontan gefordert. Ich halte mich nicht gerne an Vorgaben und Saatkalender, sondern arbeite seit Jahren nach dem Lustprinzip. Wenn ich zu etwas Lust habe, geht alles viel schneller von der Hand. Ich bin dann im Fluss, die Energie fliesst. Mit einem amerikanischen Journalisten habe ich kürzlich spät abends den Mist vom Schafstall ausgebracht. Es war eine spontane Entscheidung, und die Arbeit ging gut von der Hand. Wir lachten beide immer wieder, und er war sehr beeindruckt, dass eine so simple Arbeit solchen Spass machen konnte. Ich spottete: «Das ist der Preis der Freiheit, abends, wenn andere ausgehen, den Mist auszubringen!»

Das Wetter beeinflusst mich. Es gibt vor, was heute zu tun ist. Ich beobachte die heranziehenden Wolken. Wird das Wetter halten? Für den biologischen Gärtner ist das Wetter ein zentraler Faktor. Die Entscheidung heisst: Arbeitspult oder Garten. Meist zieht es mich hinaus.

Das Wetter ist ausschlaggebend für meinen Erfolg, und damit für das Gelingen meiner heutigen Vorsätze. Früher nahm ich mir immer zu viel vor – und war dann enttäuscht, wenn ich meine Zielvorgaben nicht erreichte, weil der Regen kam, oder sonst etwas Unvorhergesehenes. Heute bin ich gelassener. Ein Trick hilft mir dabei: Abends reflektiere ich den Tag. Was war gut? Was hätte ich besser tun können? Ich versuche, mit mir und meiner Umwelt ins Reine zu kommen. Dann setze ich mir Ziele für den nächsten Tag. Ich tue das bewusst am Vorabend, damit ich am Morgen nach dem Frühstück gleich loslegen kann. Es fällt mir leichter, den Tag so zu begin-

> Ich halte mich nicht gerne an Vorgaben und Saatkalender, sondern arbeite seit Jahren nach dem Lustprinzip. Wenn ich zu etwas Lust habe, geht alles viel schneller von der Hand. Ich bin dann im Fluss, die Energie fliesst.

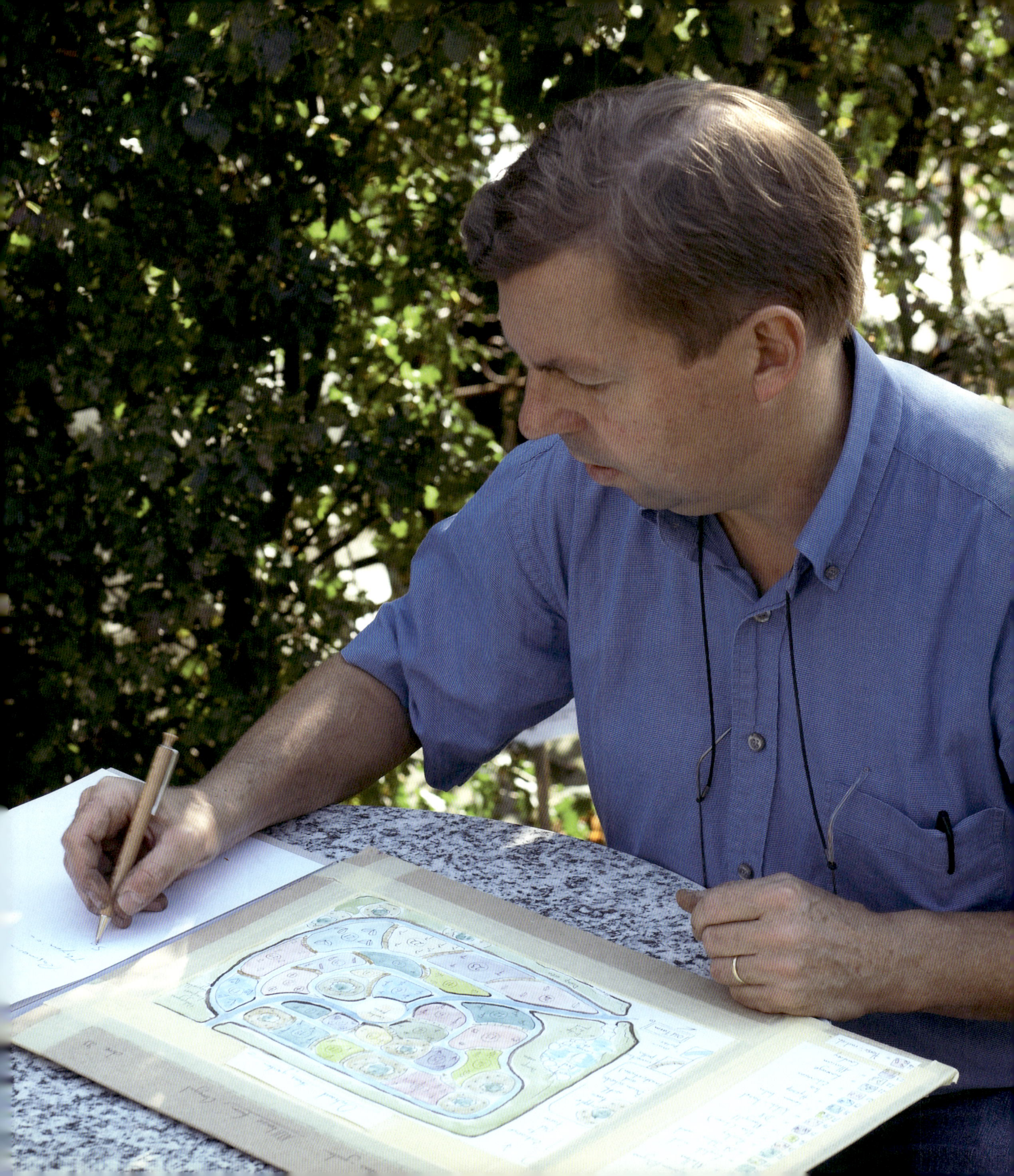

Aus Gesprächen mit unseren Gästen weiss ich, dass wir dazu neigen, uns zu viele Ziele zu setzen, um irgendwann aufzugeben. Oder wir fangen ob all der zu erledigenden Arbeiten erst gar nicht damit an. Weniger ist mehr. Wichtiges ist von Dringendem zu unterscheiden. Also entscheiden wir uns für fünf «must do» und fünf «nice to do», schliesslich soll es auch noch Spass machen. Für jede schwierige Arbeit beschenke ich mich mit einer schönen Arbeit im Garten oder am Schreibpult. So macht die Arbeit Spass – und das Leben auch. Es ist gut – so, wie es ist. Ich akzeptiere das Leben, atme ein paar Mal tief in den Bauch hinein, streife den Ballast ab und lege los.

nen, als mir frühmorgens den Kopf zu zerbrechen, was ich alles tun könnte.
Fünf «must do» und fünf «nice to do» stehen jeweils auf meiner Liste. Ich habe gelernt, die fünf «must do»-Ziele nicht zu hoch zu stecken und doch ausserhalb meiner «Komfortzone». Schliesslich soll es ja eine Herausforderung sein, ein in gewissem Sinne über sich selbst Hinauswachsen.

«MEINE täglichen Arbeiten haben sich nicht gewandelt,
doch befinde ich mich nunmehr im Einklang mit Ihnen.
Ich gebe nichts, verweigere nichts,
ganz gleich unter welchen Umständen,
nichts hindert, nichts widerstrebt...
Wasser schöpfen, Brennholz sammeln,
welch übernatürliche Kraft solchen Tätigkeiten innewohnt.»
(Autor unbekannt)

REGEN

Das Wetter ist unumstösslich. Es zwingt mich, im Augenblick zu leben. Wer es bekämpft, verschwendet nur seine Zeit. Früher kam es manchmal vor, dass ich trotz Regen oder Schnee mit

Wenn ein Kleinkind laufen lernt, dann fördern wir es. Wenn es umfällt, fordern wir es auf und lächeln es an: «Komm steh auf. Lauf zu Mami.» Wir sagen ihm nicht: «Bleib liegen, die Welt ist zu kompliziert, Du schaffst das eh nicht.»

Das Motto des bekannten Erfolgstrainers Gregor Staub lautet:
«Wenn du in deinem Leben einmal mehr aufstehst, als du umfällst, dann bist Du erfolgreich.»

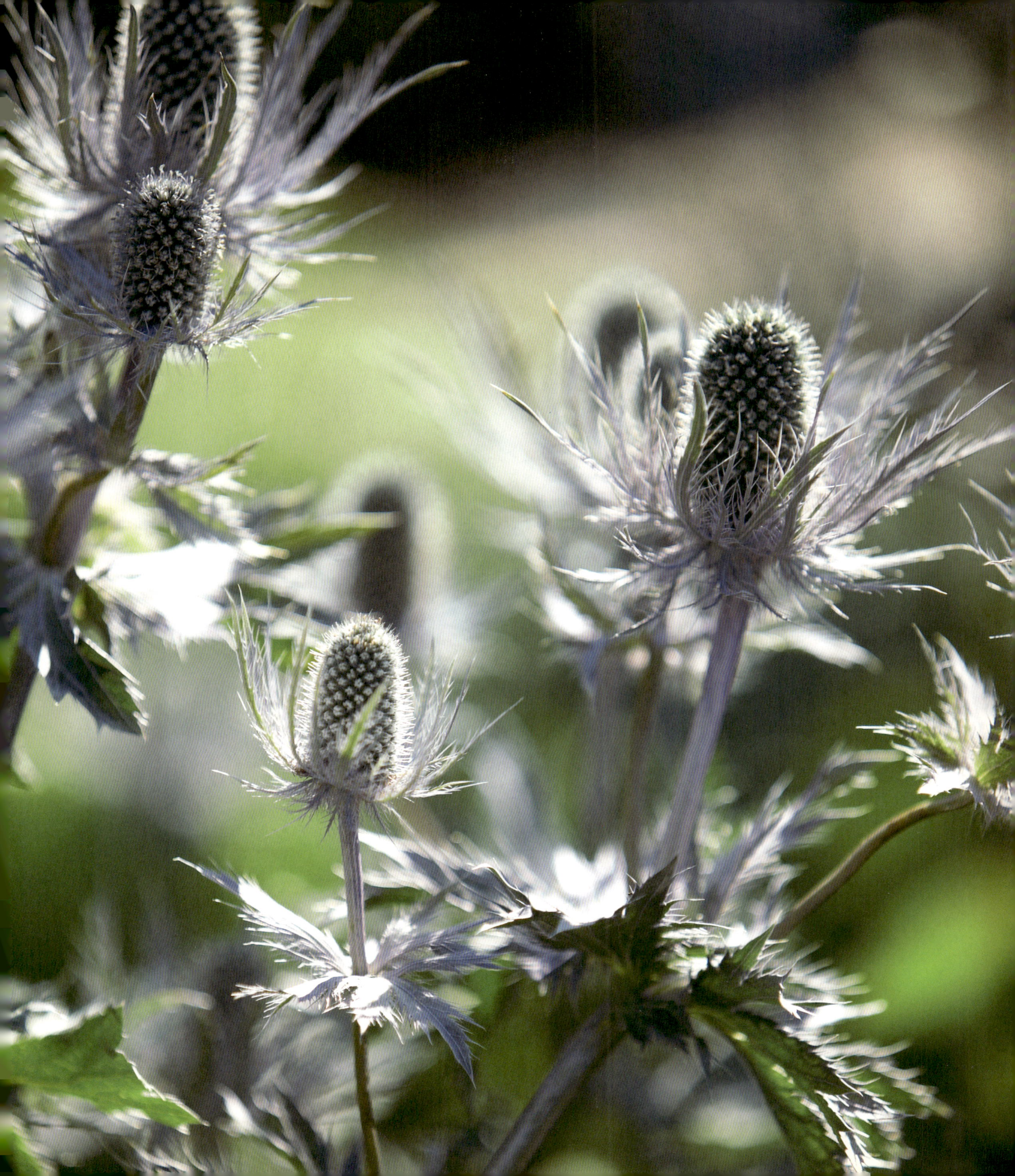

Ich habe gelernt, Geduld zu haben, abzuwarten, bis das Wetter stimmt.

Nach dem Regen gehe ich in den Garten und kratze die Gartenbeete durch. Am liebsten erledige ich diese Arbeit am Morgen. Dann atmet die Erde ein, abends atmet sie aus. Also öffne ich am Morgen mit meiner Kupfer-Pendelhacke die Kapillaren, lasse die Erde atmen und die Energie fliessen. Die langjährige «pro-aktive» Bodenbearbeitung mit der Pendelhacke hat dazu geführt, dass die Gartenerde extrem krümelig und der Boden gut durchlüftet ist. Natürlich beeinflusst die Kombination aus Niederschlag und Wärme das Pflanzengedeihen in unserem Garten. Doch bin ich überzeugt, dass es unsere Arbeitsweise ist, und damit meine ich das Lüften der Erde mit Kupfergeräten, die Ertrag und Pflanzengesundheit massgeblich verbessert haben.

Jeder Boden hat seine eigenen Gesetzmässigkeiten, die es zu erforschen gilt. Wenn es bei uns tagelang regnet, und das kommt im voralpinen Klima häufig vor, dann saugt der Boden die Feuchtigkeit wie ein Schwamm auf. Ich muss dann tagelang abwarten, bis ich die Beete bearbeiten kann. Zu frühes Bearbeiten verdichtet die Erde. Dafür muss ich meinen Garten, ausser bei Neusaaten, nie bewässern. Mein Lehrmeister Alfred Vogel hat mich einmal gefragt, wo wohl die gesündesten Pflanzen wüchsen. Dabei zeigte er auf das nahe Alpsteingebirge: «Dort wachsen sie – und wer giesst sie? Niemand ausser der liebe Gott!» Punkt, basta.

Schubkarren, Spaten oder sonstigem schweren Werkzeug durch den Garten stapfte, dabei den Boden unnötig verdichtete und mir der Lehm wie Leim zentimeterdick an den Stiefeln klebte. Würde ich mich mit meinem heutigen Erfahrungsschatz von der trockenen Stube aus beobachten, ich käme nicht darum herum, über den Spinner da im Garten laut zu lachen.

> Wenn ich hacke, hacke ich.
> Wenn ich jäte, jäte ich.
> Wenn ich stehe, stehe ich.
> Wenn ich esse, esse ich.
> Das bedeutet: Ich tue das bewusst, was ich gerade tue.

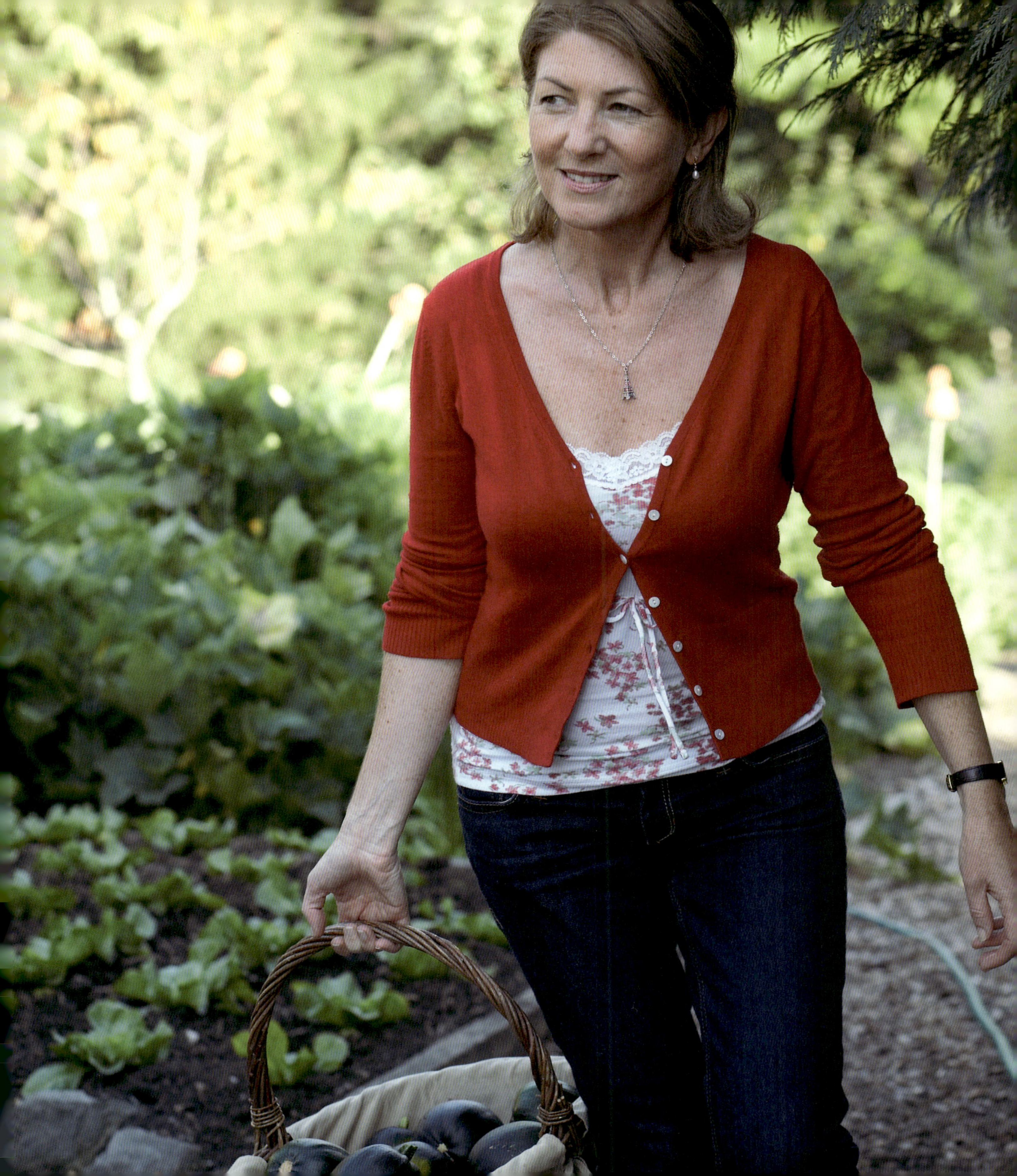

Gedanken zur Gartenarbeit

Wenn man eine Tätigkeit immer wieder tut, sei es Malen, Kochen oder eben Gärtnern, wenn es praktisch zu einer positiven, täglichen Routine wird, dann wird man zum Experten.

Diese kleine Lektion veranlasste mich zu einem Versuch. Ich nahm ein über 1.80 Meter hohes Glasgefäss, füllte es mit Erde und pflanzte oben einen Kopfsalat-Setzling ein. Den Glaszylinder umhüllte ich mit einer Schilfmatte. Den ganzen Sommer hindurch wässerte ich die Salatpflanze nicht. Stattdessen liess die Pflanze gegen zwei Meter lange Wurzeln wachsen, um die Feuchtigkeit aus dem Mutterboden zu holen. Der Salat war kräftig und gesund. Wenn wir Salatpflanzen täglich wässern, verpäppeln wir sie. Gehen wir dann einmal für zwei Tage weg, finden wir bei unserer Rückkehr verwelkte Pflanzen vor. Genau gleich ist es mit der Erziehung von Kindern. Wenn wir einem Heranwachsenden jeden Wunsch erfüllen, ist das zwar sehr einfach für uns und das Kind. Aber wehe, es passiert etwas Unvorhergesehenes. Dann kommt es damit nur schlecht zurecht. Es ist für Menschen, wie für Pflanzen wichtig, durch stürmische und schwierige Zeiten zu gehen. Nur das lässt uns stark und standfest werden.

FROST

Viele Hobbygärtner und -gärtnerinnen fürchten sich vor dem Frost, der bei uns meist im Dezem-

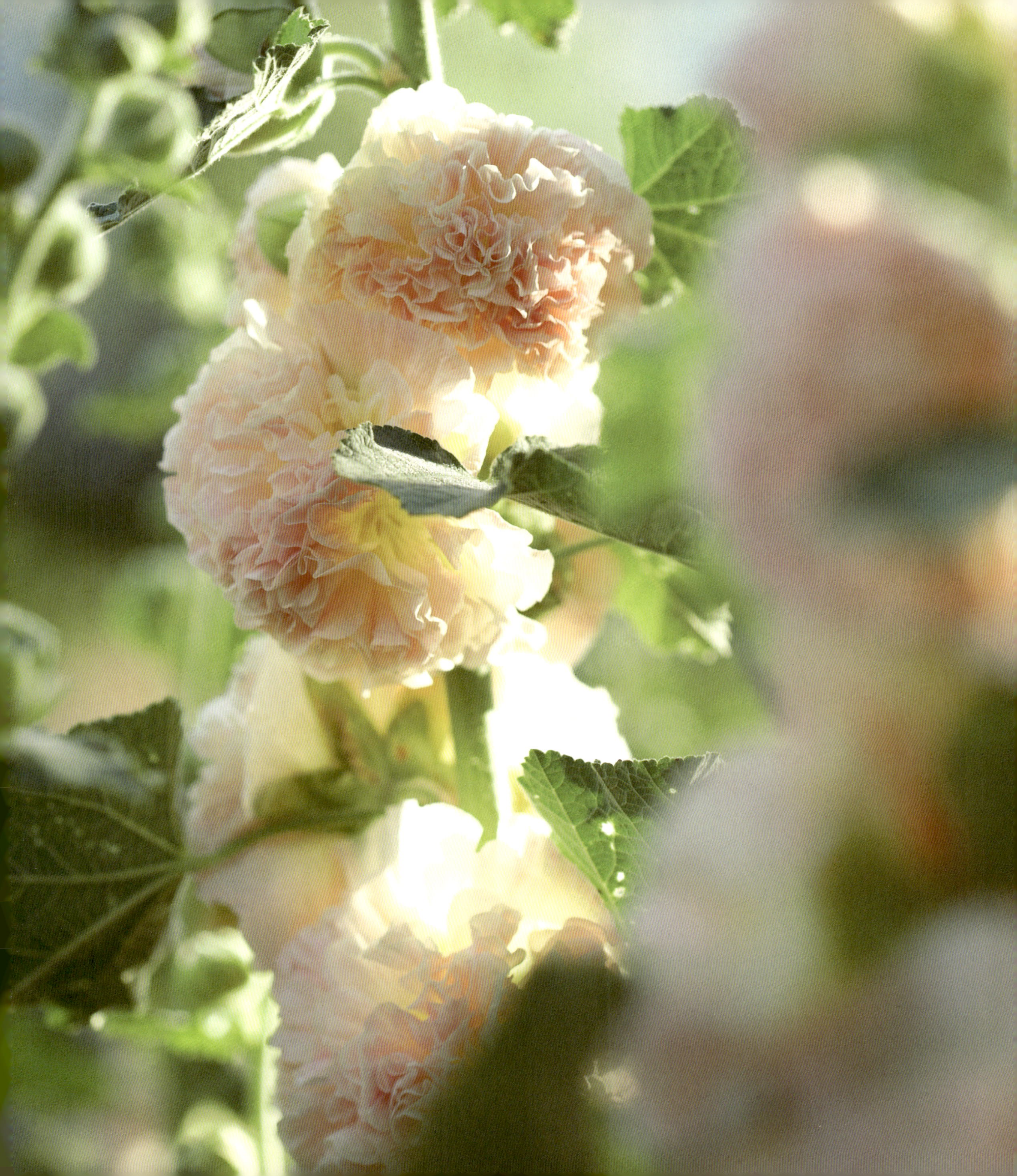

ber, Januar und Februar auftritt. Für mich ist er eher Helfer als Feind. Natürlich muss ich aufpassen, dass ich die nicht winterharten Pflanzen schütze und sie im ungeheizten Glashaus oder in der Orangerie unterbringe, bevor Väterchen Frost zuschlägt.

Grundsätzlich unterdrückt der Frost Krankheiten und hilft mir bei der natürlichen Bekämpfung von Schädlingen wie Raupen, Schnecken, Mäusen oder Zecken. Gleichzeitig macht er den Boden hart, so dass ich mich in dieser Zeit um gestalterische Arbeiten kümmern kann. Ich lege neue Gartenbeete an, verlege Steinplattenwege oder setze Trockensteinmauern auf. Da ich die meisten Pflanzen, vor allem die samentragenden im Winter als Futter für die Vögel stehen lasse, bietet sich an einem frostigen Morgen ein oft reizvoller und manchmal auch bizarrer Anblick. Die über zwei Meter hohen Fenchel- und Baldrianpflanzen sehen aus wie kosmische Antennen.

Problematisch wird der Frost für mich im Frühling mit bereits sonnig warmen Tagen und kalten, klaren Nächten. Schon oft sind mir dabei frisch gepflanzte Kürbisse, Zucchini, Gurken oder der Basilikum erfroren. Also doch lieber noch zwei bis drei Wochen abwarten, bis die Eisheiligen Mitte Mai vorbei sind. Über die Jahre machte ich wichtige Erfahrungen, inzwischen weiss ich, welche Pflanzen sich für unser Klima eignen. Ich vermehre sie aus eigenem Saatgut, durch Wurzelteilung oder Stecklingsvermehrung.

SCHNEE

Mit dem Schnee im Garten verbindet mich eine gewisse Hassliebe. Wir bekommen meist grössere Mengen davon ab. Das sieht zwar schön aus, aber wenn es zu früh schneit und die Früchte und das Laub noch an den Bäumen hängen, hat das oft fatale Folgen. Dann droht die Schneelast mit ihrem Gewicht ganze Bäume und Sträucher zu entwurzeln oder umzuknicken. Es kommt häufig vor, dass ich in Oktobernächten aufstehe, um die weisse Last von den Bäumen zu schütteln.

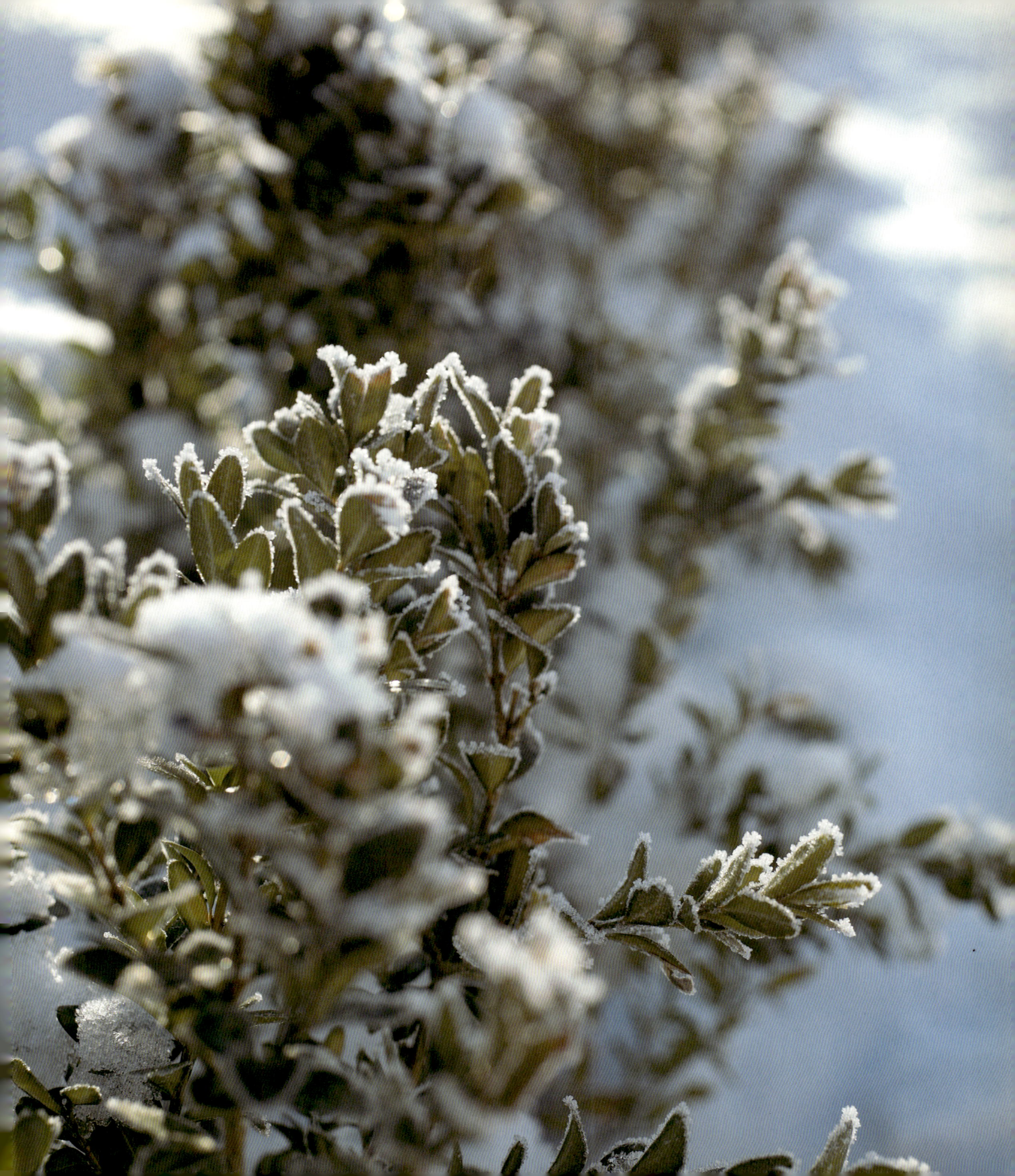

WIND

Der Wind übt meist einen recht grossen Einfluss auf den Garten aus. Ich muss hauptsächlich auf zwei Winde achten. Von Süden kommt der warme Föhnwind, ähnlich dem Mistral in Frankreich. Er bläst stark, trocknet den Boden aus und knickt manchmal Bäume und Sträucher wie Zündhölzer. Viele Menschen leiden bei Föhn unter Kopfschmerzen.

Von Westen kommen die meist lang anhaltenden Regenperioden, die oft von stürmischen Winden begleitet sind. Als Schutzmassnahmen pflanzte ich ansteigende Hecken. Sie leiten den Wind nach oben und über den Garten hinweg ab. Die natürliche Massnahme hat sich bewährt. Versuche mit Mauern bremsten zwar den Wind, schützten aber nur die im Windschatten liegende Fläche. Dahinter trieb der Wind weiterhin sein ungestümes Spiel und zerzauste dabei den Garten.

In unserem terrassierten Garten stehen überall Hecken als Windbrecher. Diese müssen nicht sehr hoch sein, vor allem einheimische Gehölze eignen sich gut. Bewährt hat sich an unserer Hanglage Haselnuss und Weide. Sie wachsen schnell, bilden ein gutes Wurzelwerk und lassen sich zu Hecken flechten. Auch Gartenpflanzen wie Topinambur, Stangenbohnen oder Beerensträucher leisten als Windbrecher wertvolle Dienste. Die Kräuterbeete habe ich mit Buchsbaum und Lavendel eingefasst. Der Wind ist aber nicht nur ein Ärgernis. Der warme Föhn trocknet zu meiner Freude die Beete nach anhaltenden Regenfällen schnell wieder ab, und der Westwind bläst mir den Garten und die Landschaft sauber. Die Luft duftet nach frischen Kräutern, und das Alpsteinmassiv erscheint nach einem Regenguss zum Greifen nahe.

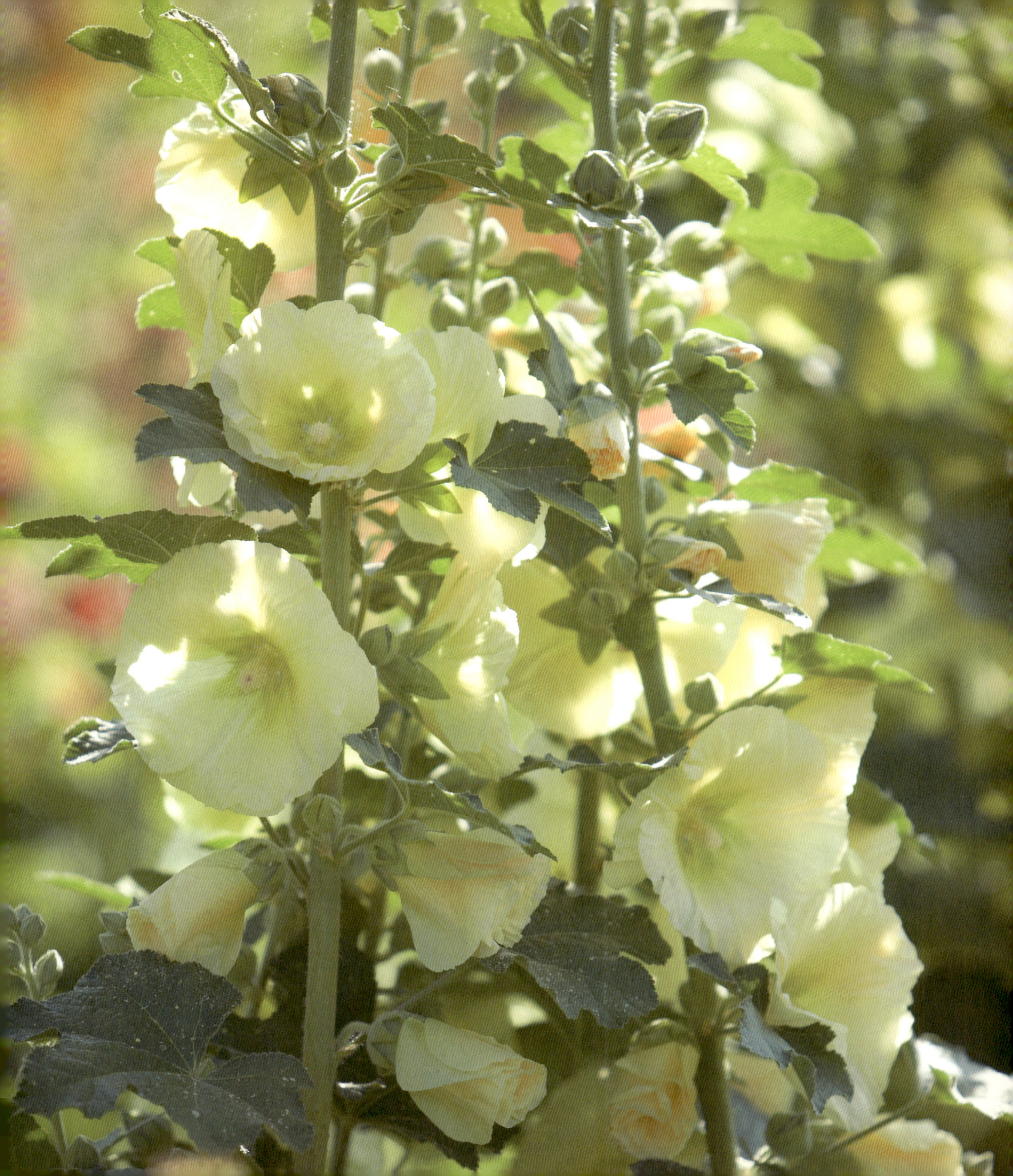

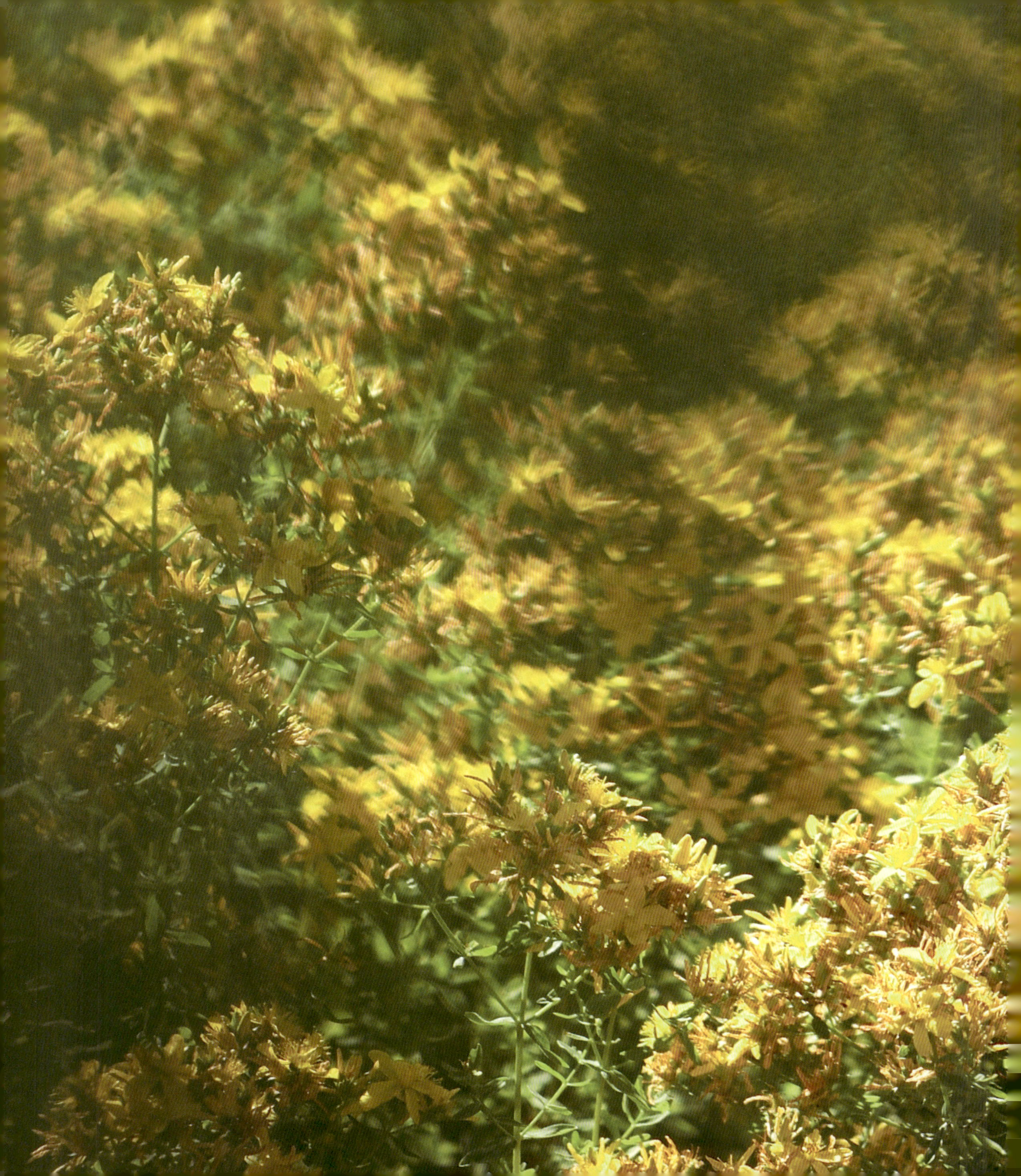

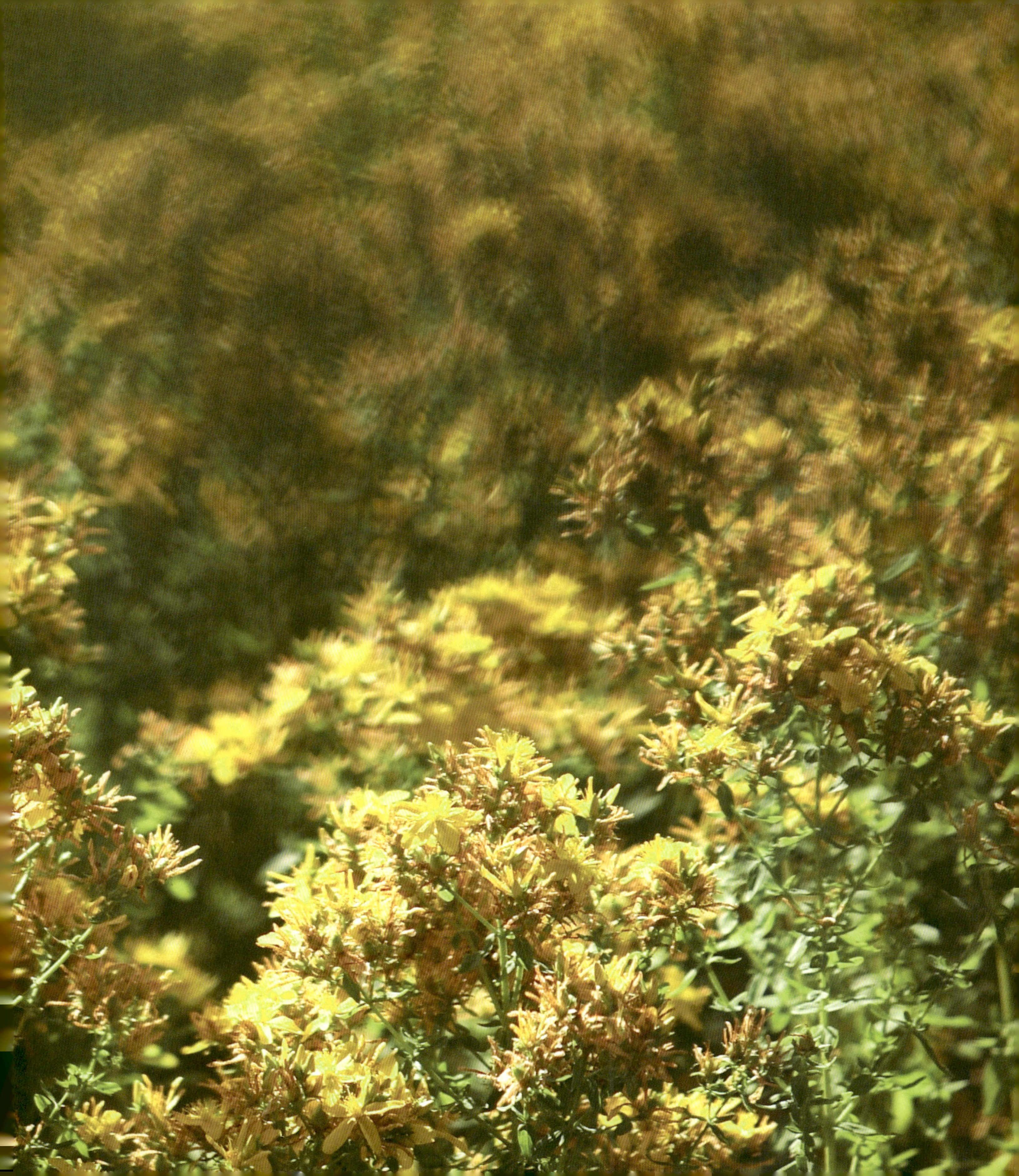

Von Pflanzen und Tieren

Beim Gärtnern geht es nicht in erster Linie darum, das Richtige zu tun. Für uns ist Gärtnern Freude am Lebendigen. Die Natur und das Wachstum zu fördern und sich am Gedeihen der Pflanzen zu freuen ist nicht nur ein schönes Gefühl, dahinter steckt auch Eigennutz: Wir bieten unseren drei Töchtern eine gute Umgebung und geben ihnen Naturverbundenheit und eine gesunde Ernährung als Start ins Leben mit.

Die Natur gibt uns immer wieder neue Rätsel auf, fordert uns zur Auseinandersetzung auf, und das ist gut so. Jeder Garten, jeder bebaute Acker ist anders. Die Natur bietet keine universellen Patentrezepte an. Nur wer sich mit der Erde befasst, weiss um die Gegebenheiten, nur der Bewirtschafter kann herausfinden, was für seinen Boden gut ist. Sicher ist es am besten, einheimische Pflanzenarten zu ziehen. Dennoch ist es auch für mich attraktiv, ab und zu Stecklinge, Samen und Pflänzchen als Souvenirs von einer Reise mit nach Hause zu bringen und in den eigenen Garten zu pflanzen. Ausschlaggebend für

Was mir in Gesprächen mit Gärtnerinnen und Gärtnern auffällt: Sie gehen meist den Weg des Bekämpfens, sie reagieren auf einen Umstand, seien es Pflanzenkrankheiten oder Schädlinge. Wenn sich aber ein Ungleichgewicht im Garten einstellt, sollten wir der Sache auf den Grund gehen und nicht nur Symptombekämpfung betreiben. Das Gleiche gilt im Übrigen auch beim Menschen

Und daraus folgt: Wenn ich beim Gärtnern eine pro-aktive Haltung einnehme, statt immer nur zu reagieren, wenn ich dem Boden und mir Sorge trage, dann geht die Arbeit schnell und leicht von der Hand, und der Erfolg stellt sich unweigerlich ein. Das tut der Pflanze gut und mir auch.

Ein gesunder und lebendiger Boden ist die Quelle der Fruchtbarkeit.

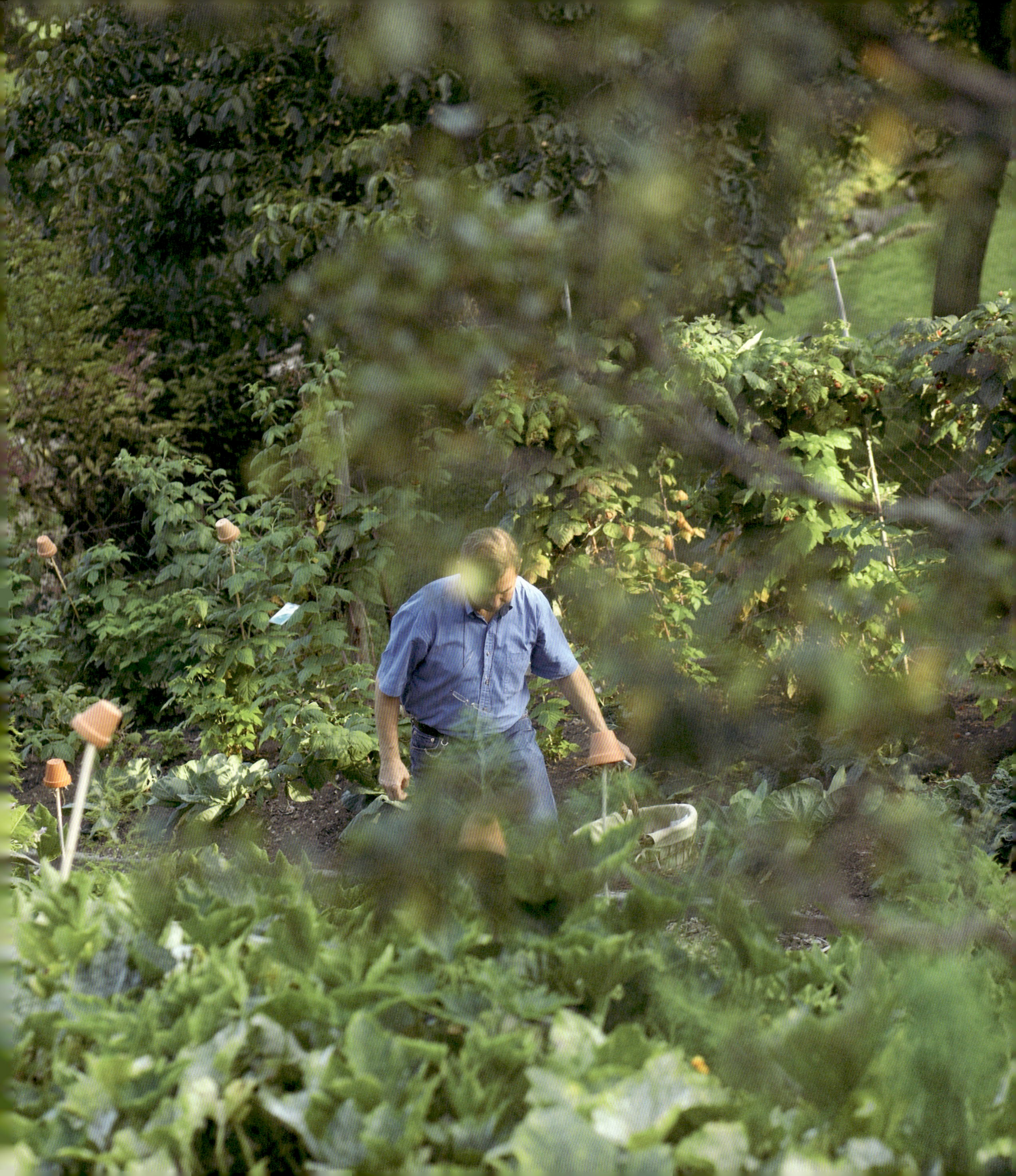

das Gedeihen der «Fremden» ist fast ausschliesslich die Frage, wie sie den Winter überstehen.
Es sind vor allem schwache und kränkelnde Pflanzen, die von Schädlingen angegriffen werden. Hobbygärtner machen oft den Fehler, Pflanzen zu schnell austreiben zu lassen, zu stark zu düngen oder zu dicht zu säen. Pflanzen, die zu wenig Raum zum Wachsen haben, entwickeln nicht genügend Abwehrkräfte. Frühe Aussaaten bringen nichts. Leider gerate auch ich nach fünfundzwanzig Jahren immer wieder in Versuchung. Obwohl es die Bodentemperatur eigentlich noch nicht zulässt, kann ich es am ersten Sonnentag nach einem langen Winter kaum abwarten, mit dem Säen zu beginnen. Meist schlägt dann der Frost zu und zwingt mich zu Folgesaaten. Es wäre sinnvoller abzuwarten, bis sich der Boden genügend erwärmt hat – und erst dann auszusäen. Das Problem liegt nicht beim Saatgut, sondern bei meiner eigenen Ungeduld. Ich habe mir darum ein Plakat gebastelt und im

| Monokulturen sind viel anfälliger als Mischkulturen.

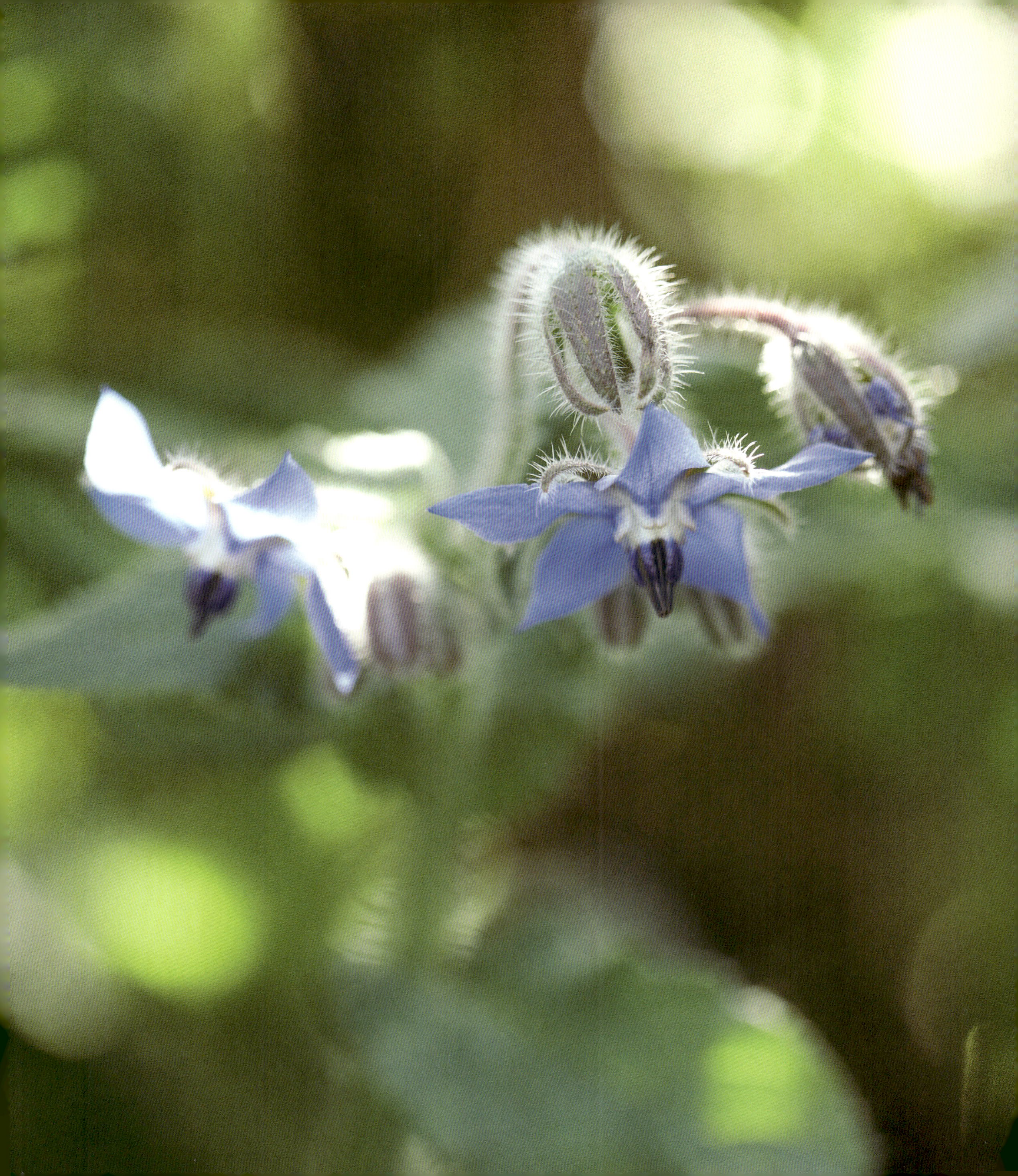

Treibhaus aufgehängt. Darauf steht in grossen Buchstaben: «Erst nach den Eisheiligen säen (Mitte Mai)!». Die meisten Pflanzen, vor allem die zarten und heiklen, säe ich in Saatschalen und pflanze diese aus, wenn es die Bodentemperatur zulässt und gutes Wetter angesagt ist. Sonst fressen die Schnecken alles gleich wieder weg.

Monokulturen sind viel anfälliger als Mischkulturen: Das wissen wir aus unserer langen Gartenerfahrung. Wir kombinieren auf unseren Gartenbeeten meist sechs bis neun verschiedene Gemüse, Kräuter und Blumen. So pflanzen wir zum Beispiel Lauch und Zwiebeln zusammen mit Kamille und Ringelblumen, Gurken mit Borretsch, Bohnen mit Bohnenkraut und Tomaten mit Basilikum. Es hat sich gezeigt, dass wir durch solche Mischkulturen viel gesündere Pflanzen haben und wir meist mit einem Handgriff gleich das halbe Essen ernten können: Tomaten und Basilikum; jetzt fehlt nur noch der Mozzarella und ein paar Tropfen Olivenöl, und das schmackhafte Nachtessen steht bereit.

Unter die Rosen pflanzen wir Lavendel, Kapuzinerkresse und Knoblauch. Das hält die Läuse fern. Sollte an feuchtheissen Frühsommertagen doch einmal eine Läuseplage auftreten, stellen wir umgestülpte Tontöpfe auf. Mit Holzwolle gefüllt, bieten sie einen idealen Unterschlupf für Ohrwürmer. Die unermüdlichen Helfer sind neben den Marienkäfern wahre Weltmeister im Läusefressen. Fenchel, Dill und Koriander locken Schwebefliegen und Schlupfwespen an, die im Insektengarten unser Fünfstern-«Insektenhotel»

Ich halte mir das Bild des Meeres oder der Bodenschichten vor Augen. Ebenso wie im Meer, wo Fische und Lebewesen in ganz spezifischen Tiefen heimisch sind, leben im Boden Kleinlebewesen nur in bestimmten Schichten. Wenn ich diese Bodenschichten und Strukturen durch Umgraben oder mechanische Bearbeitung verändere, zwinge ich die Kleinlebewesen zu einem Leben in einer für sie ungünstigen Umgebung.

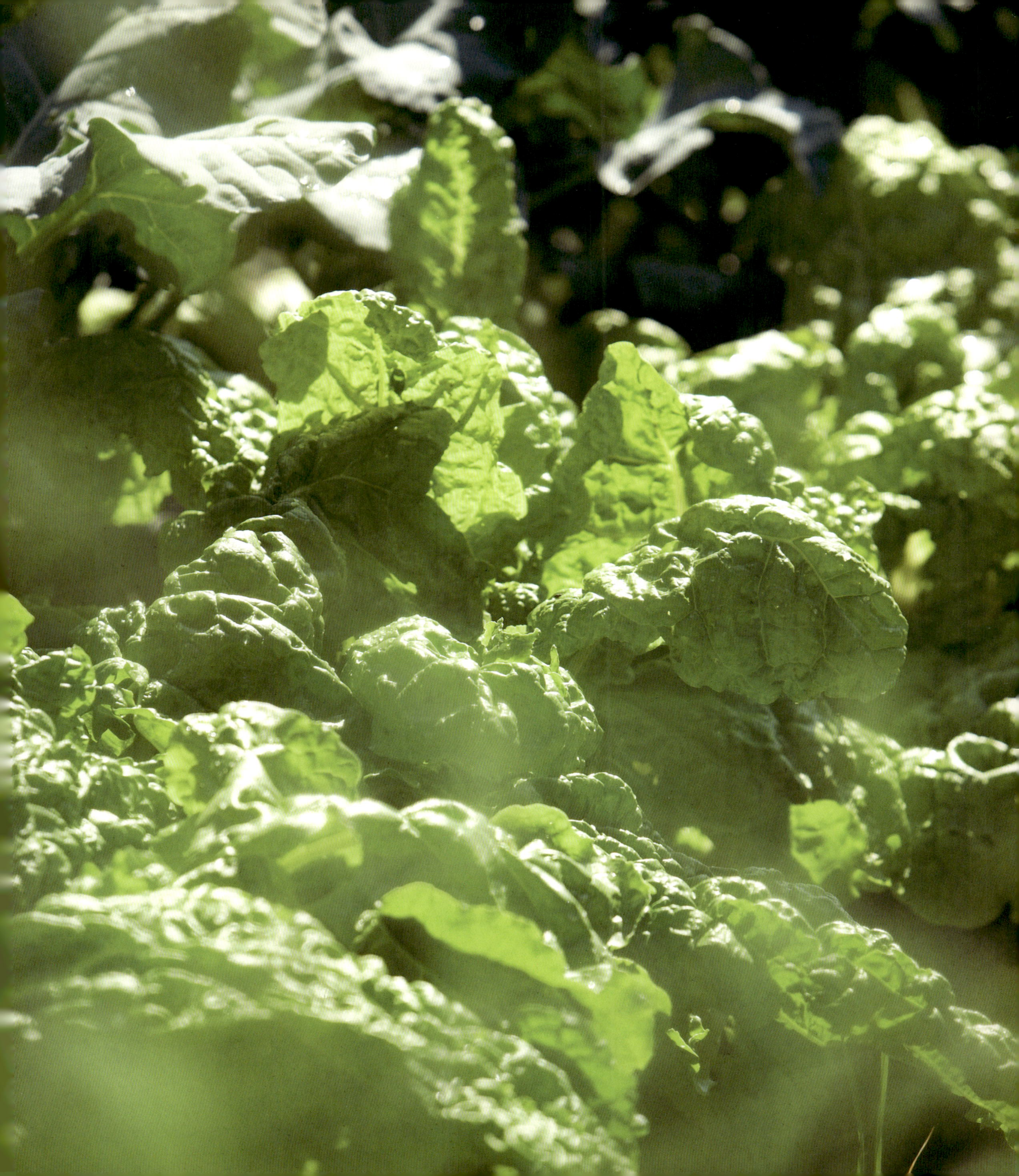

bewohnen und im Gemüsegarten mit Kohlweisslingen und Blattläusen aufräumen.

BODENBEARBEITUNG

Zum Thema Bodenbearbeitung gibt es die verschiedensten Ansichten und Philosophien. Vom Umgraben im Herbst, über die Brache, bis zum Nichtstun, sprich Belassen, wie es ist. Ich halte es persönlich mit Letzterem. Dabei halte ich mir das Bild des Meeres oder der Bodenschichten vor Augen. Ebenso wie im Meer, wo Fische und Lebewesen in ganz spezifischen Tiefen heimisch sind, leben im Boden Kleinlebewesen nur in bestimmten Schichten. Wenn ich diese Bodenschichten und Strukturen durch Umgraben oder mechanische Bearbeitung verändere, zwinge ich die Kleinlebewesen zu einem Leben in einer für sie ungünstigen Umgebung. Das ist meine subjektive Wahrnehmung, und so setze ich in meinen Garten auf permanente Bepflanzung, Gründüngung und «Bodenkosmetik» mit Brennnessel- und Beinwell-Auszügen. Diese einfache Art der Bodenpflege hat sich bewährt.

NEU BEETE ANLEGEN

Umgraben oder nicht, hängt von verschiedenen Faktoren ab. Graben Sie gerne um? Nehmen Sie sich die Zeit dazu? Lohnt es sich umzugraben? Wie bereits erwähnt, bin ich kein Freund des Umgrabens, obwohl es für mich eine sehr beruhigende, ja fast schon meditative Arbeit ist. Man kann sich dabei so richtig mit der Scholle auseinandersetzen. Beim Umgraben wird mir bewusst, wie stark ich mich im Laufe einer Wachstumsperiode mit einer Pflanze befasse, vom Vorbereiten des Beetes bis zur Ernte. Ich gehe eine Art Verhältnis mit ihr ein, und bis zur Ernte ist daraus schlichtweg Respekt geworden. Ich bin dankbar für die Energie und die Kraft der Erde, die die Pflanzen so schön hat wachsen lassen.

> Ich gehe mit der Pflanze eine Art Verhältnis ein, und bis zur Ernte ist daraus schlichtweg Respekt geworden. Ich bin dankbar für die Energie und die Kraft der Erde, die die Pflanzen so schön hat wachsen lassen.

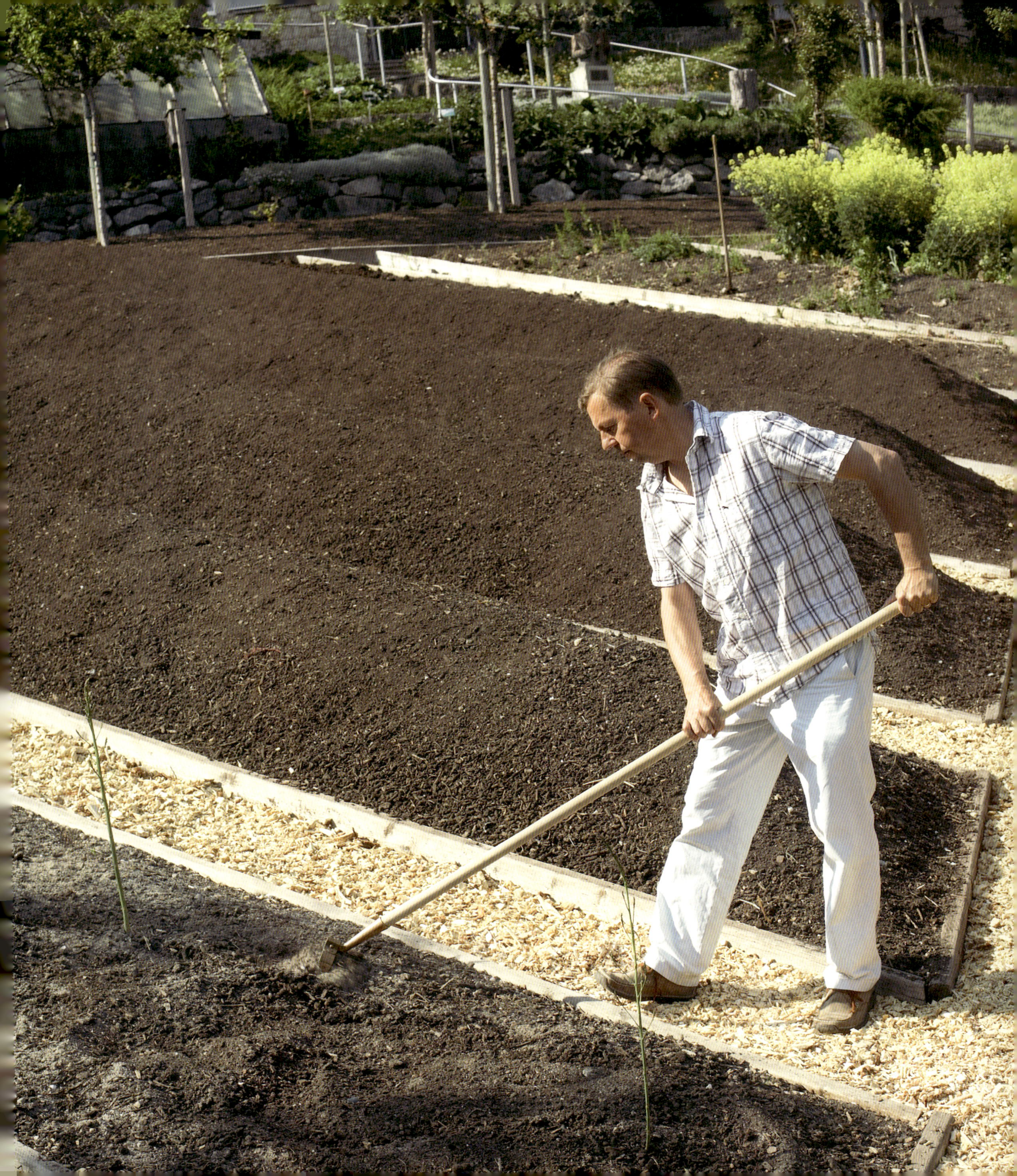

Zurück zum Umgraben. Ich habe vor Jahren damit aufgehört. Heute stecke ich neu anzulegende Beete mit Holzpfählen und Schnur ab und steche viereckige Grasziegel aus. Diese lege ich verkehrt herum auf den Mutterboden, schichte etwas Baumschnitt, wenig Schafmist von unseren Milchschafen, Gras, Beinwell- und Brennnesselblätter und zuletzt etwas gut ausgereiften Kompost obendrauf. Das Anlegen eines solchen Beetes ist zwar in der ersten Phase mit Mehrarbeit verbunden, dafür ist die weitere Bewirtschaftung viel einfacher.

So lege ich jedes Frühjahr neue Beete an, die in diesem Fall nicht so hoch aufgeschichtet werden, wie die im Hügelbeet-Kapitel beschriebenen. Vorteil dieser Beete ist, dass sogleich ein Kompostiervorgang in Gang kommt, der Wärme produziert und den Gemüse- und Blumensetzlingen eine ideale Starthilfe bietet. Die Beete sind in der Mitte leicht erhöht und sollten nicht breiter als 1.20 Meter sein, damit man von der Längsseite die Beetmitte von Hand bearbeiten kann, ohne unnötig auf dem Beet herumzutrampeln. Die Länge der Beete richtet sich nach der zur Verfügung stehenden Fläche. Bei uns sind die Beete 10 bis 15 Meter lang. Für die Beetumrandungen nehme ich vier bis fünf Meter lange und 30 Zentimeter breite unbehandelte Lärchenholzbretter von 6 Zentimetern Dicke. Meine Erfahrung hat gezeigt, dass die robusten Lärchenholzbretter dreimal länger halten als gewöhnliche Tannenbretter. So muss ich die Einfassungen erst nach zehn Jahren

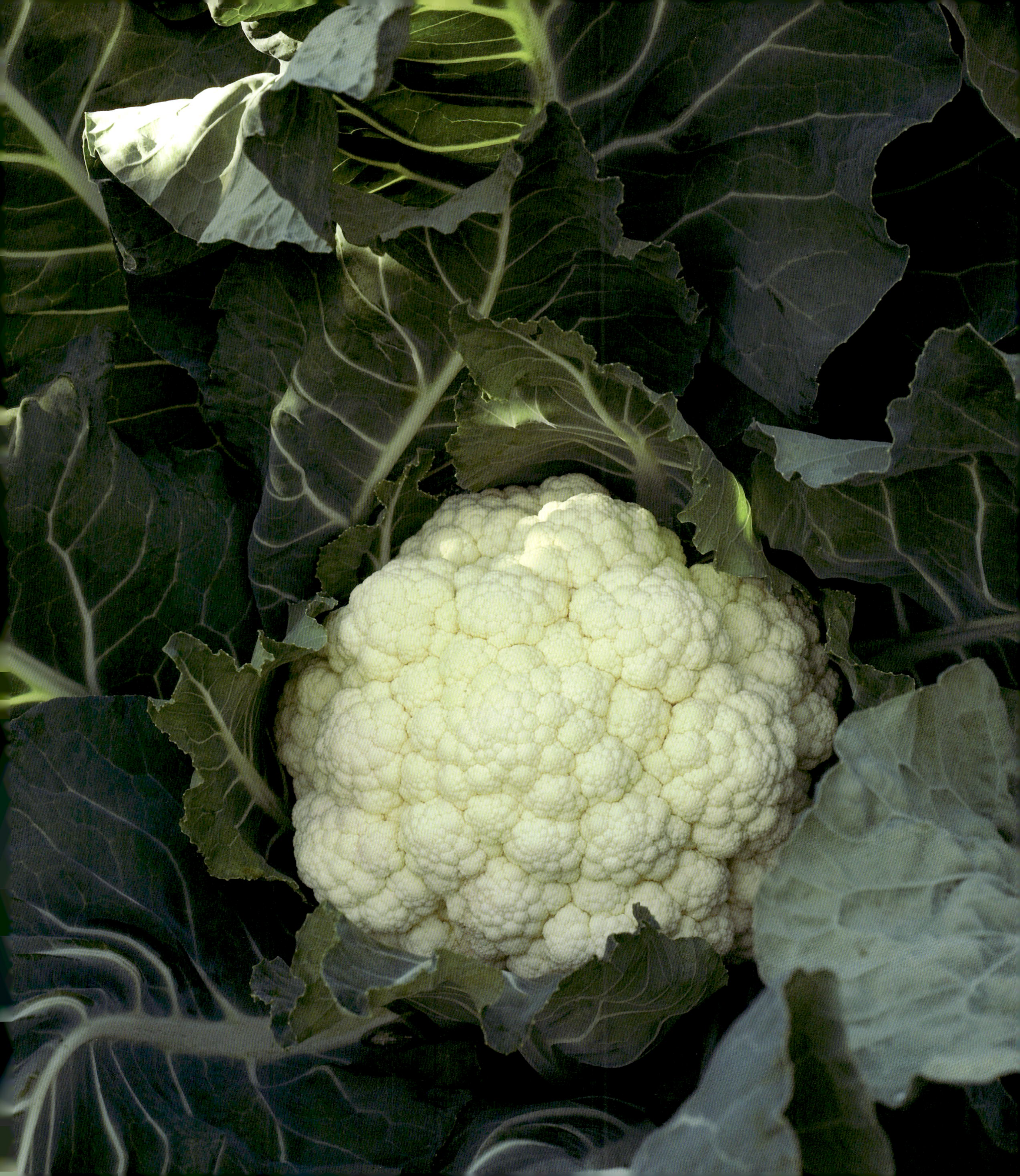

ersetzen. Verwenden Sie auf keinen Fall behandeltes Holz oder Eisenbahnschwellen, wie sie oft in Vorstadtgärten zu sehen sind. Diese Balken sind mit sehr giftigem Material imprägniert und haben im biologischen Anbau nichts zu suchen. Zwischen den Beeten lasse ich 80 bis 90 Zentimeter Platz, damit ich die Schubkarre bequem durchschieben kann. Hobbygärtner machen oft den Fehler die Wege zu schmal anzulegen. Sie müssen dann förmlich zwischen den Wegen durchbalancieren. Ich lege die Wege mit Holzhäcksel und Steinplatten aus. Das ist die günstigste Methode: Holz gibt es in unserer Gegend zur Genüge, und der Förster häckselt mir die Bäume zu einem fairen Preis. Allerdings besteht bei Häcksel von Nadelbäumen die Gefahr, dass der Boden übersäuert wird. Da unser Boden sehr basisch ist, haben wir mit dem Häcksel kein Problem. Steinplatten oder Kieswege sind gute Alternativen.

In unserem Garten setzen wir keine maschinellen Geräte ein. Die Wiesen schneiden wir zweimal im Jahr nach dem Absamen der Wiesenblumen mit der Sense und gewinnen so ein herrlich duftendes Heu. Die steilen Böschungen lassen wir uns von unseren beiden Milchschafen «mähen». Gleichzeitig liefern sie uns Milch, Wolle und Dünger. Milchschafe sind sehr zahme, genügsame und zutrauliche Tiere, die problemlos zu halten sind. Sie leben in einem Freilaufstall, den sie verlassen oder betreten, wann immer es ihnen passt. Wir füttern Sie nur mit Gras oder Heu und lassen sie auch im Winter hinaus in den hohen Schnee, was sie sehr zu schätzen scheinen. Selbst im Tiefschnee ziehen sie ihre Bahnen.

Ziegen wären eine interessante Alternative, auch weil viele Menschen eine Kuhmilch-Allergie haben und auf Schaf- oder Ziegenmilch ausweichen müssen. Sie neigen aber dazu auszubrechen und uns den Garten abzuräumen.

In einem mir anvertrauten Projekt in Irland, bei dem mir weder Geld noch Maschinen zur Verfügung standen, griff ich zu sehr unkonventionellen Mitteln. Man stellte mir ein grosses Stück Wiese zur Verfügung. Darauf sollte ich mit möglichst wenig Geld einen Garten anlegen. Tagelang zerbrach ich mir den Kopf, wie ich das wohl am besten anstelle. Unser Nachbar züchtete Schweine und Hühner. Als ich eines frühen Morgens durch das Grunzen der Schweine geweckt wurde, kam mir die Idee: Ich fragte den Bauern, ob ich seine Schweine für eine Woche ausleihen dürfe. Ich würde sie auch füttern. Der Bauer wunderte sich, willigte aber ein, schliesslich nahm ich ihm eine Woche lang die Arbeit mit seinen Tieren ab. Ich zäunte die Weise ein, streute täglich etwas Futter und liess die Schweine den Boden umpflügen. Als Nächstes bat ich den Bauer, mir seine Hühner auszuleihen. Sie kratzten die gut vorbereitete Erde durch und scharrten ihren Mist ein. Das Resultat: Ich hatte meine Aufgabe mit wenig Aufwand erfüllt, und der Bauer war glücklich, schliesslich hatte ich ihm die Schweine und Hühner eine Woche lang versorgt. Eine echte Win-Win-Geschichte!

> Die steilen Böschungen lassen wir uns von unseren beiden Milchschafen «mähen». Gleichzeitig liefern sie uns Milch, Wolle und Dünger.

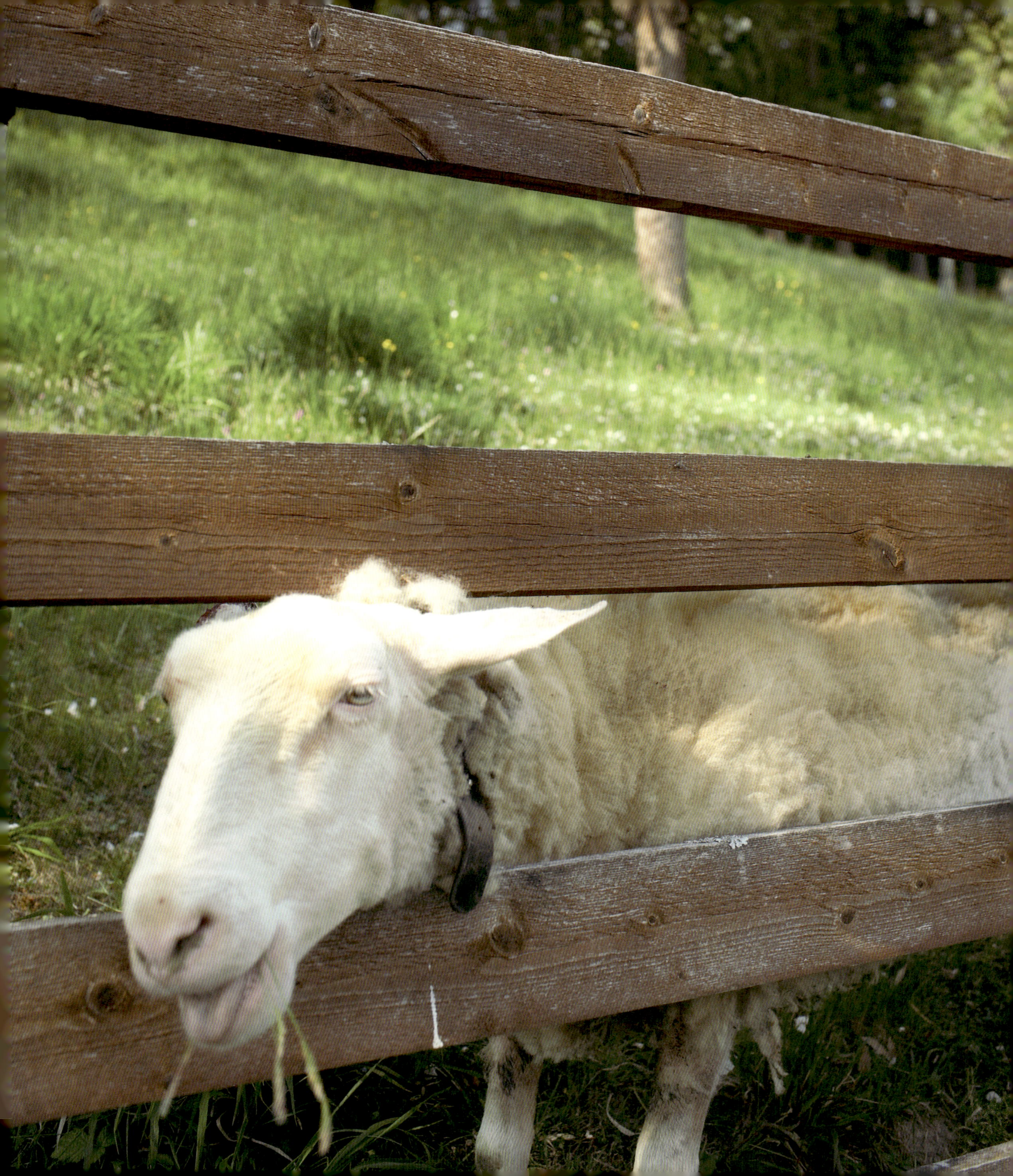

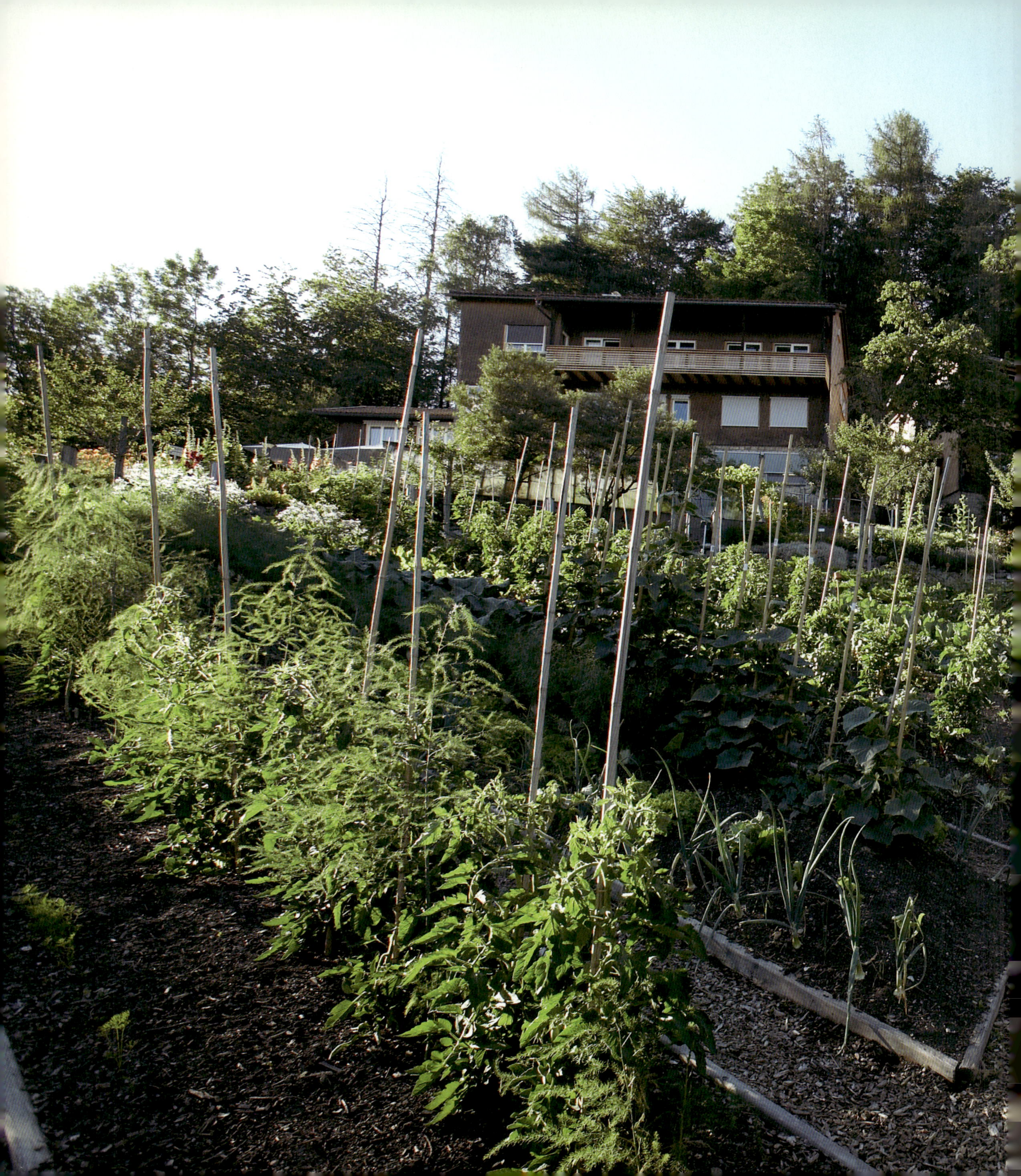

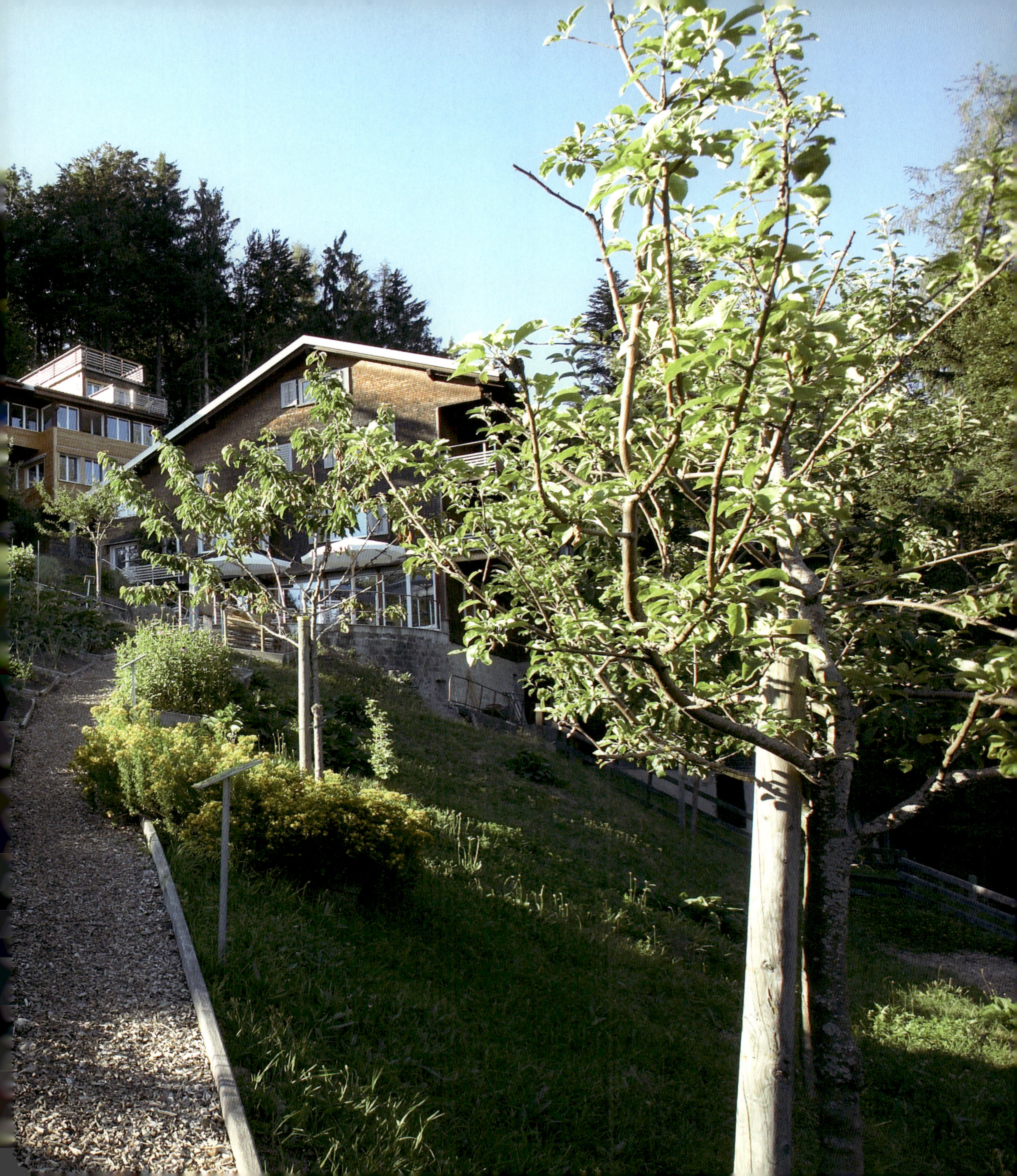

Das Hügelbeet als Nährstoffbombe

GEMÜSEBEETE MIT ENERGIESPEICHER

Der Aufbau von Hügelbeeten bereitet uns mehr Arbeit als die Anlage normaler Beete, doch der Aufwand lohnt sich. Wie der Name sagt, hat das fertige Beet die Form eines kleinen, lang gestreckten Hügels. Allein schon die Form bringt den Vorteil einer um mindestens einen Drittel vergrösserten Anbaufläche im Vergleich zu einem flachen Beet mit gleicher Grundfläche. Durch die Anpassung an die Hanglage erreichen wir zudem eine bessere Lichtausbeute. Vom Astschnitt bis zum Herbstlaub lässt sich sämtliches Pflanzengut in einem Hügelbeet unterbringen. Die Gartenrückstände werden in einer aufeinander abgestimmten Reihenfolge im Innern des Beetes aufgeschichtet und mit Kräutern geimpft. Sie leiten den Abbau-Prozess unverzüglich und ohne Verlust ein.

Der im Garten anfallende Pflanzen- und Gemüseüberfluss wird nicht entsorgt, sondern als «Sofort-Kompostierung» direkt in den Naturkreislauf zurückgeführt.

WÄRMEENTWICKLUNG

Im aufgeschichteten Pflanzenmaterial wandeln zahllose Mikroorganismen das Grüngut in wertvollen Humus um. Dabei entwickeln sie eine enorme Wärme, manchmal Temperaturen von 60 bis 80 Grad. Diese Verrottungswärme kommt den Samen und Pflanzen auf dem Hügelbeet vor allem im ersten Jahr zugute. Mit dieser Methode können Zucchini bereits drei bis vier Wochen nach der Aussaat geerntet werden.

NÄHRSTOFFSPEICHER

Ein frisch angelegtes Hügelbeet ist eine Nährstoffbombe. Wir nutzen es im ersten Jahr für Starkzehrer wie Tomaten, Gurken, Kohl, Sellerie und Zucchini. Im zweiten Jahr lassen wir Mittelzehrer wie Salate und Wurzelgemüse folgen, im dritten Jahr Erbsen oder Bohnen mit geeigneten Mischkulturpartnern.

AUFBAU EINES HÜGELBEETS

Die normale Beetbreite von 1 bis 1.20 Meter kann bei einem Hügelbeet überschritten werden, da wir die Mitte durch die Erhöhung leichter erreichen können als bei einem flachen Beet. Wir stecken den Grundriss des Hügelbeetes ab und heben die Erde einen Spatenstich tief aus. Da wir sie später wieder brauchen, lagern wir die Erde

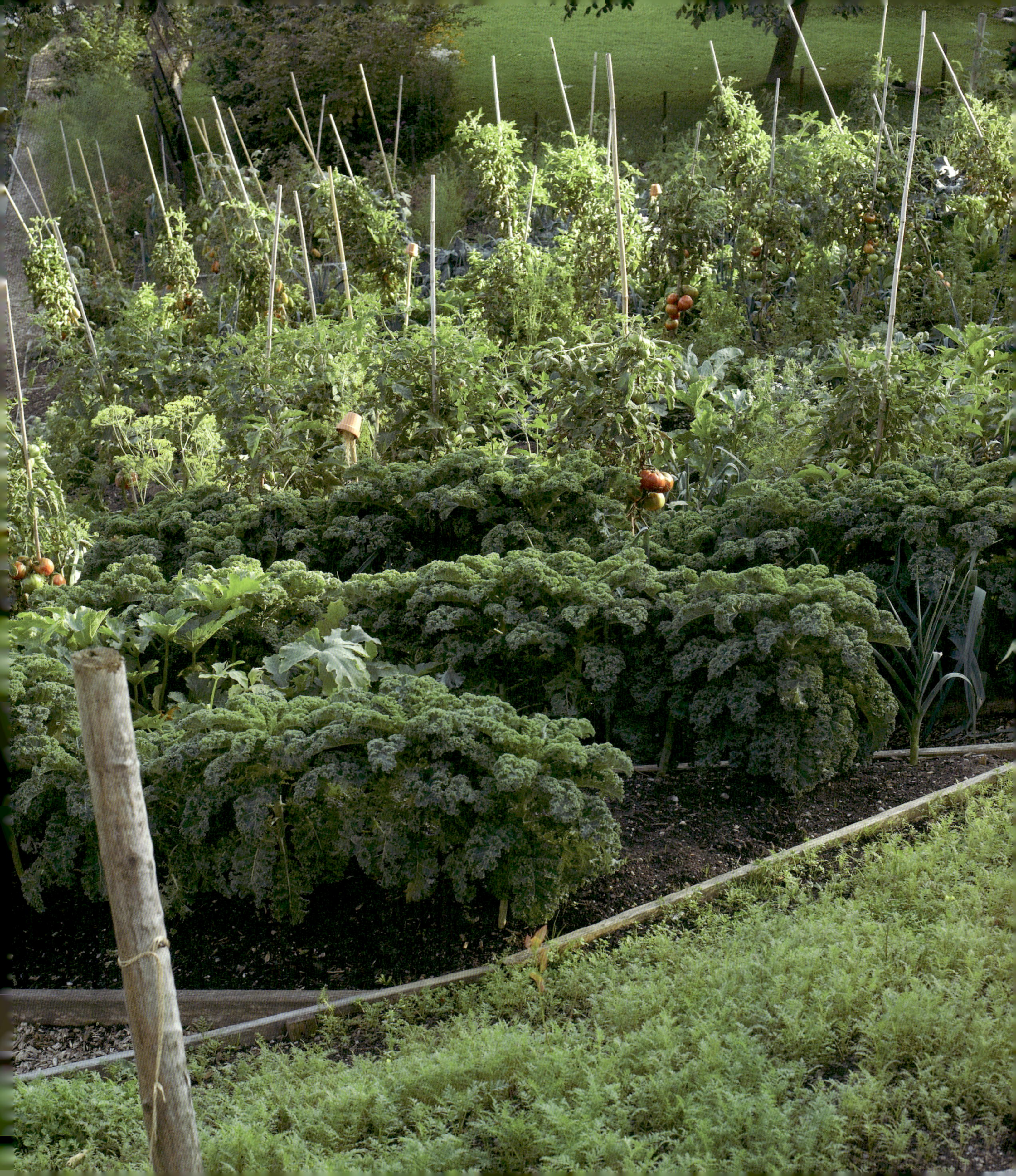

neben dem Aushub. Die Sohle lockern wir mit der Grabgabel, bei sehr festem Untergrund graben wir um. Besteht Wühlmausgefahr, legen wir die Grube mit einem feinmaschigen Maschendraht aus.

Dann schichten wir in der Mitte der Grube der Länge nach und möglichst dicht einen Streifen Astholz auf. Lange Stücke schneiden wir auf eine Länge von 40 bis 50 Zentimetern zurück. Die Breite und Höhe des Holzstreifens beträgt etwa 50 Zentimeter. Das Astholz bedecken wir mit Grassoden, das grüne Gras kehren wir dabei nach unten. Anschliessend decken wir die Oberfläche mit der ausgehobenen Erde ab und klopfen sie mit der Schaufel fest. Jetzt wird eine etwa 25 bis 30 Zentimeter dicke Schicht Laub gleichmässig auf den Hügel verteilt. Trockenes Laub feuchten wir vorher leicht an. Unter das Laub mischen wir einen Teil der ausgehobenen Erde und decken die Laubschicht dünn mit Erde ab. Nun tragen wir eine etwa 15 bis 20 Zentimeter dicke Schicht groben, halbverrotteten Kompost auf. Auch diese Lage decken wir mit Erde ab, um sie anschliessend leicht festzuklop-

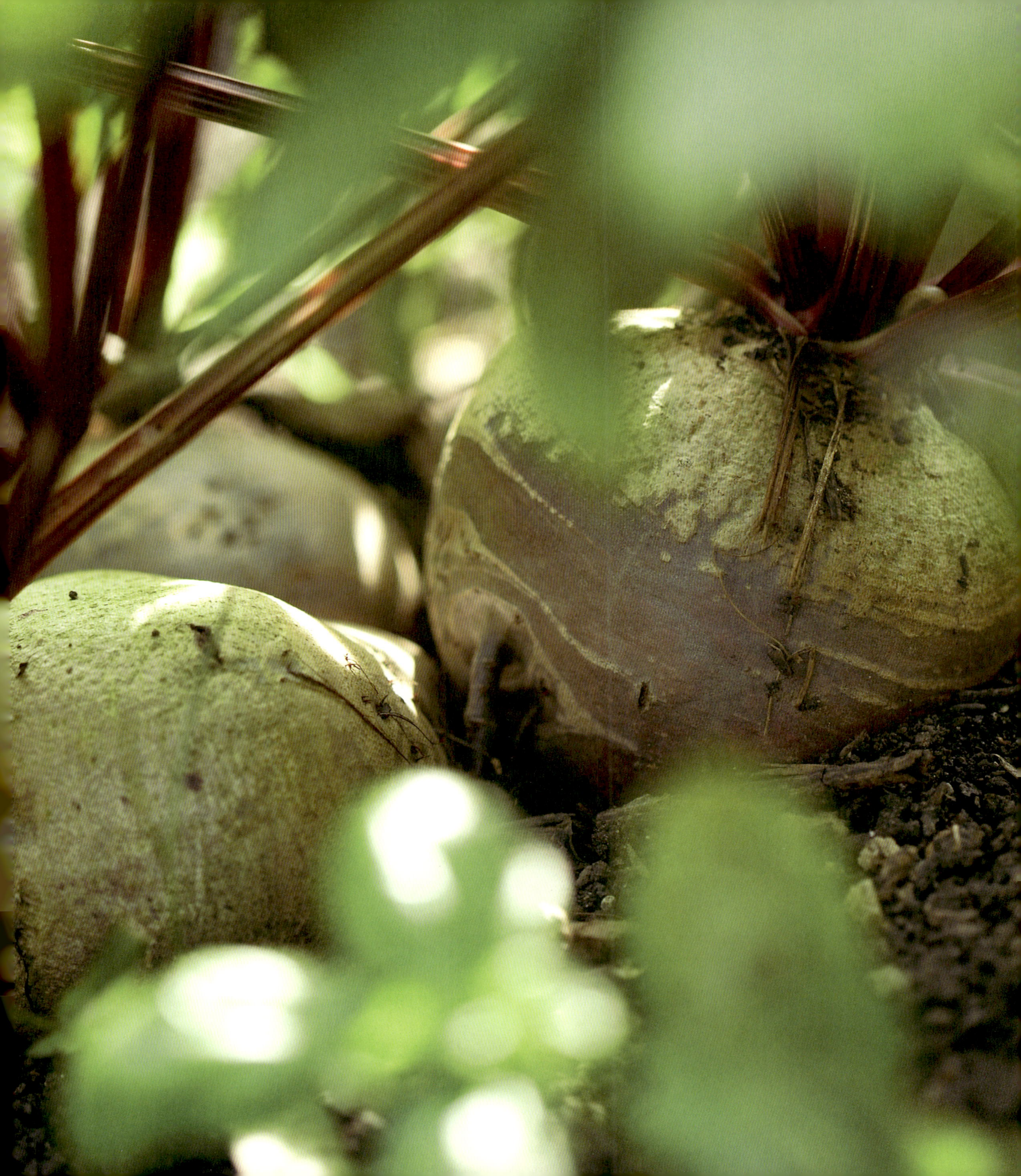

70 | Das Hügelbeet als Nährstoffbombe

fen. Zum Schluss folgt eine Schicht fein gesiebter, reifer Kompost. Die Oberfläche modellieren wir zum Hügel.
Steht nicht genügend Pflanzenmaterial zur Verfügung, können auch andere Materialien verwendet werden. So kann dem Astschnitt auch verholztes Staudenkraut beigegeben werden. Anstelle von Laub eignen sich auch gejätetes Unkraut (ausser Wurzel-Unkräuter) sowie abgeerntetes Kraut von Gurken, Tomaten, Kürbis, Zucchini oder Bohnen. Denkbar ist auch eine Wärmepackung mit Pferdemist. Gut bewährt haben sich Packungen mit Beinwell und Brennnesseln.

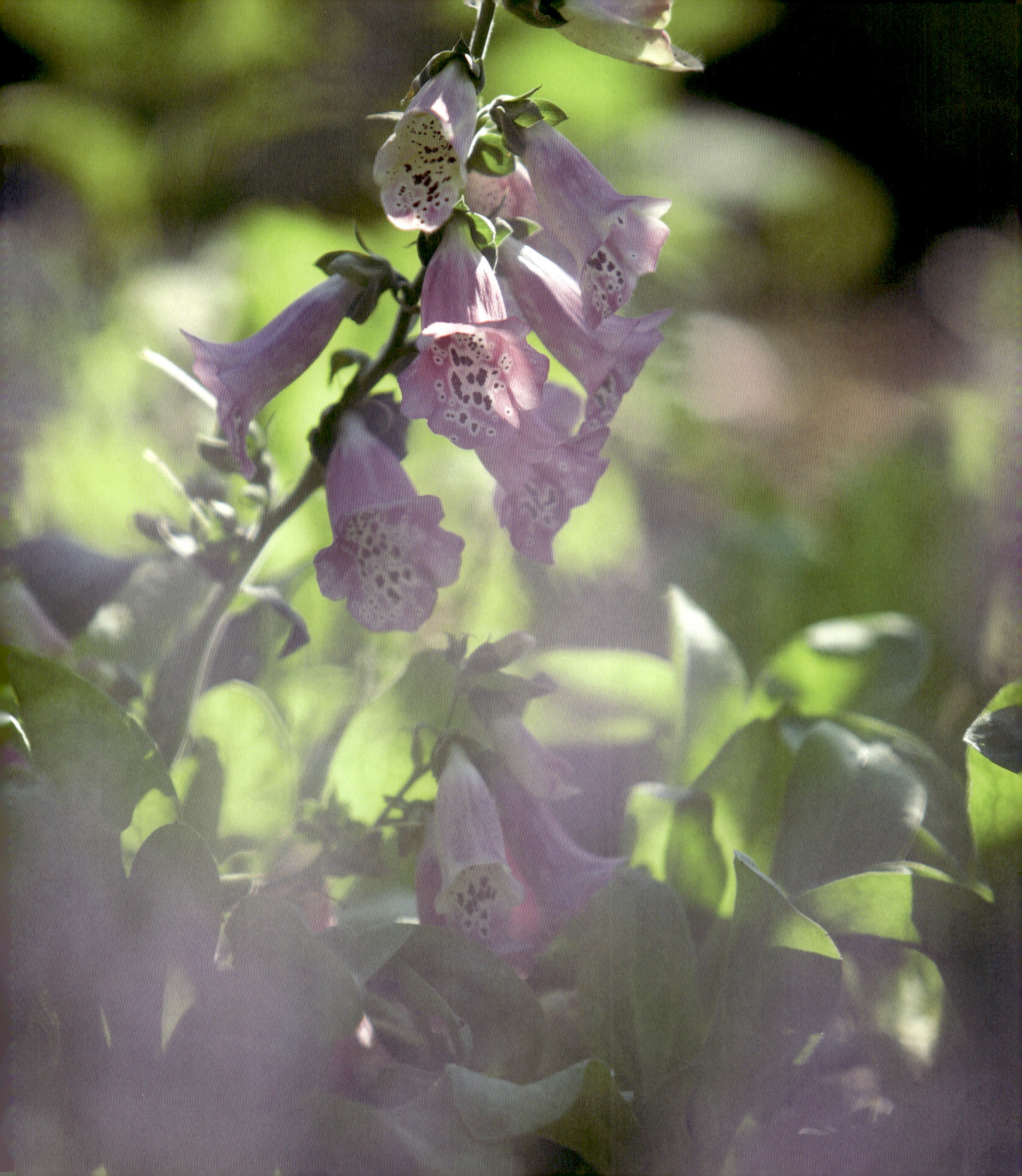

Objekt der Begierde

> Ich erinnere mich genau an den Moment, als mich die Kartoffel im Januar aus dem Samen Katalog anstrahlte. Ich las vom «zartgelben, butterigen Geschmack», und es war um mich geschehen.

Als «homo sapiens» und Gärtner hatte ich dauernd das Gefühl, bestimmen zu müssen, was wann zu geschehen hat und was wo gedeihen darf. Unsere Grammatik macht diese Aussage ganz klar und unmissverständlich. Wir unterteilen die Welt in Subjekte und Objekte – und hier im Garten, wie in der Natur im Allgemeinen, ist der Mensch das Subjekt – und damit Bestimmer und Entscheidungsträger. Ich wähle die Pflanzen aus, ich jäte das Unkraut, ich ernte das Getreide.

«Was, wenn die Grammatik falsch wäre?», fragte ich mich an einem philosophischen Samstagnachmittag. Vermutlich hat auch die Hummel das Gefühl, Subjekt und Bestimmerin zu sein, vielleicht sieht auch sie in der Blüte, die sie zum Bestäuben anfliegt, nur das Objekt. Tatsache ist: Die Blüte zieht die Hummel mit ihrer Farbe und ihrem Duft an, die Hummel ist somit ein Objekt der Pflanze.

Plötzlich stellte sich mir während des Pflanzens und Säens an diesem Samstag die Frage: Habe ich gewählt, diese Kartoffeln jetzt zu pflanzen, oder hat mich die Kartoffel dazu bewogen? In der Tat haben beide Aussagen ihre Berechtigung. Ich erinnere mich genau an den Moment, als mich die Kartoffel im Januar aus dem Samenkatalog anstrahlte. Ich las vom «zartgelben, butterigen Geschmack», und es war um mich geschehen. An diesem strahlenden Mainachmittag offenbarte sich der Garten in einem völlig neuen Licht. All die Pflanzen, die ich bis anhin als Objekte meiner Begierde und Wünsche betrachtet hatte, ließen mich für sie arbeiten. Und überhaupt: Wer gibt mir das Recht zu entscheiden, was wo wachsen darf und was nicht? Vielleicht wäre es ja sinnvoller, so quasi aus dem Hintergrund zu beobachten, was wo gedeiht. Und dann fing ich an, Bienenweide-Samen unter die Mirabellenbäume zu säen. Im Bewusstsein, dass der Baum mir diesen Wink gegeben hat. Die Bienenweide zog die Hummeln und Bienen an und diese bestäubten die Mirabellenblüten.

> An diesem strahlenden Mainachmittag offenbarte sich der Garten in einem völlig neuen Licht. All die Pflanzen, die ich bisher immer als Objekte meiner Begierde und Wünsche betrachtet hatte, ließen mich für sie arbeiten.
>
> Und jetzt kam mir ein Gedanke: Was wäre, wenn wir die ganze Welt aus dieser neuen Perspektive betrachten würden?
>
> Beim Gärtnern habe ich Zeit zum Reflektieren. Fragen tauchen auf: »Habe ich das Recht, mich über die Natur hinwegzusetzen? Zu bestimmen, was wo gedeihen darf? Oder könnte es sein, dass die Natur uns vorgibt, was möglich und was unmöglich ist?»

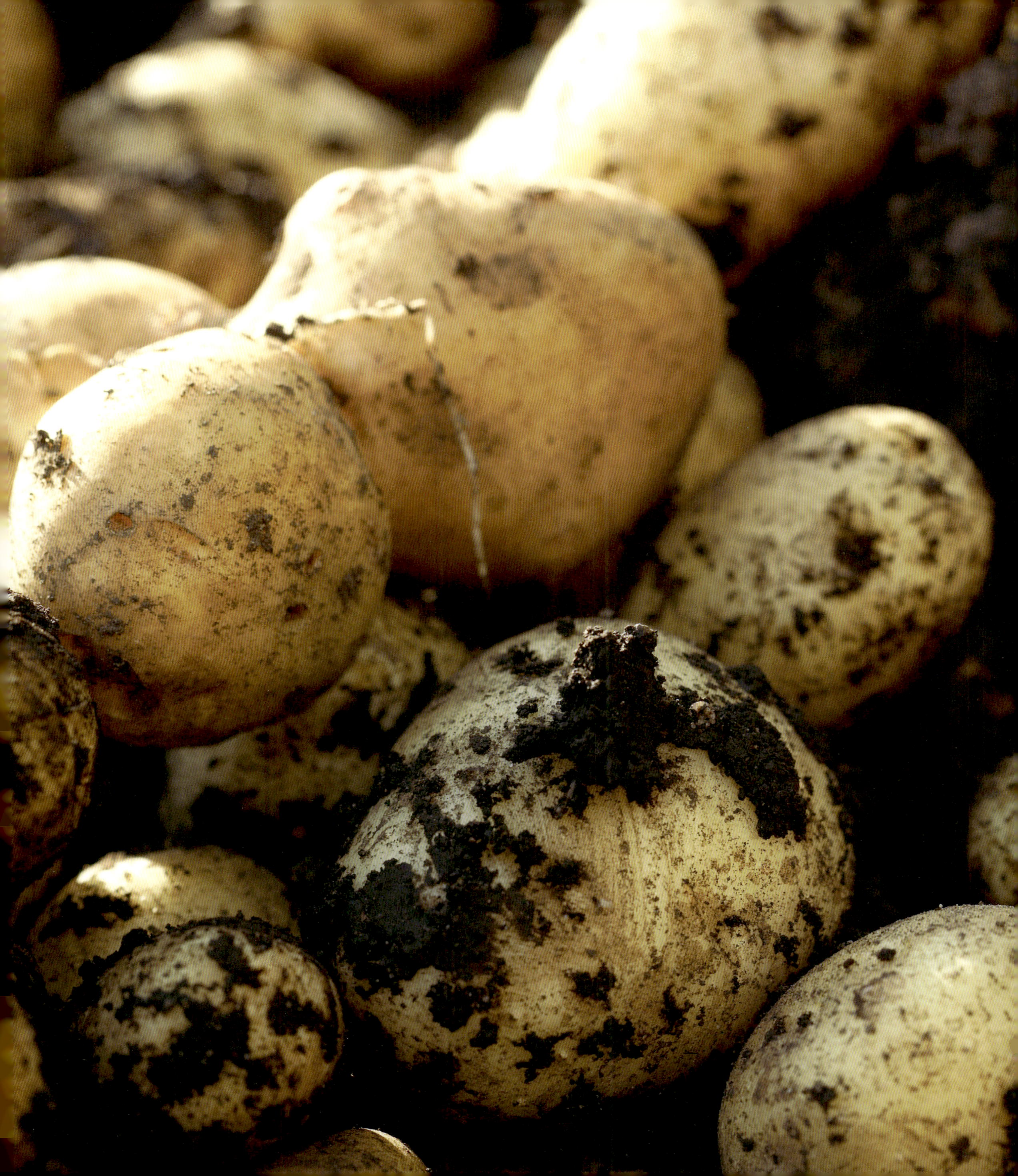

Kupferspuren

In unserem Schaugarten arbeiten wir seit einigen Jahren konsequent mit Gartengeräten aus Kupfer. Dabei stellen wir fest, dass die Pflanzen von Jahr zu Jahr üppiger gedeihen, dass sich die Bodenstruktur verbessert und die Bearbeitung viel leichter von der Hand geht.

DIE FORSCHUNGSARBEIT VON VIKTOR SCHAUBERGER

Durch gezielte Versuche zeigte sich bereits in den Fünfzigerjahren, dass die Verwendung von Kupfergeräten Qualität und Ertrag deutlich verbessert. Der österreichische Biotechniker Viktor Schauberger führte dies darauf zurück, dass Eisen in der bearbeiteten Gartenerde eine negative Wirkung entfaltet. Nach seiner Erkenntnis werden durch die mechanische Abnützung von Eisenwerkzeugen feine Eisenteilchen an den Boden abgegeben. Diese bilden einen dünnen Rostschleier, der die Austrocknung des Bodens beschleunigt.

Kupfer hingegen ist in einem gesunden Boden von Natur aus vorhanden und beeinflusst im Gegensatz zu Eisen die natürliche, magnetische Spannung des Bodens nicht. Deshalb bringen Gartengeräte aus Kupfer eine deutliche Verbesserung von Qualität und Ertrag bei Zier- und Nutzpflanzen. Das war bereits in der Hochkultur des alten chinesischen Kaiserreichs bekannt und wurde in unserer Zeit von Schauberger wiederentdeckt. Die Gartengeräte geben feinste Teile von Kupfer, Gold, Silber und Magnesium ab, beeinflussen damit den Wasserhaushalt und die Fruchtbarkeit des Bodens und schaffen so die Voraussetzung für einen kräftigen, gesunden Pflanzenwuchs.

Ich komme mit sehr wenigen Gartengeräten aus und schwöre auf Kupfergeräte. Kupfer ist ein ausgezeichneter Leiter. Blitzableiter sind aus Kupfer, Spitzenköche verwenden Kupferpfannen in der Küche, weil sich die Speisen darin schnell erhitzen. Meine handgefertigten Geräte sind sehr leicht, etwas Edles, Exklusives haftet ihnen an. Warum sollte ich mir das Arbeiten mit herkömmlichem Werkzeug erschweren, wenn meine Kupfergeräte so viel leichter sind? Mit der Zeit wird der Spaten, die Hacke ein Teil von mir. Ich weiss, wie sie mir in der Hand liegen müssen, damit ich optimal arbeiten kann. Ein Sprichwort sagt: «Mit dem richtigen Werkzeug ist die halbe Arbeit getan.»

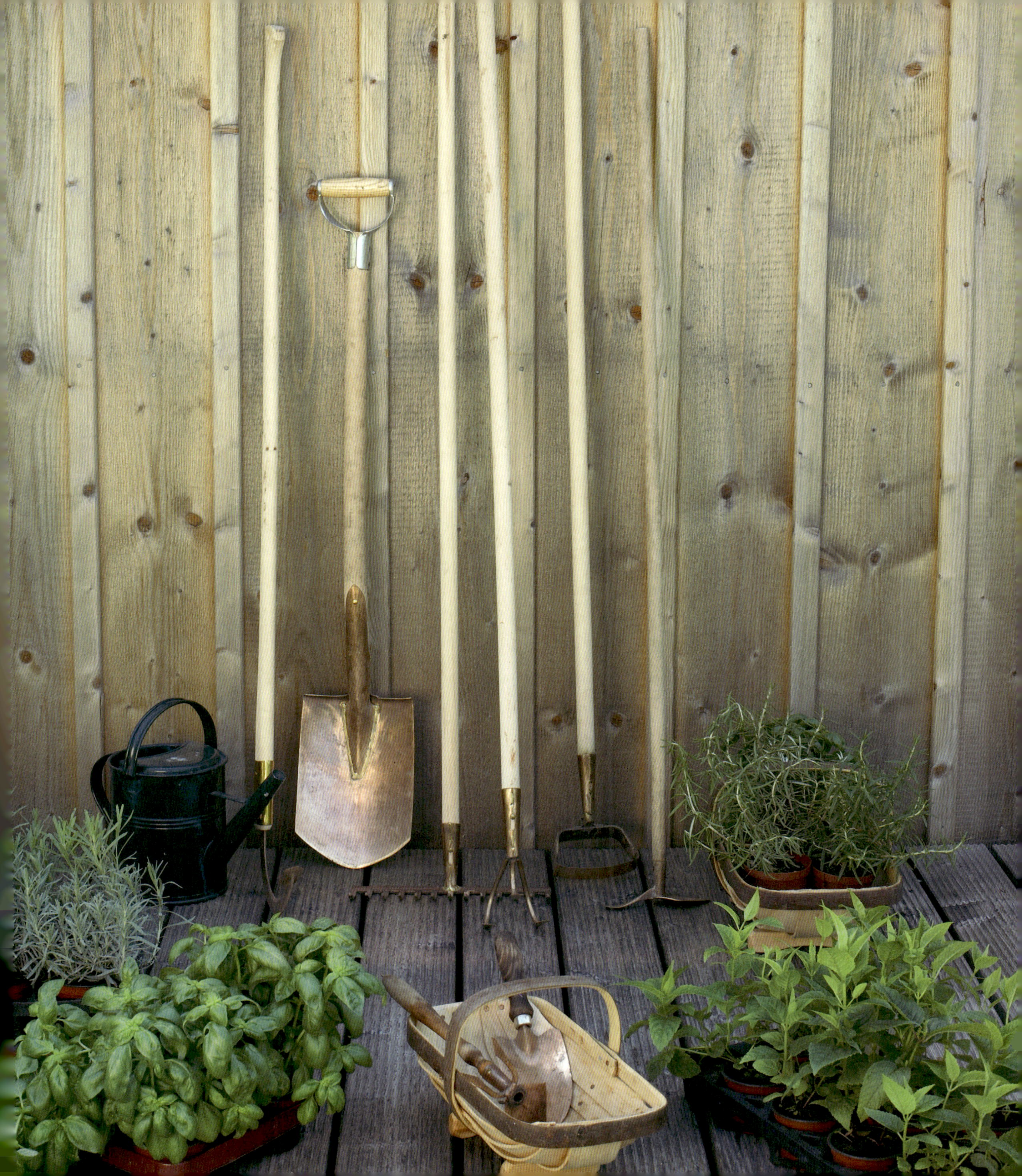

SPATEN

Als ich meinen Kupferspaten zum ersten Mal einsetzte, fiel ich beim «Stechen» fast über den Spaten hinweg! Der Schaft stach wie Butter in die Erde. Das Arbeiten mit diesem Gerät war ein Traum. Alle meine Werkzeuge haben Lindenholz-Stiele. Nie und nimmer würde ich Geräte mit Kunststoffgriffen verwenden. Durch den jahrelangen Gebrauch schmiegt sich der Stiel so richtig gut in meine Hand. Ich kann darin die Energie des Bodens spüren. Der Kontakt zwischen Hand und Stiel ist wichtig. Ein Stiel ist wie ein Pinsel in der Malerei – der verlängerte Arm des Künstlers. Mit einem Plastikstiel oder einem mit chemischer Farbe bestrichenen Billigholzstiel wäre das nicht möglich.

Ich bin übrigens mit dem Werkzeug sehr heikel. Niemand ausser mir und meiner Frau darf es benutzen. Ich bin da sehr eigen, ich weiss. Ich trage zu meinem Werkzeug Sorge und achte darauf, dass es immer eine scharfe Schneide hat. Es ist wie mit einem Küchenmesser. Welcher gute Küchenchef will denn schon mit einem billigen und unscharfen Industriemesser arbeiten? Ich denke, jeder Gärtner sollte sein Werkzeug liebevoll behandeln, so wie ein Küchenchef seinen Satz Messer pflegt oder ein Musiker sein Instrument.

Meine Kupfergeräte machen mir die Arbeit zum Genuss. Es ist wie bei einem guten Wein. Den trinkt man auch nicht aus dem Plastikbecher.

GABEL

Eine Grabgabel darf in keinem Garten fehlen. Bei mir kommt sie fast nur noch beim Kartoffelgraben und Kompost-Umsetzen zum Einsatz.

RECHEN

Davon habe ich drei verschiedene Exemplare. Zum Vorbereiten der Saatbeete nehme ich einen

> Ich denke, jeder Gärtner sollte sein Werkzeug liebevoll behandeln, so wie ein Küchenchef seinen Satz Messer pflegt oder ein Musiker sein Instrument.

> Erfülltes Gärtnern heisst für mich, mit schönem, handgefertigtem Werkzeug einen guten Boden zu pflegen und darauf kräftige Kräuter und gesundes Gemüse zu ziehen.

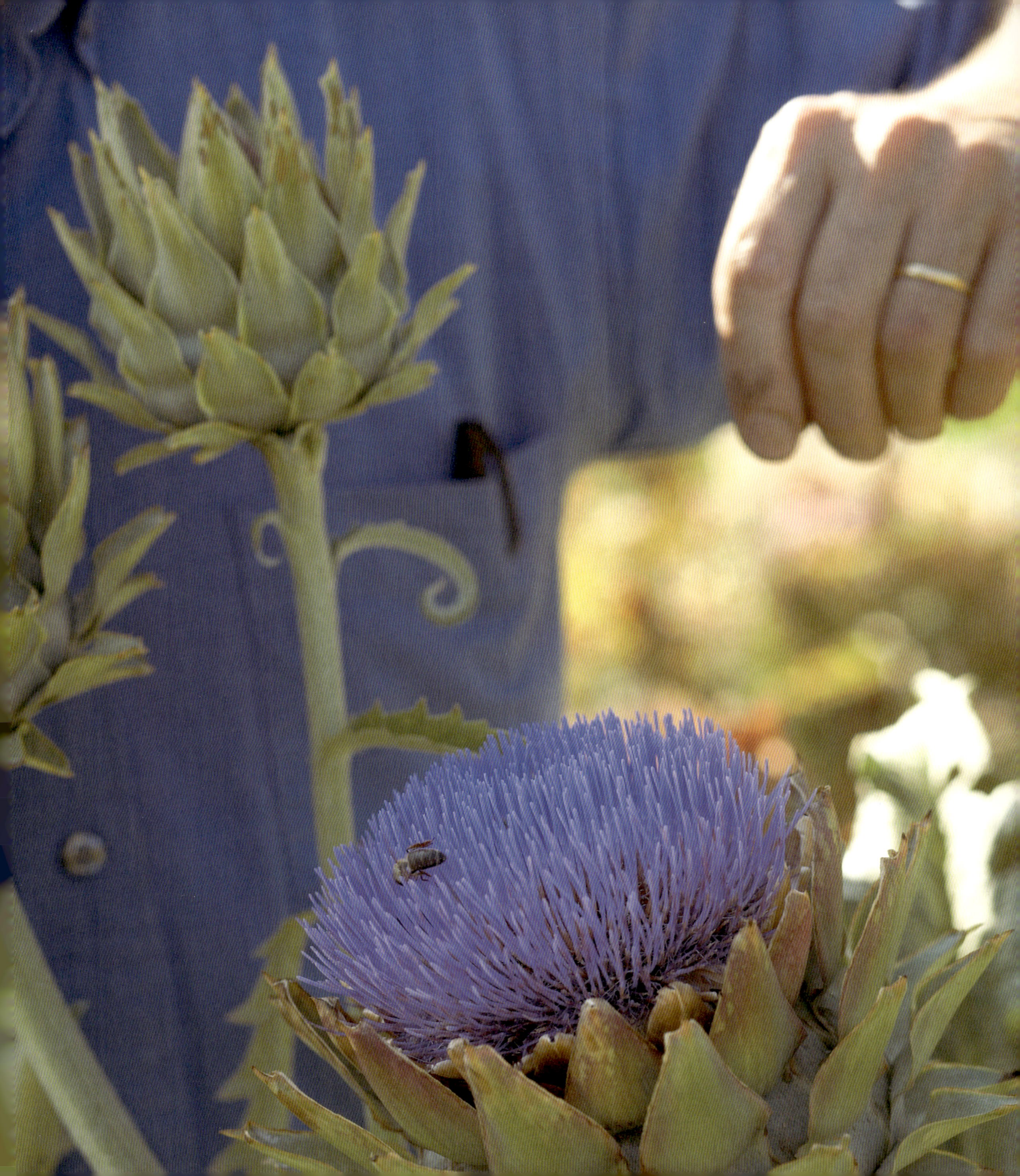

breiten mit einem Schaft von 30 Zentimetern. Einen zweiten, schmalen Rechen benutze ich, um zwischen den Pflanzreihen zu arbeiten. Mit einem Fächerrechen sammle ich das Laub und kitzle damit hin und wieder die Beetoberfläche. Er dient mir auch dazu, die Oberschicht leicht aufzukratzen und die Beete zu säubern. Dank seiner Flexibilität kann ich damit sogar vorsichtig über niedrige, kräftige Pflanzen kratzen, ohne sie zu beschädigen.

PENDELHACKE

Die Pendelhacke steht am häufigsten im Einsatz, mal abgesehen von Messer und Gartenschere. Mit ihr lüfte ich täglich den Boden und schneide dabei das bisschen Unkraut ab, das trotz meiner Arbeitsweise aufkommt. Falls Sie ein «reagierender» Gärtner sind und dadurch grössere Unkräuter zu bewältigen haben, brauchen Sie eine stabile und robuste Breithacke, deren Blatt im rechten Winkel zum Stiel steht. Damit lassen sich auch grössere Unkräuter problemlos abhacken, was aber mit massivem körperlichem Mehreinsatz verbunden ist. «Pro-aktives» Hacken ist weit weniger mühsam.

KLEINE HANDSCHAUFEL

Ich habe zwei davon: Eine breite, mit der ich Saatkisten mit Erde fülle und Setzlinge pflanze, und eine schmale, die ich beispielsweise für das Pflanzen von feinen Lauchsetzlingen verwende. Das Setzholz dient mir dazu, die Pflanzlöcher schnell und effizient vorzubereiten.

SCHEREN

Neben der Pendelhacke sind Gartenschere und Messer ein Muss für jeden Gärtner. Scheren gibt es fast so viele wie Sand am Meer. Die besten sind die Schweizer Felco-Scheren. Achten Sie darauf, dass die Klingen immer scharf sind. Nichts bringt mich beim Gärtnern mehr auf die Palme als unscharfe Scheren. Deshalb wechsle ich die Klingen jeden Monat.

SENSE

Richtiges Mähen ist auch so eine Art Lebensphilosophie. Ich erinnere mich an unsere ersten gemeinsamen Sense-Arbeiten mit Alfred Vogel vor fünfundzwanzig Jahren. Es galt, steile Wiesen mit der Sense zu schneiden. Frühmorgens legten wir los. Frances und ich schwangen die Sensen wie wild von Schulterhöhe zu Schulterhöhe, so ungestüm wie junge Fohlen oder, um es anders auszudrücken, wie hochtourige Formel-1-Rennwagen. Nach einer Stunde waren wir zwar viel weiter als unser achtzigjähriger Patron, aber müde und hungrig waren wir auch schon. Da es nicht den Anschein machte, dass er eine Pause einlegen wollte, schnitten wir jungen Heisssporne tapfer weiter. Nach drei bis vier Stunden überholte uns Alfred Vogel, und bis zum Abend liess er uns weit zurück. Nach Arbeitsschluss meinte er: «Wisst ihr, die Sense ist wie das Pendel einer Wanduhr. Findet euren Rhythmus und schreitet gleichmässig und ohne Hast voran. Führt die Schneidebewegungen mit Präzision aus. So kommt ihr viel weiter.» Wir wussten damals

«Wisst ihr, die Sense ist wie das Pendel einer Wanduhr. Findet euren Rhythmus und schreitet gleichmässig und ohne Hast voran. Führt die Schneidebewegungen mit Präzision aus. So kommt ihr viel weiter.»
(Zitat Alfred Vogel)

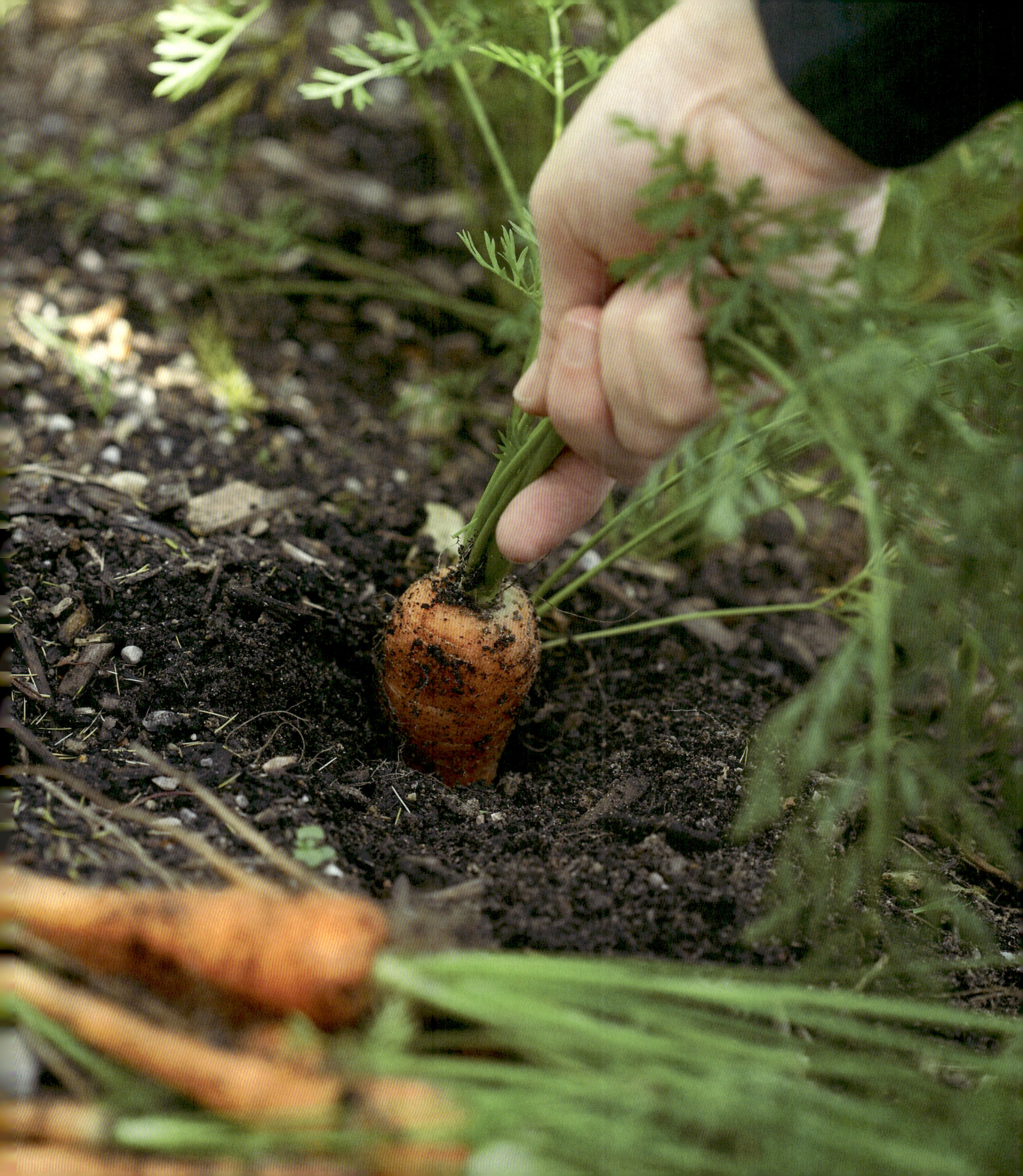

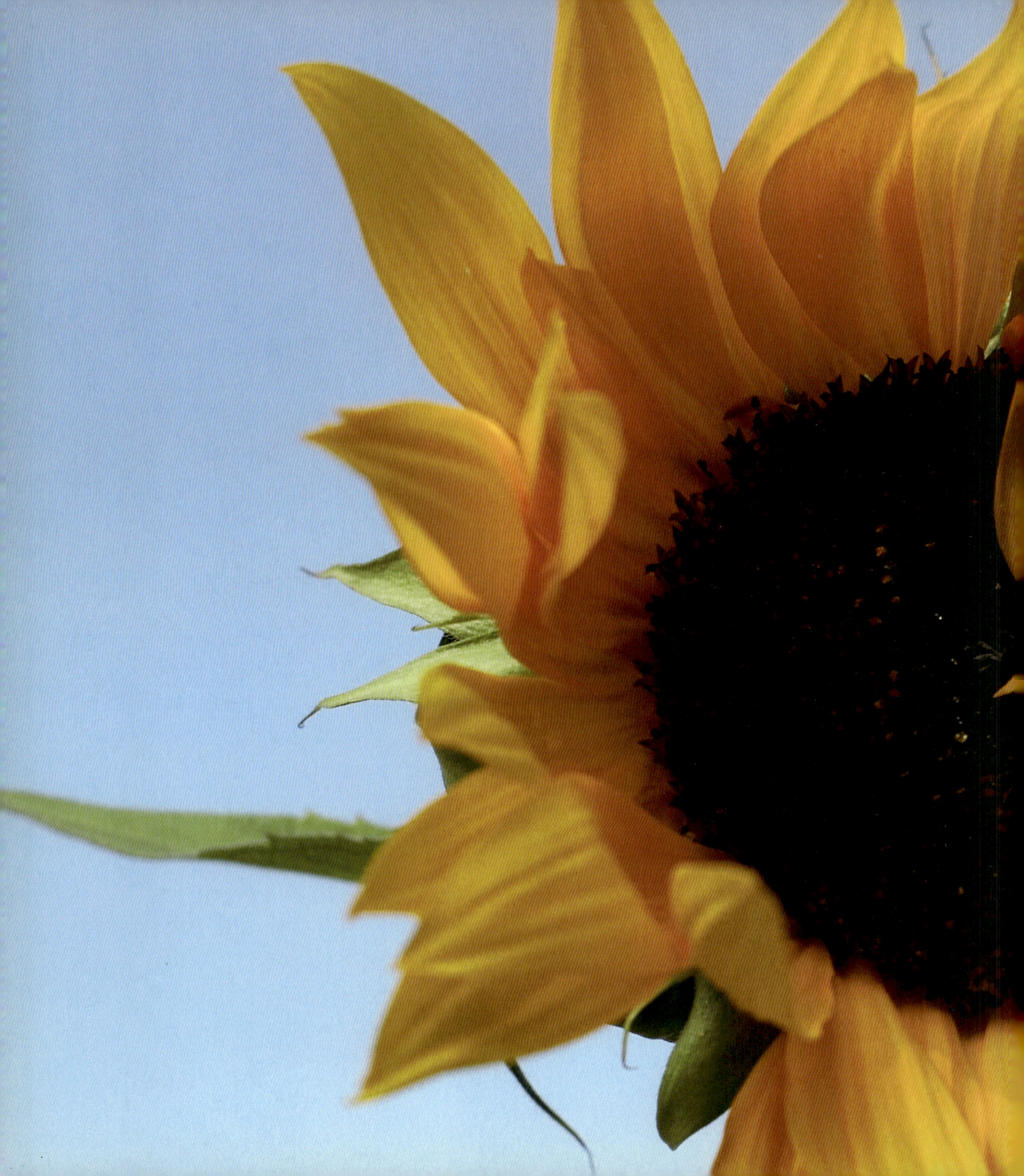

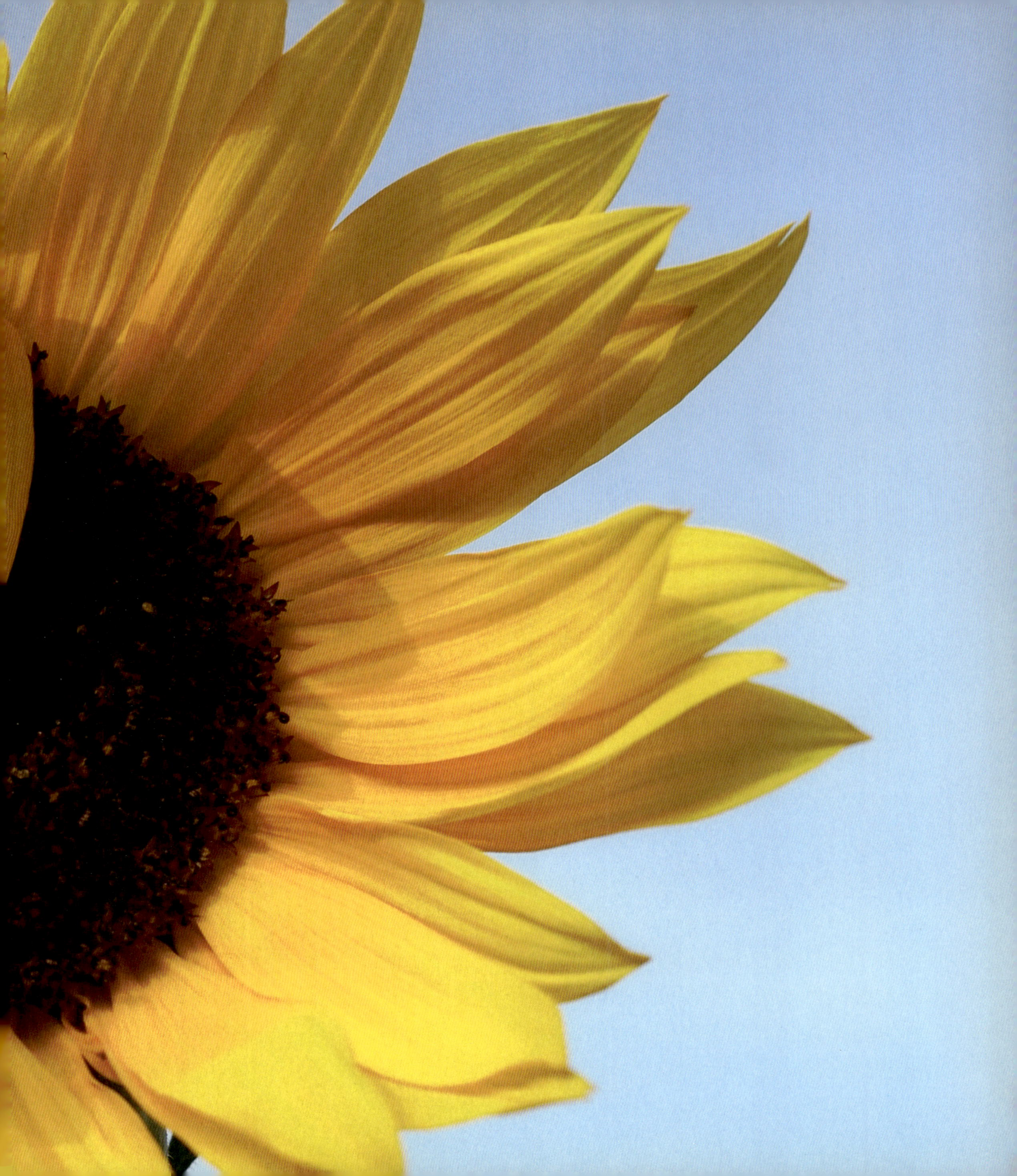

noch nicht, dass er nicht nur das Sensen meinte, sondern ganz allgemein vom Leben sprach. Wichtig ist, dass die Sense scharf ist wie ein Rasiermesser. Ich lasse sie mir von einem alten Bauern dengeln (schärfen). Ihm zuzuschauen, wie er diese Arbeit mit einer Pfeife im Mund auf einem Holzklotz vor der Scheune sitzend in aller Ruhe verrichtet und dabei immer wieder prüft, ob es gut ist, fasziniert mich. Es gibt nicht mehr viele Bauern, die dieses Handwerk beherrschen. Die meisten Hobbygärtner verpassen ihrem Rasen am Samstag mit Mähern und Trimmern einen «englischen» Schnitt, worauf ich gerne verzichte. Viel lieber beobachte ich Insekten, Raupen und Schmetterlinge, die auf den Wiesenblumen ihr Spiel treiben.

> Die meisten Hobbygärtner verpassen ihrem Rasen am Samstag mit Mähern und Trimmern einen «englischen» Schnitt, worauf ich gerne verzichte. Viel lieber beobachte ich Insekten, Raupen und Schmetterlinge, die auf den Wiesenblumen ihr Spiel treiben.

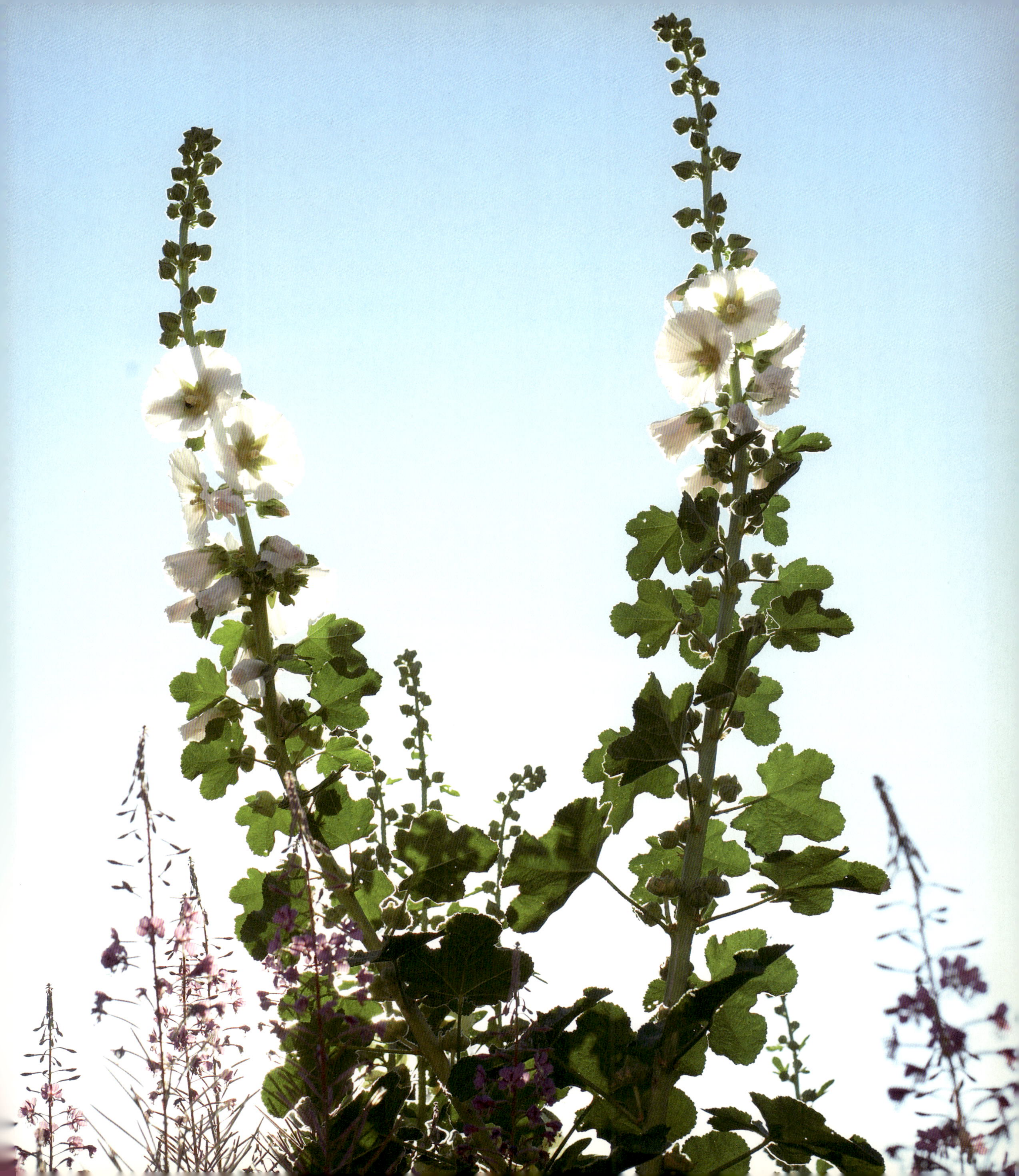

Misten, Mulchen, Glücksmomente

Glücksmomente im Garten.
Dieses Gedicht fand ich auf meinem Streifzug durch den Garten auf einer Bank unter den Bäumen:
Manchmal ist Glück uns hold.
Ein still blühender Garten läuft dir entgegen,
eine einladende Bank stellt sich in deinen Weg
und du verweilst
für ein goldenes Weilchen.

GRÜNDÜNGUNG

Der Einsatz von Gründüngungspflanzen ist sehr einfach. Wir verwenden hauptsächlich Bienenweide (Phacelia) und lassen kein Stück Boden unbepflanzt. So können sich keine Unkräuter ansiedeln. Das Säen und Schneiden der Bodendecker ist viel weniger aufwendig, als das Unkrautjäten. Bienenweide-Samen streuen wir nur oberflächlich auf die Erde. Wenn die Pflanze ihren Dienst als Bodenverbesserer und Nährstofflieferant geleistet hat, kippt sie um, wird von den Würmern in den Boden eingearbeitet und führt den Mikroorganismen reichlich organische Substanz zu. Die Gründüngung erspart uns einen ganzen Kompostiervorgang, der mit Schneiden, Umsetzen und Ausbringen des fertigen Kompostes mit viel Arbeit verbunden ist. Die Bienenweide zieht ausserdem Insekten an, die unsere Blüten bestäuben. Seit wir sie einsetzen, wimmelt es in unserem Garten von Schmetterlingen, Hummeln und Bienen.

Manchmal
ist Glück uns hold.
Ein stillblühender Garten
läuft dir entgegen,
eine einladende Bank
stellt sich in deinen Weg.
Und du verweilst.
Für ein goldenes Weilchen

23. Sept. 2000 im
Schaugarten Teufen

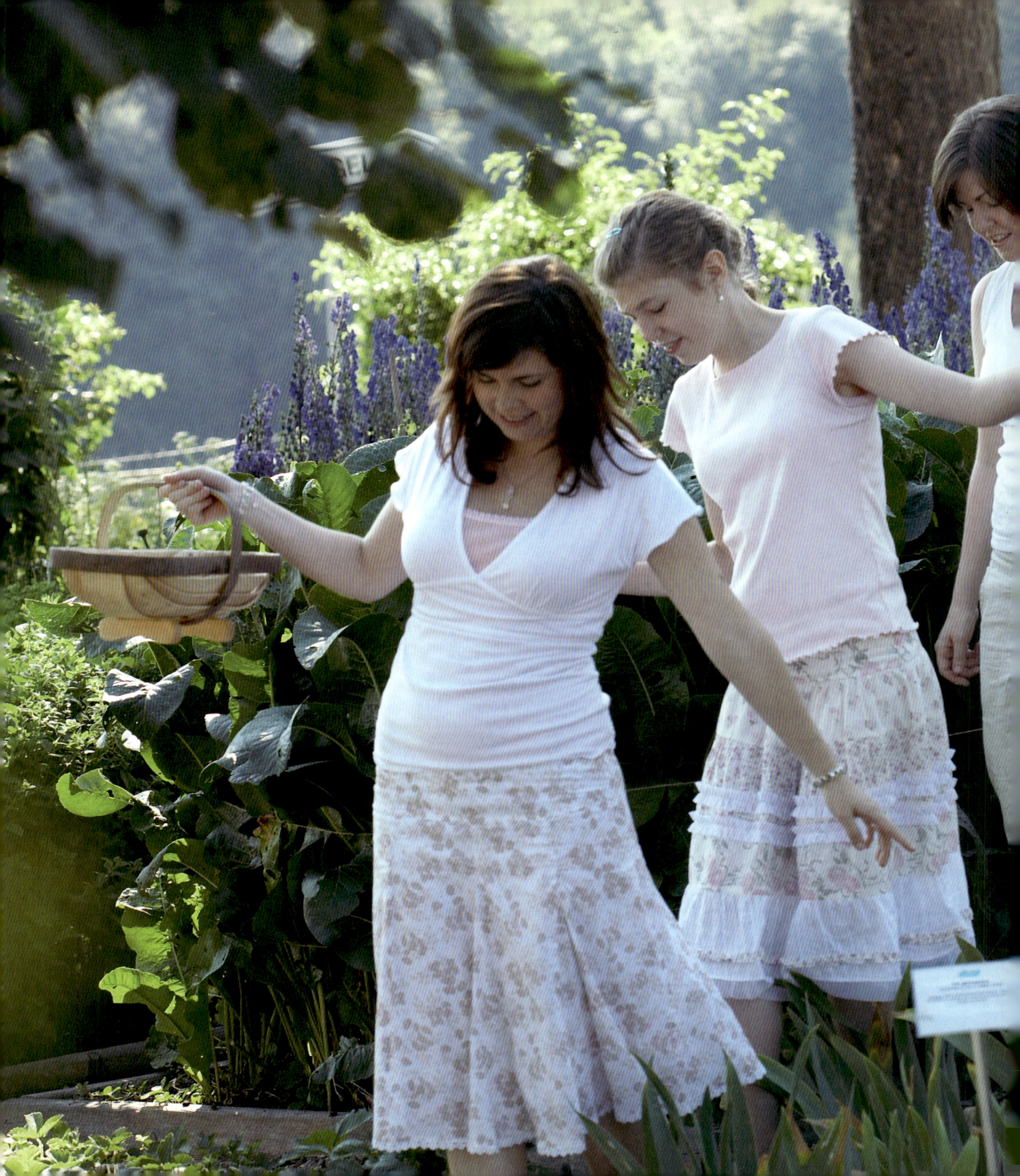

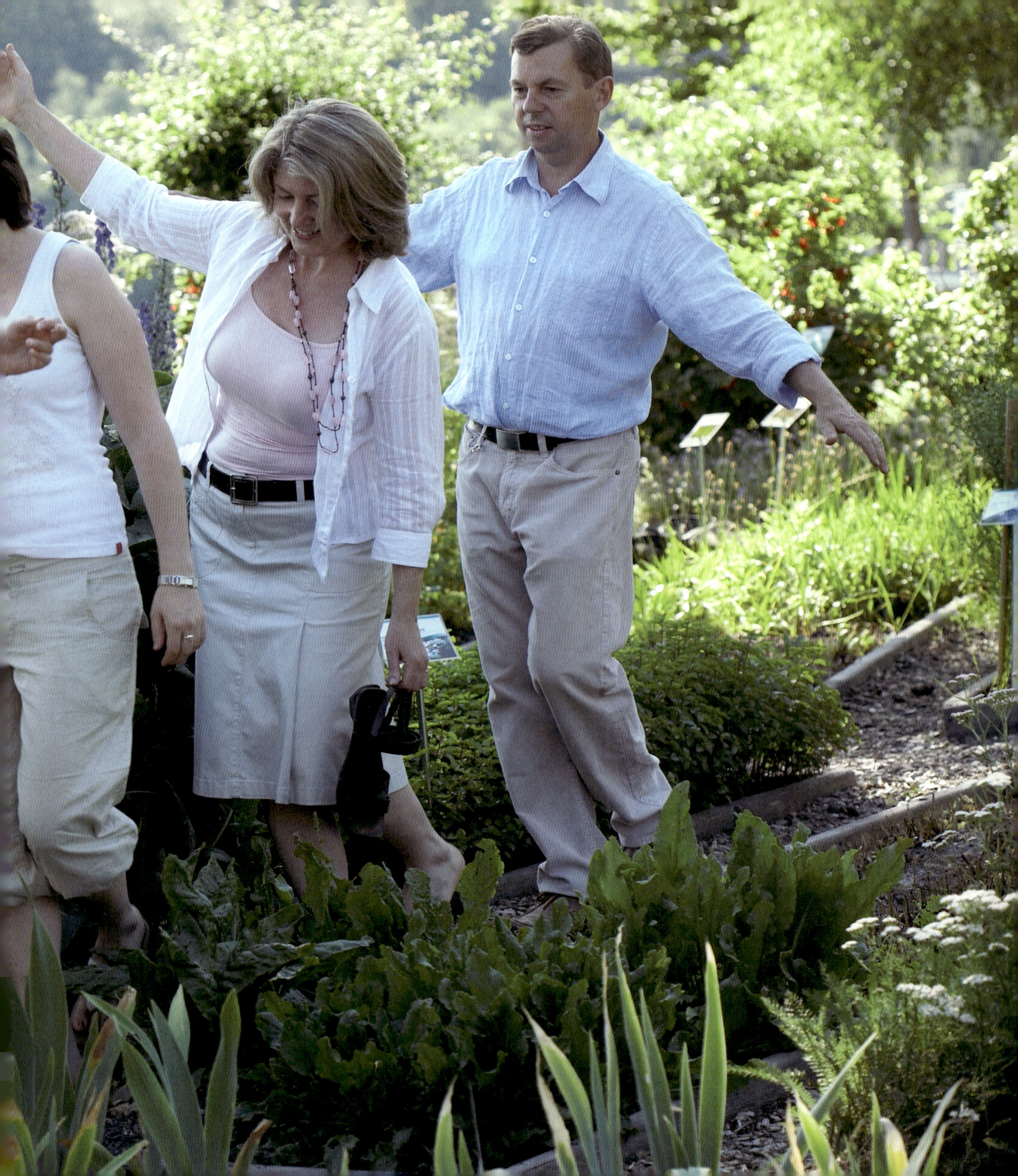

MIST – VERBESSERUNG DER BODENFRUCHTBARKEIT

Die Einstreu für unsere Milchschafe besteht aus Weizenstroh, getrocknetem Wiesengras, Kräutern und Laub. Der mit dieser Einstreu durchsetzte Stallmist ist ein wertvoller Dünger für die stark zehrenden Gemüsepflanzen. Normalerweise streue ich den Stall vom Herbst bis zum Frühjahr einmal wöchentlich ein. Den Mist bringe ich im Frühjahr aus, um ihn in die neuen Hügelbeete einzuarbeiten. Da unsere beiden Milchschafe nicht genügend Mist produzieren, liefert mir der Bauer zusätzlich ein paar Ladungen Kuhmist aus seinem biologisch bewirtschafteten Betrieb. In der konventionellen Landwirtschaft wird mit chemischen Zusätzen, Antibiotika, Wurmmitteln und Hormonen gearbeitet. Die Zusätze gehen in den Mist über und belasten den Gartenboden. Also Hände weg von solchen «Wachstumshelfern». Natürlich könnte ich mehr Milchschafe halten, damit ich nicht auf fremde Ressourcen angewiesen wäre. Aber dann hätte ich wiederum zu viel Milch, müsste mehr Stallarbeit leisten und zusätzliche Schafe scheren. So akzeptiere ich denn das kleinere Übel und kaufe etwas Mist zu.

MULCHEN

ist eine gute Methode, um den Boden rund um die Bepflanzungen vor dem Austrocknen zu schützen. Als Mulchmaterial eigenen sich Laub, Kokoshäcksel, Kompost, gehäckselte Blätter, Beinwell oder Gras. Man kann den kahlen Boden auch mit Vlies oder Jutesäcken abdecken. Beim Mulchen mit Pflanzenmaterial wird der Boden mit Humus und Nährstoffen versorgt. In der Dunkelheit wächst kein Unkraut. Die Bodenfeuchtigkeit verdunstet weniger, zudem wird die Bodentemperatur besser reguliert: Dank der Isolierdecke erwärmt sich der Boden schneller und kühlt weniger rasch ab. Neben diesen Vorzügen hat das Mulchen auch Nachteile: Früher hatten wir Unmengen von Schnecken im Garten. Sie lieben es, ihre Eier unter der feuchten Mulchschicht abzulegen. Daher verzichten wir seit einigen Jahren auf den Einsatz von Mulch, ausser im Treibhaus, wo wir die Tomaten mit einer dichten Schicht Beinwell- und Brennnesselblätter einpacken.

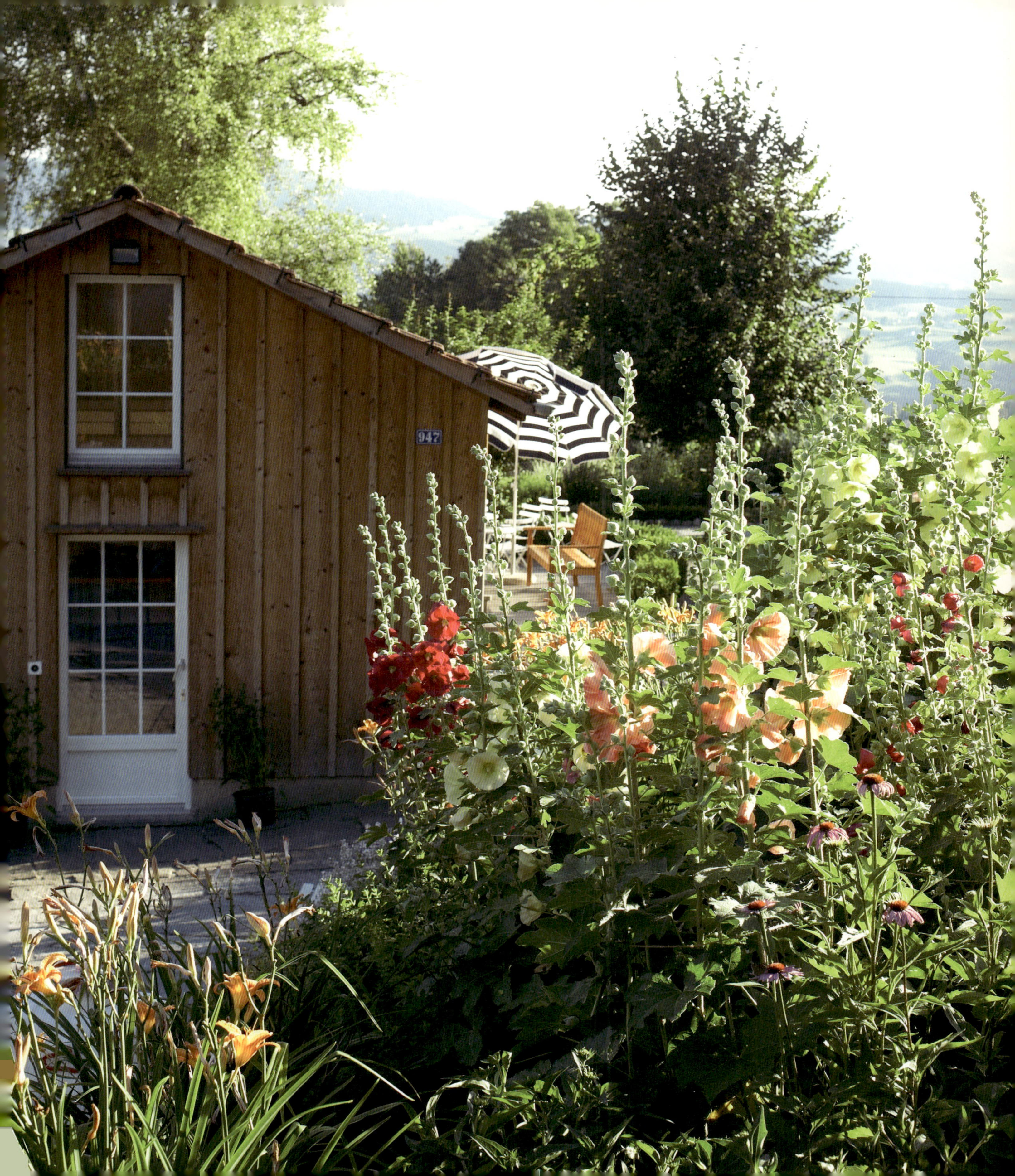
947

Geben und Nehmen

Ein intaktes Bodenleben ist das A und O. Als wir unseren Garten vor vielen Jahren antraten, fanden wir einen schweren, verdichteten und undurchlässigen Lehmboden vor. Es gelang mir damals nur mit grossem Kraftaufwand, den Stiel meiner Hacke fünf Zentimeter tief in den Boden zu stecken. Durch die Einsaat von Gründüngungspflanzen dringt der Stiel heute mit dem gleichen Kraftaufwand 25 bis 30 Zentimeter in den Boden ein.

Unter den Fruchtbäumen, Beeren und auf allen brachliegenden Flächen säen wir immer die Bienenweidepflanze Phacelia ein, und zwar so, dass Frucht und Gründüngung gleichzeitig blühen. Unsere Helferinnen, Bienen und Hummeln, werden vom Duft der Bienenweide angezogen – und wenn sie schon mal vor Ort sind, bestäuben sie den Beerenstrauch gleich mit.

Neben der Bienenweide säen wir zur Bodenverbesserung vor allem Leguminosen. Geben und Nehmen hat bei den Hülsenfrüchten Tradition: Mit ihrem unterschiedlich ausgeprägtes Wurzelsystem führen sie dem Boden Stickstoff zu. Das Wurzelsystem bildet dabei Wurzelknöllchen, sogenannte Knöllchenbakterien. Sie binden den Stickstoff, der in der Luft vorhanden ist. Die Pflanze wiederum speist die Bakterien mit Kohlenhydraten, die diese für ihr Wachstum brauchen.

Wenn wir die Gründüngung im Spätsommer aussäen, verrottet sie langsam. Das hat den Vorteil, dass der Boden abgedeckt ist, was ihn vor intensiven Witterungseinflüssen wie Wind, Niederschlägen und Temperaturschwankungen schützt. Gleichzeitig haben die Bodenlebewesen Nahrung, sie arbeiten die Gründüngungspflanze langsam in den Boden ein. Durch die Biomasse und die Lockerung des Bodens durch die Wurzeln der Pflanzen baut sich eine ideale Bodengare auf. Wir gewinnen so eine gute und durchlässige Bodenstruktur und damit die Grundlage für ein gutes Pflanzenwachstum.

Im Herbst lassen wir die Gründüngungspflanzen einfach stehen. Bei uns auf tausend Metern Höhe drückt der erste Schnee die Pflanzen meist schon im Oktober, November nieder, und der Verrottungsprozess beginnt. Da wir viele verschiedene Gründüngungspflanzen mit unterschiedlichen Höhen, Formen und Beschaffenheiten verwenden, herrscht eine gute Luftzirkulation, wenn die Pflanzen umgeknickt auf der Erde liegen. Im Frühjahr haben die Bodenlebewesen meist ganze Arbeit geleistet. Die nicht eingearbeiteten, angerotteten Pflanzen rechen wir zusammen und bringen sie als Kompoststarter in die Hügelbeete ein.

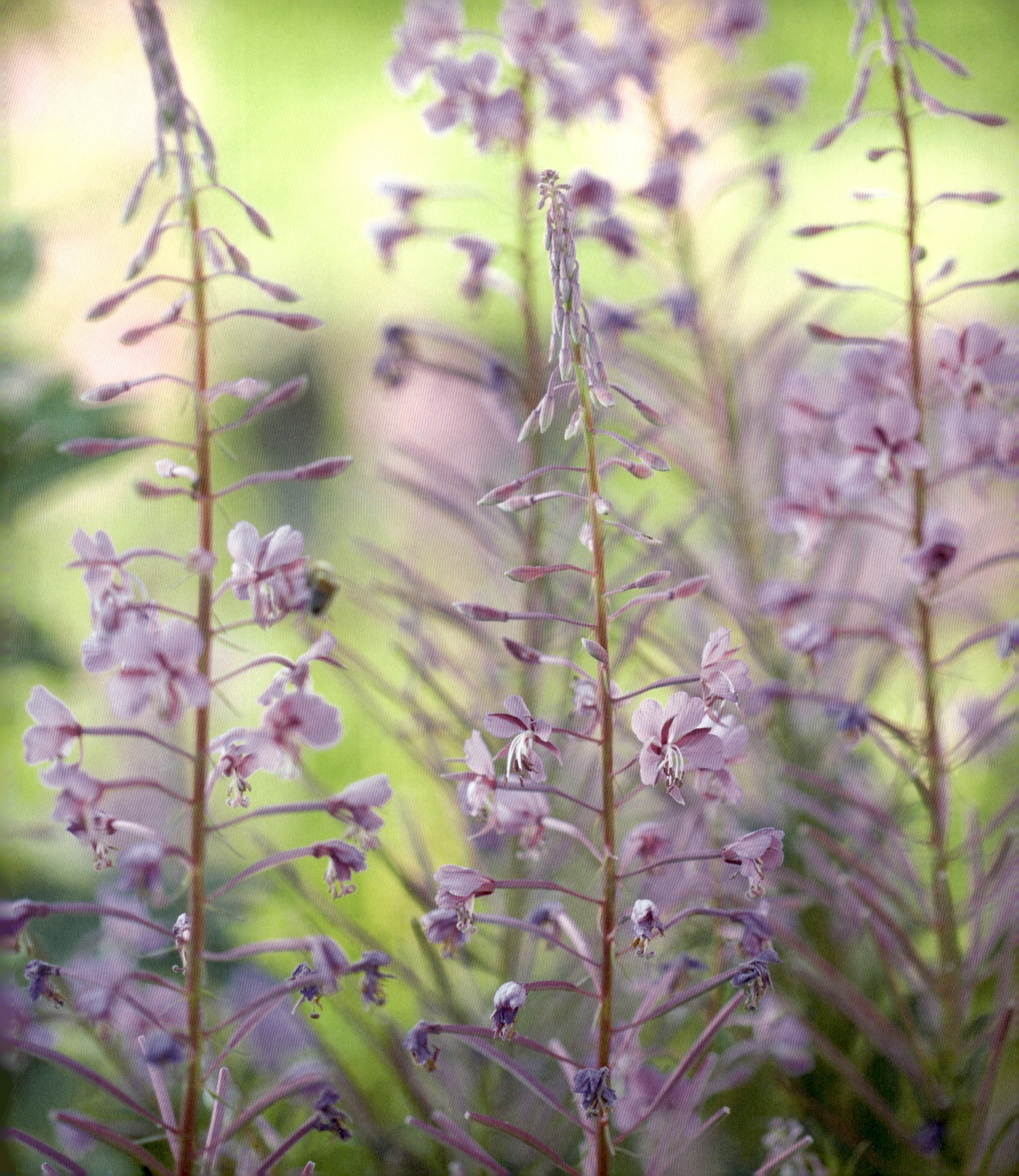

Kompostieren

KREISLAUF DER NATUR

Die Natur kennt keinen Abfall. Wer durch den Wald geht, kann beobachten, wie die vielen im Frühjahr hervorgebrachten und im Herbst abgeworfenen Blätter über den Winter fast ganz verschwinden und sich in Humus verwandeln. Die Natur betreibt seit Jahrtausenden Recycling in wunderbarer Perfektion. Aus abgestorbenen Blättern und Pflanzen wachsen neue Pflanzen. So sind auch unsere Küchen- und Gartenabfälle keine Abfälle, sondern wertvolle Rohstoffe für neuen Humus. Sie zu verbrennen, ist Verschwendung. Der Begriff Kompostieren kommt vom lateinischen componere, auf Deutsch: zusammensetzen. So ergeben Küchenabfälle allein noch keinen Kompost. Erst durch die richtige Vermischung der Küchen- und Gartenabfälle mit erdigem Material entstehen Humusstoffe und Bodenkrümel. Beim Kompostieren schaffen wir günstige Bedingungen für unzählige Kleinlebewesen. Der Umwandlungsprozess läuft dann von selbst ab.

BODENLEBEWESEN

Wenn wir beim Kompostieren Küchen- und Gartenabfälle mit Erde vermischen, gelangen die Abfallspezialisten der Natur, die Billionen von Bakterien, Milliarden von Pilzen, Algen und andere Bodenlebewesen zu den Grünabfällen. In einem Fingerhut fruchtbarer Erde finden sich mehr Lebewesen als Menschen auf der Erde. Die Nährstoffe, die in den abgestorbenen Pflanzenteilen eingelagert sind, werden durch die Tätigkeit der Bodenlebewesen herausgelöst und im Humus gespeichert. Sie stehen so den Pflanzen neu zur Verfügung, und der Stoffkreislauf wird geschlossen. Die Bodenlebewesen erhalten die Bodenfruchtbarkeit. Feuchtigkeit und Luft sind für sie lebensnotwendig. Der Ab- und Aufbauprozess ergibt sich aus dem komplexen Zusammenhang

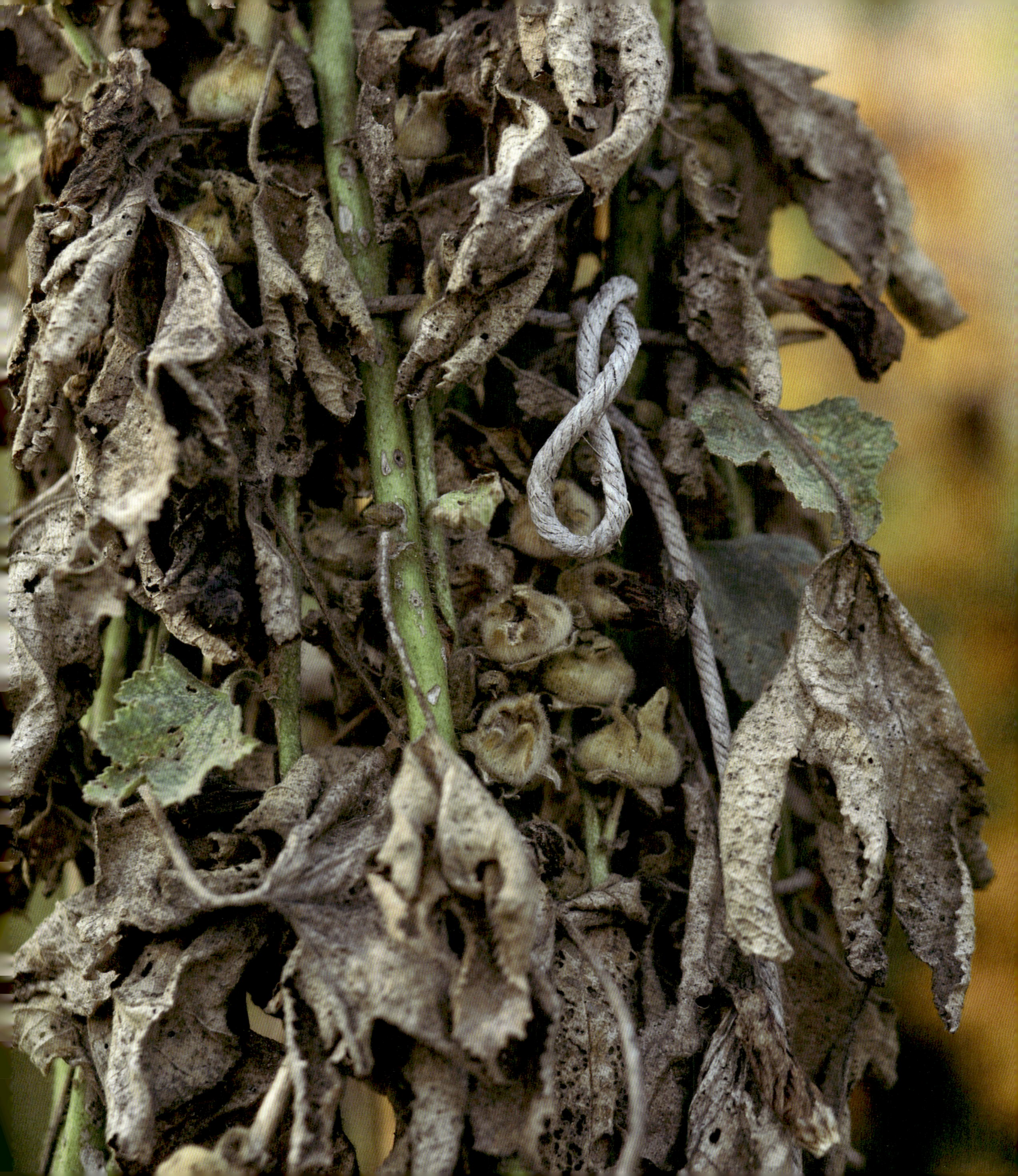

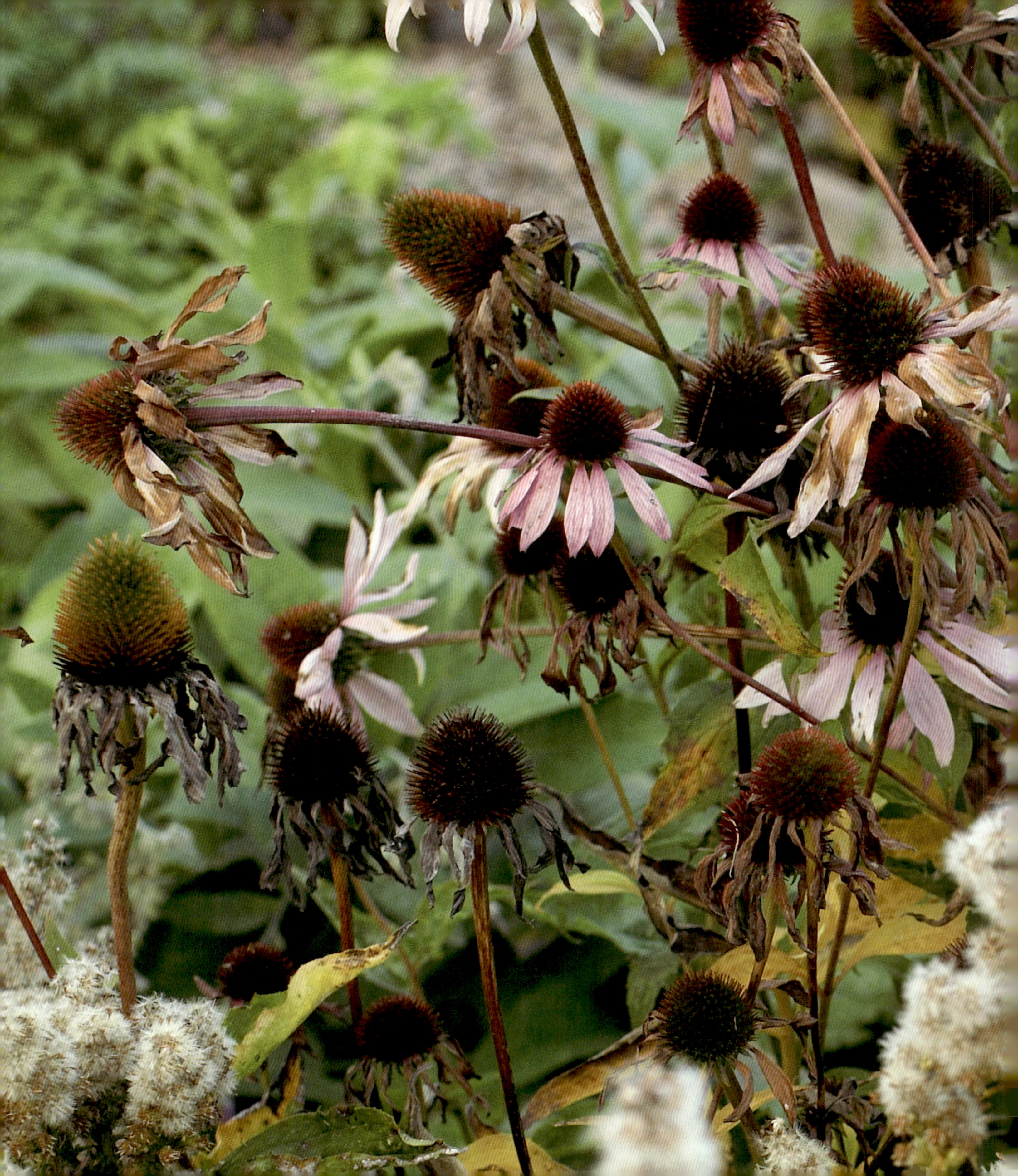

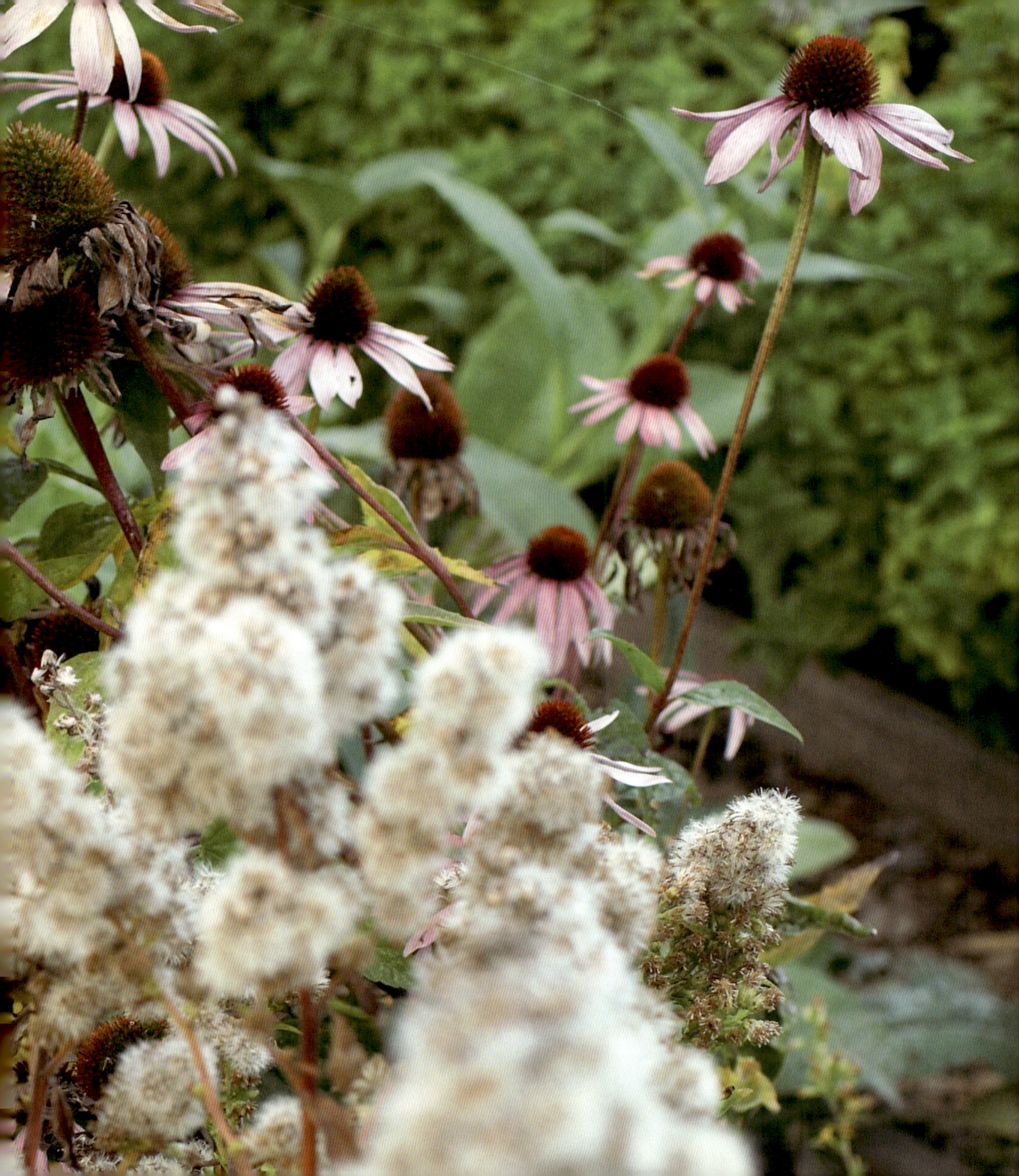

der Lebensabläufe. Je sorgfältiger wir arbeiten und je schadstofffreier das Mischgut ist, umso besser wird die Qualität der Komposterde. Sie trägt zu einem gesunden Boden bei, der alle Nahrung für Mensch und Tier hervorbringt.

ZERKLEINERN

Je kleiner die Rohstoffe, umso grösser ist die Angriffsfläche für die Bodenlebewesen und umso schneller geht die Verrottung vor sich. Daher sollte alles Material zerkleinert in den Kompost gelangen. Den Baum-, Strauch- und Heckenschnitt häckseln wir mit einer Häckselmaschine oder zerkleinern ihn mit einem Gertel (Hippe), einer Garten- oder Baumschere in handlange Stücke.

MISCHEN

Pflanzenrückstände, frischer Rasenschnitt oder verwelkte Schnittblumen dürfen nicht lange liegen bleiben. Wir vermischen sie möglichst rasch mit trockenem, dürrem, oder hartem Material, mit grobem Häcksel, Laub oder Stroh und ausserdem mit Frischkompost oder Erde. Ist die Kompostmischung nicht so feucht wie ein aus-

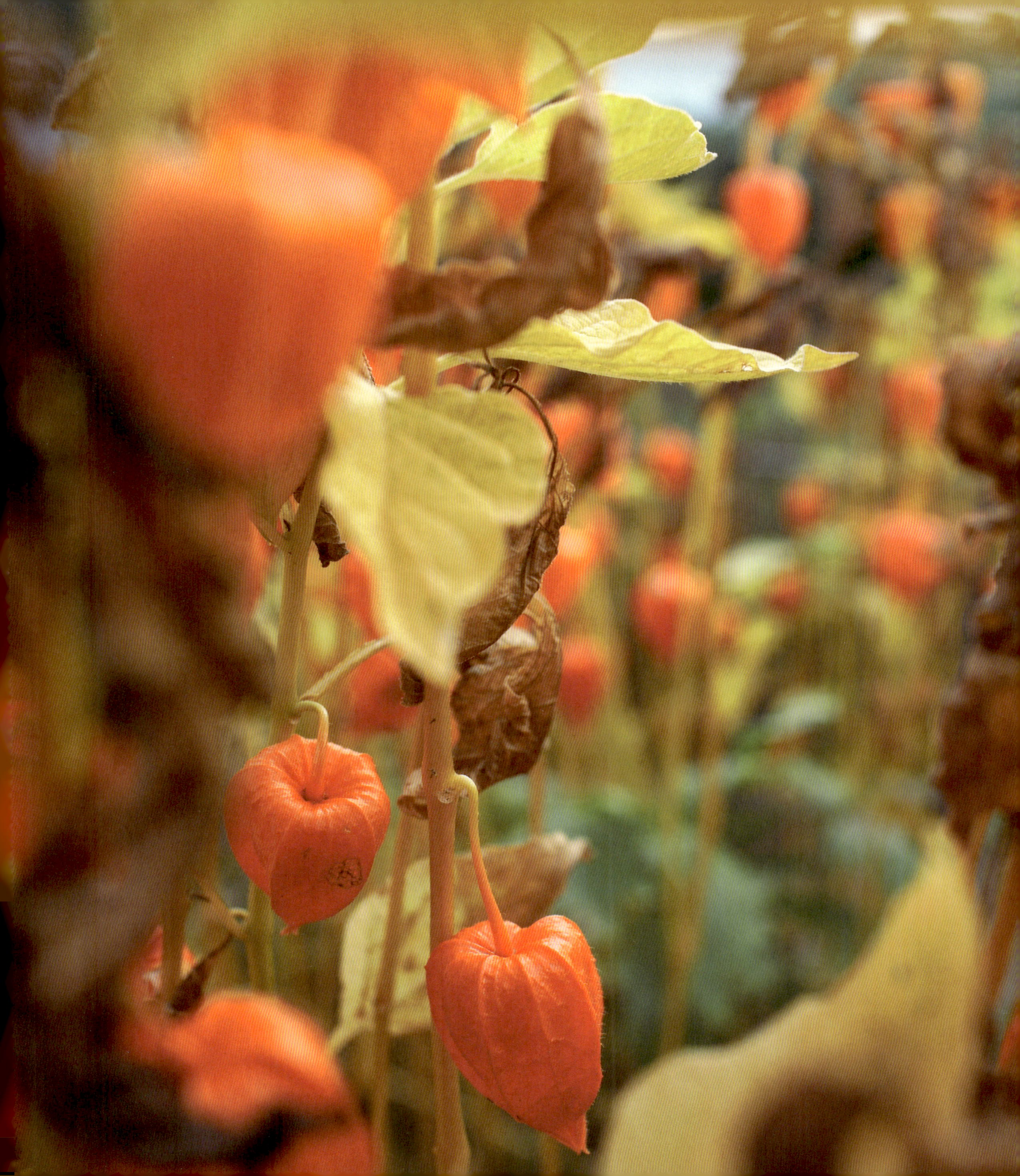

gedrückter, nasser Schwamm, geben wir mit einer Giesskanne etwas Wasser zu.

LAGERN

Ein vielfältiges Nahrungsangebot für die Bodenlebewesen, genügend Feuchtigkeit und Luft entscheiden über einen guten Rotteverlauf. Eine durchlöcherte und atmende Ummantelung, eine luftdurchlässige Unterlage im Kompostbehälter und die Beimischung von grobem Holzhäcksel sorgen für genügend Sauerstoffzufuhr. In der Erde und vor allem im Frischkompost sind alle Eier und Larven der Mikroorganismen enthalten. Die Zugabe von Frischkompost beschleunigt die Rotte. Damit nicht unkontrolliert Wasser in den Kompost dringt, decken wir diesen mit einer Plane ab.

UMSCHAUFELN

Nach drei bis vier Monaten, wenn der Kompost auf unter 30 Grad abgekühlt ist, kontrollieren wir den Verrottungsstand. Vererdet der Kompost und ist er genügend feucht, können wir ihn weitere fünf bis sechs Monate liegen lassen. Ist er aber zu trocken oder zu nass, entfernen wir das Vlies und schaufeln den Kompost um. Das fördert die Rotte.

SIEBEN

Vor dem Ausbringen sieben wir den Kompost. Das Aussieben der unverrotteten Holzteile ist wichtig, da sie den Pflanzen den Stickstoff entziehen. Das ausgesiebte Material kompostieren wir erneut. Da es bereits vorkompostiert wurde, dient es uns als Impfmaterial und beschleunigt den Abbauprozess.

VERWENDEN

Der richtig zusammengesetzte, ausgereifte Kompost ist nicht nur ein Bodenverbesserer, sondern auch ein Düngemittel. Dadurch können wir auf den Zukauf von Blumenerde, Dünger und Torf verzichten. Es ist unser Ziel, möglichst wenig zuzukaufen. In einem gut funktionierenden Garten sollten eigentlich keine Kosten für Erde und Düngung anfallen.

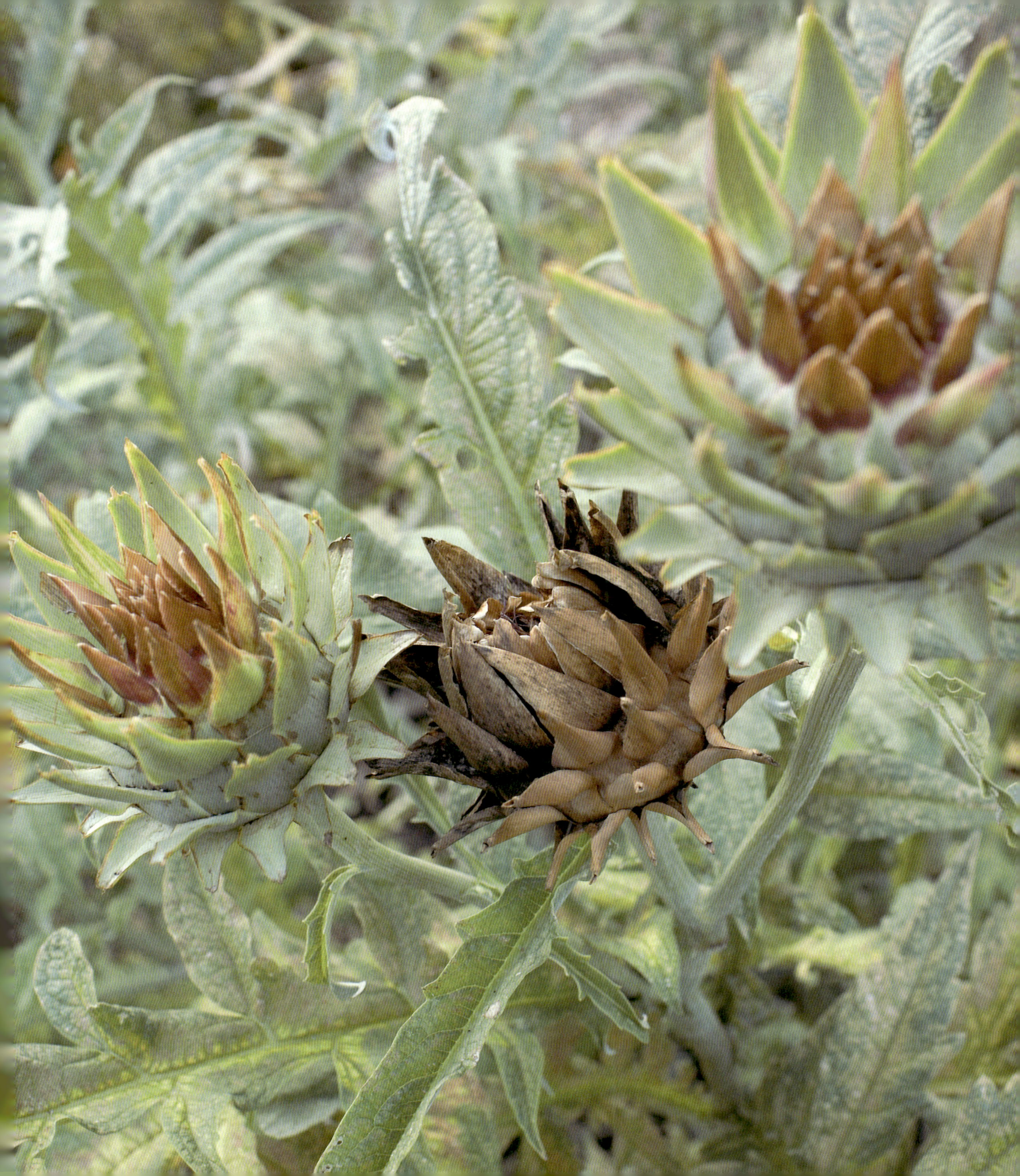

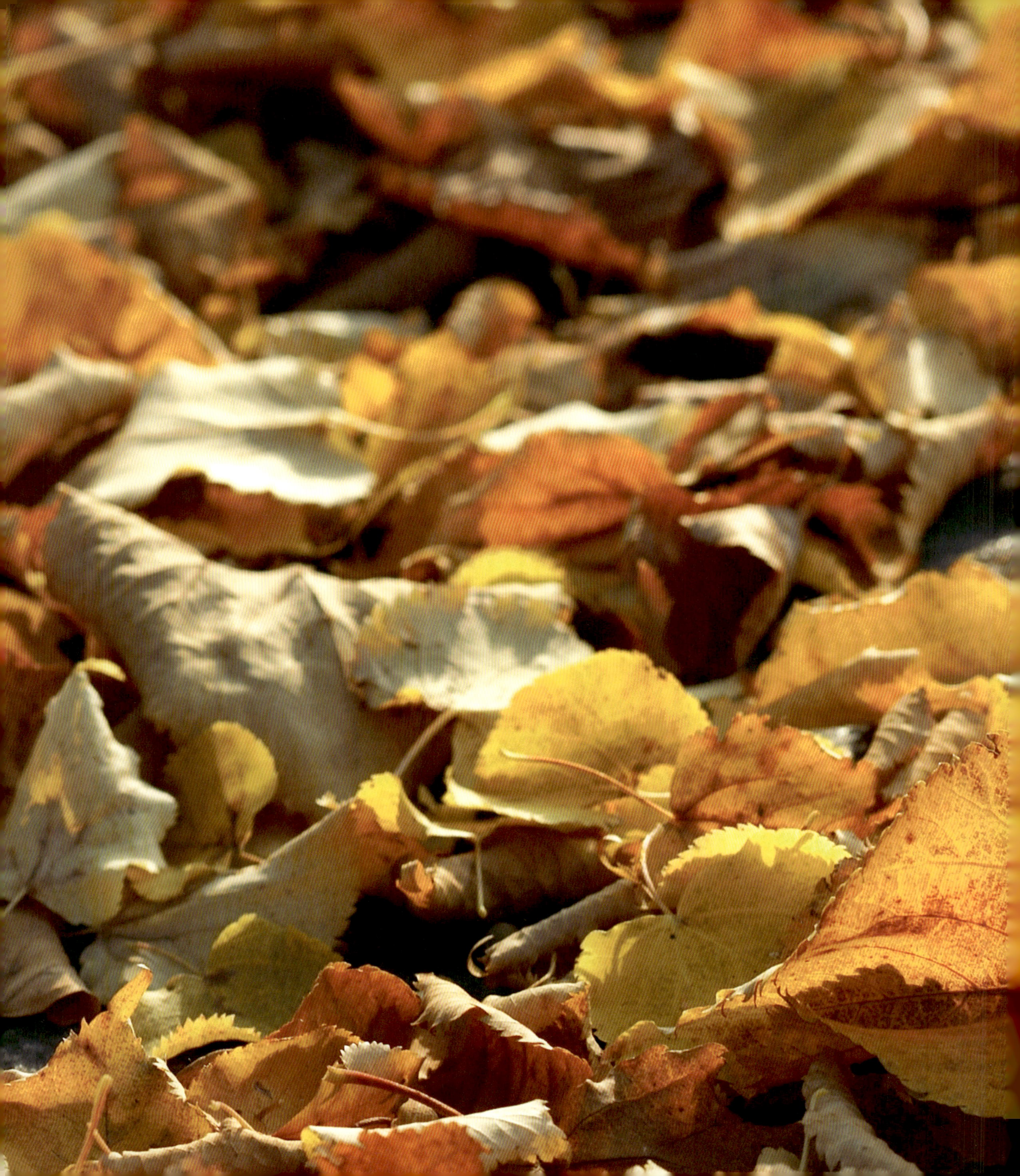

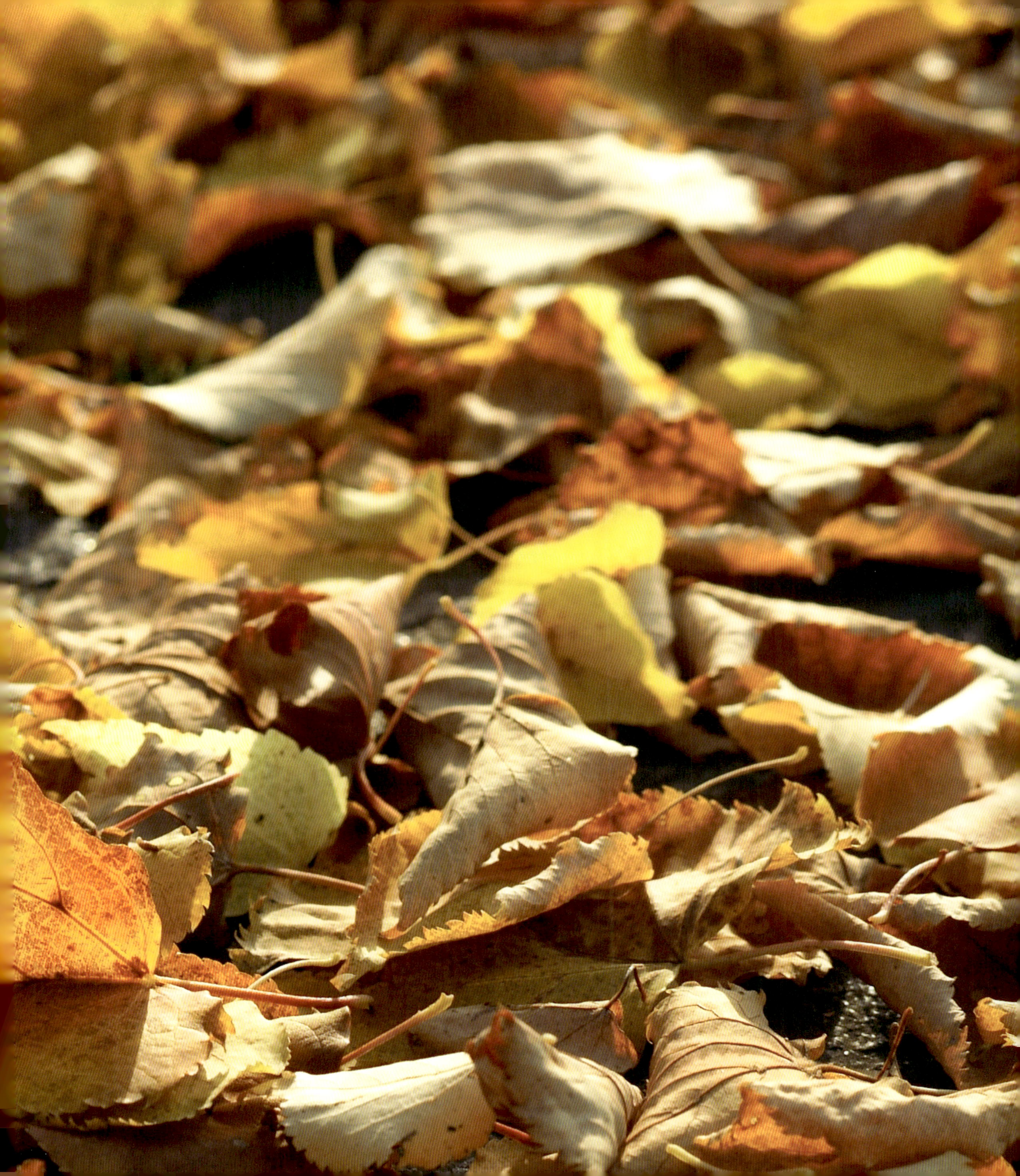

Bodenkosmetik

Die Natur und der Garten bieten uns eine Vielzahl von Pflanzen an, die wir brauchen, um Auszüge herzustellen. Für einen Kräuter-Auszug legen wir frisch geerntete Kräuter ein bis zwei Tage lang in kaltes Wasser und giessen anschliessend Nutzpflanzen, Blumen und Gemüse damit. Wir pflücken die Kräuter am Abend und geben sie dem Giesswasser bei, das wir an den folgenden Tagen benutzen.

Für unsere «Pflanzen- und Bodenkosmetik» setzen wir hauptsächlich Brennnessel- und Beinwell-Auszüge ein. Wir nennen unsere Arbeitsweise so, weil wir sie praktisch täglich ausführen. Sie ist uns zur Routine geworden, wie die persönliche Körperpflege. Brennnesseln haben einen hohen Stickstoffanteil und sind gerade für stark zehrendes Gemüse wie Gurken, Zucchini oder Kohl ideal, denn sie stärken das Pflanzenwachstum und sind gut gegen Blattlausbefall.

Kaltwasser-Kräuterauszüge sind viel einfacher herzustellen als Brühen. Kräuterbrühen müssen aufgekocht werden, was einen hohen Energieaufwand bedeutet, vor allem wenn der Garten eine gewisse Grösse hat und man dauernd von der Küche in den Garten wechseln muss.

Wenn man den Ansatz für den Auszug 10 bis 14 Tage stehen lässt, entsteht eine gärende Kräuterjauche. Die inhaltsreichen Jauchen, die nur verdünnt verwendet werden können, haben zwar eine sehr gute Düngewirkung, sie kräftigen die Pflanzen, beugen Pflanzenkrankheiten vor und eignen sich zur Schädlingsbekämpfung, aber sie sind arbeitsintensiver als Kaltwasserauszüge.

Mit unserer täglichen «Boden- und Pflanzenkosmetik» stärken wir Gemüse, Obst, Beeren und Kräuter. Sie sind dadurch viel widerstandsfähiger gegenüber Krankheitserregern und Schadinsekten.

Beinwell und Brennnessel sind die wichtigsten Kräuter im biologischen Gartenbau. In unserem voralpinen und feuchten Klima gedeihen sie hervorragend.

Die Beinwellblätter verwenden wir als Mulch im Tomatentreibhaus. Ausserdem packen wir die jungen Tomatenpflanzen mit einer dicken Schicht geschnittener Blätter ein. Diese verrotten sehr schnell, halten die Feuchtigkeit im Boden und liefern reichlich Spurenelemente. Es gibt keinen besseren und billigeren Düngelieferanten.

Die Ausbeute ist übrigens enorm. Wir können die Beinwell-Kulturen im Laufe einer Saison drei- bis viermal ernten. Auch die Hügelbeete erhalten eine dicke Packung Beinwell- und Brennnessel-Blätter, vermischt mit Laub und Gartenrückständen. Sie verleiht dem Gemüse einen unglaublichen Schub.

Beinwell zu vermehren ist einfach. Im Frühjahr graben wir die alten Wurzelstöcke aus, schneiden kurze Stücke ab und setzen diese am neuen Standort ein, wo sie sofort austreiben. Ähnlich wie der Meerrettich ist der Beinwell fast nicht mehr auszurotten, wenn man ihn erst mal

---

Für unsere «Pflanzen- und Bodenkosmetik» setzen wir hauptsächlich Brennnessel- und Beinwell-Auszüge ein. Wir nennen unsere Arbeitsweise so, weil wir sie praktisch täglich ausführen. Sie ist uns zur Routine geworden, wie die persönliche Körperpflege.

Die Philosophie ist beeindruckend einfach: Auf einem gesunden Boden wachsen gesunde Pflanzen, und diese erhalten uns gesund. Das Faszinierende daran ist, dass uns die einfach hergestellten Kräuterauszüge nichts kosten, da wir die Ausgangsmaterialien wie Brennnesseln oder Beinwell in unserem Garten oder in der freien Natur finden.

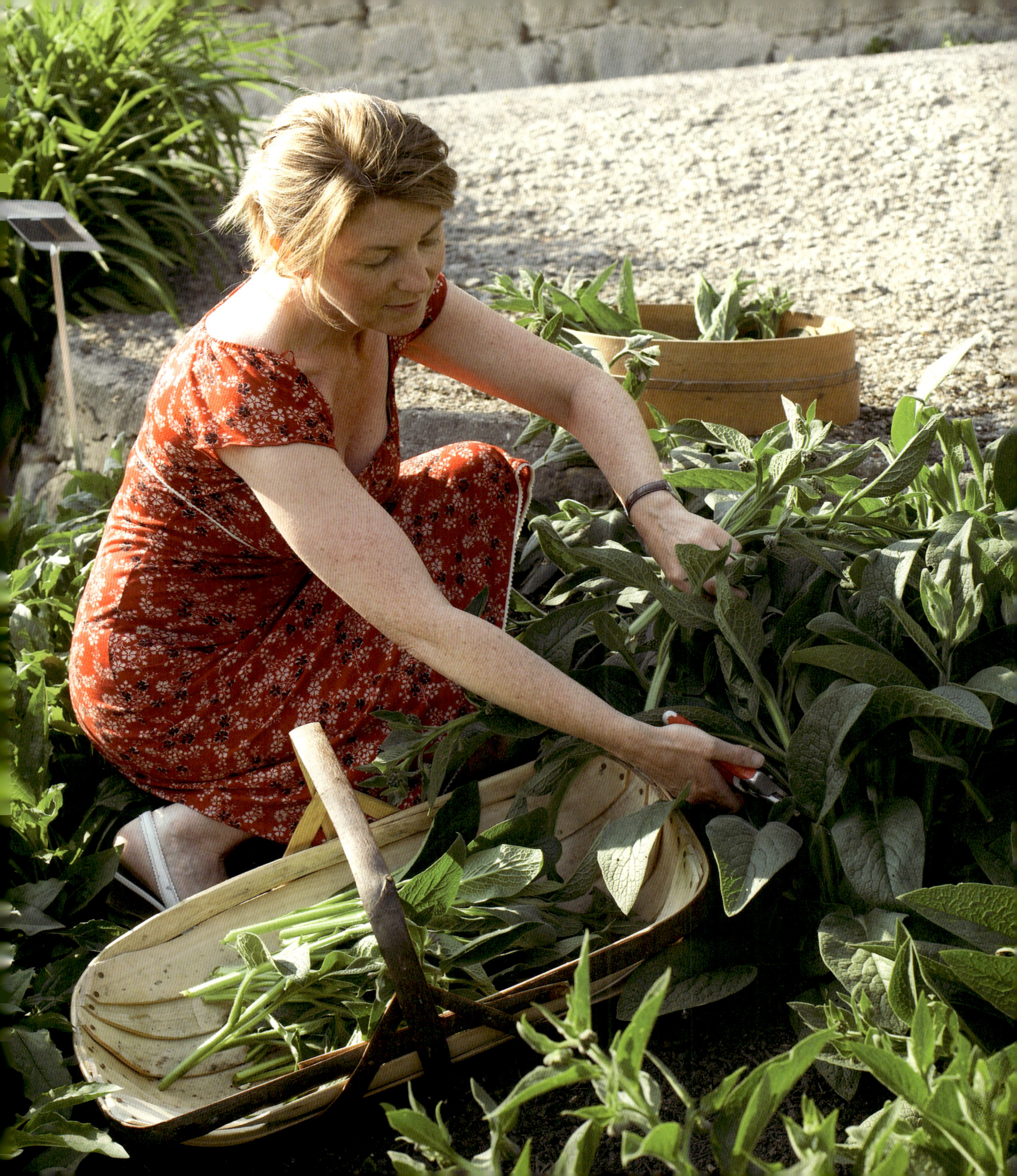

im Garten hat. Die Wurzel wird auch für Umschläge bei Verrenkungen, Verstauchungen und schlecht heilenden Narben eingesetzt. Extrakte daraus werden zu Salben und Gels bei Sportverletzungen verarbeitet.

REZEPT KRÄUTERAUSZUG

Ein paar Handvoll Blätter (Beinwell, Brennnessel) in die Giesskanne geben, mit Wasser auffüllen, 24 bis 48 Stunden stehen lassen, unverdünnt giessen. In unserem Garten verwenden wir Dreihundertliterfässer, füllen die Pflanzen in Jutesäcke und machen so mit kleinem Aufwand grössere Mengen Kräuterauszüge. Wir schwören auf Beinwell, Brennnessel und Co. Diese Arbeit nimmt höchsten 15 bis 30 Minuten in Anspruch. Lassen Sie sich überraschen: Ihre Pflanzen werden vor Kraft und Gesundheit strotzen. Früher setzten wir Blut-, Knochen-, Fisch-, und Steinmehl ein. Seit dem BSE Skandal, dem Ausfischen der Weltmeere und der Antibiotika-Behandlungen unserer Nutztiere arbeiten wir nur noch mit Kräuterauszügen und kaufen keine Hilfsstoffe mehr zu.

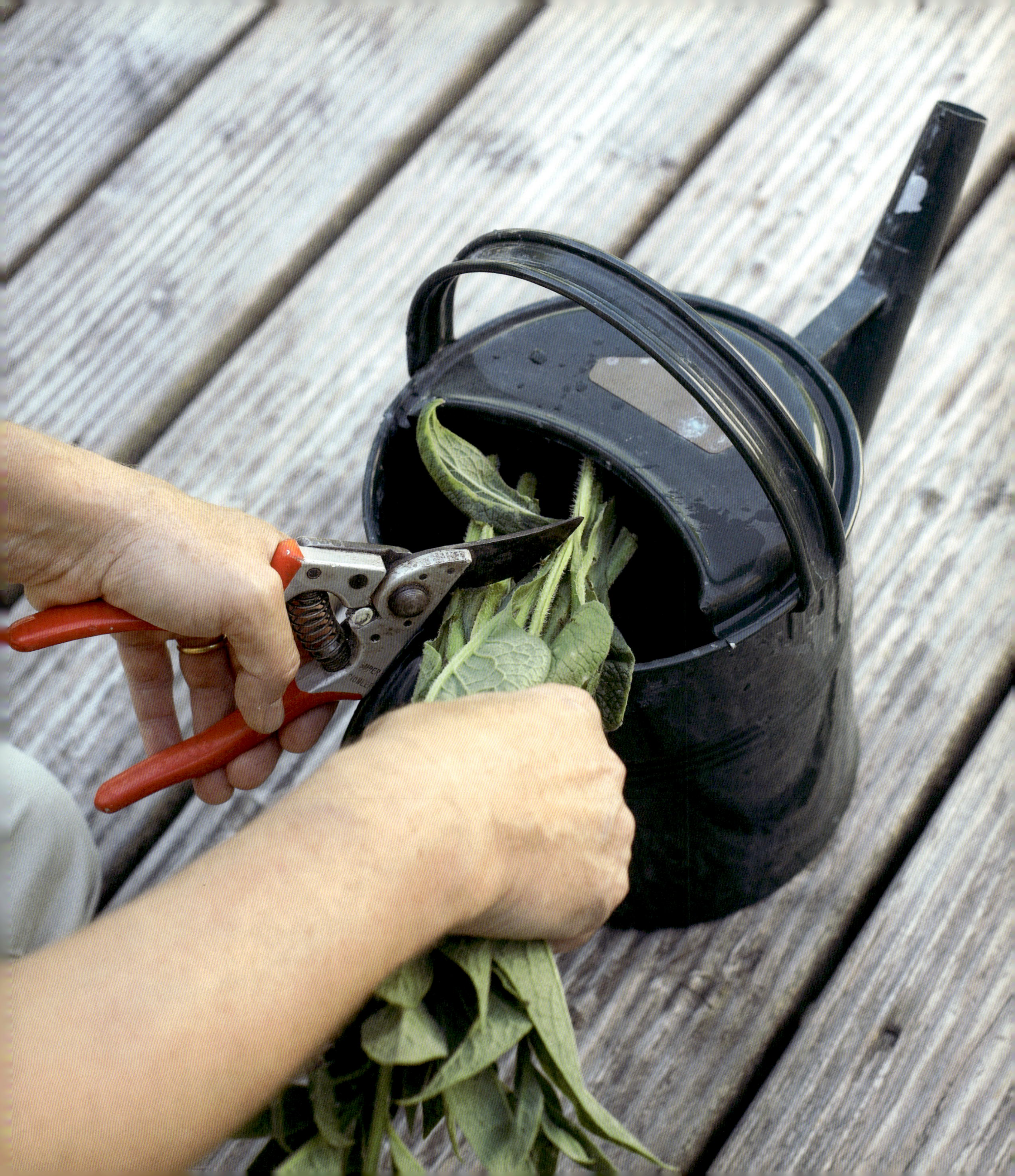

Das grosse Fressen

In einem gesunden Garten machen Schädlinge kaum Probleme. Züchten Sie starke, robuste Pflanzen. Wählen Sie widerstandsfähige Sorten und treiben Sie diese nicht unnatürlich schnell zum Wachstum an. Pflanzen Sie nicht zu eng, und sorgen Sie für eine gute Durchlüftung des Bodens. Lassen Sie keine Pflanzenreste auf den Beeten herumliegen. Das zieht Schnecken an. Binden Sie Kletterpflanzen wie Gurken gut an, so können Schnecken weniger Schaden anrichten.

SCHNECKEN

waren früher eine richtige Plage in unserem Garten. An nassen Frühsommertagen zerschnitt ich gut und gerne 500 Schnecken. Frances fand das gar barbarisch und trug die Schnecken in den nahen Wald. (Vermutlich kehrten die Geretteten mit etwas Verzögerung dann wieder in den Garten zurück und wurden doch Opfer meiner Schere!)
Als vor einigen Jahren der schwere Wintersturm Lothar am Weihnachtstag übers Land zog, wurde auch unser Wald schwer in Mitleidenschaft gezogen. Stattliche Bäume knickten wie Zündhölzer um, und der Holzpreis fiel in den Keller. Das brachte uns auf die Idee, die im Wald herumliegenden Bäume zu häckseln und alle Gartenwege mit Holzhäcksel zu bedecken, um damit die Schnecken zu vergraulen.
Ein weiterer Schneckentrick besteht darin, Sägespäne aus unbehandeltem Holz, Holzasche aus unserem Kamin, Eierschalen, Algenkalk oder Steinmehl zu vermischen und die Mischung rund um die Gemüsekulturen zu streuen. Wir tun dies vor allem bei Neuaussaaten mit grossem Erfolg. Am Abend ist dann von der Gartenbank aus ein interessantes Schauspiel zu beobachten. Nachdem die Schnecken mit einigem Widerwillen die Häckselwege bewältigt haben, haftet

> In einem gesunden Garten machen Schädlinge kaum Probleme. Züchten Sie starke, robuste Pflanzen. Wählen Sie widerstandsfähige Sorten und treiben Sie diese nicht unnatürlich schnell zum Wachstum an.

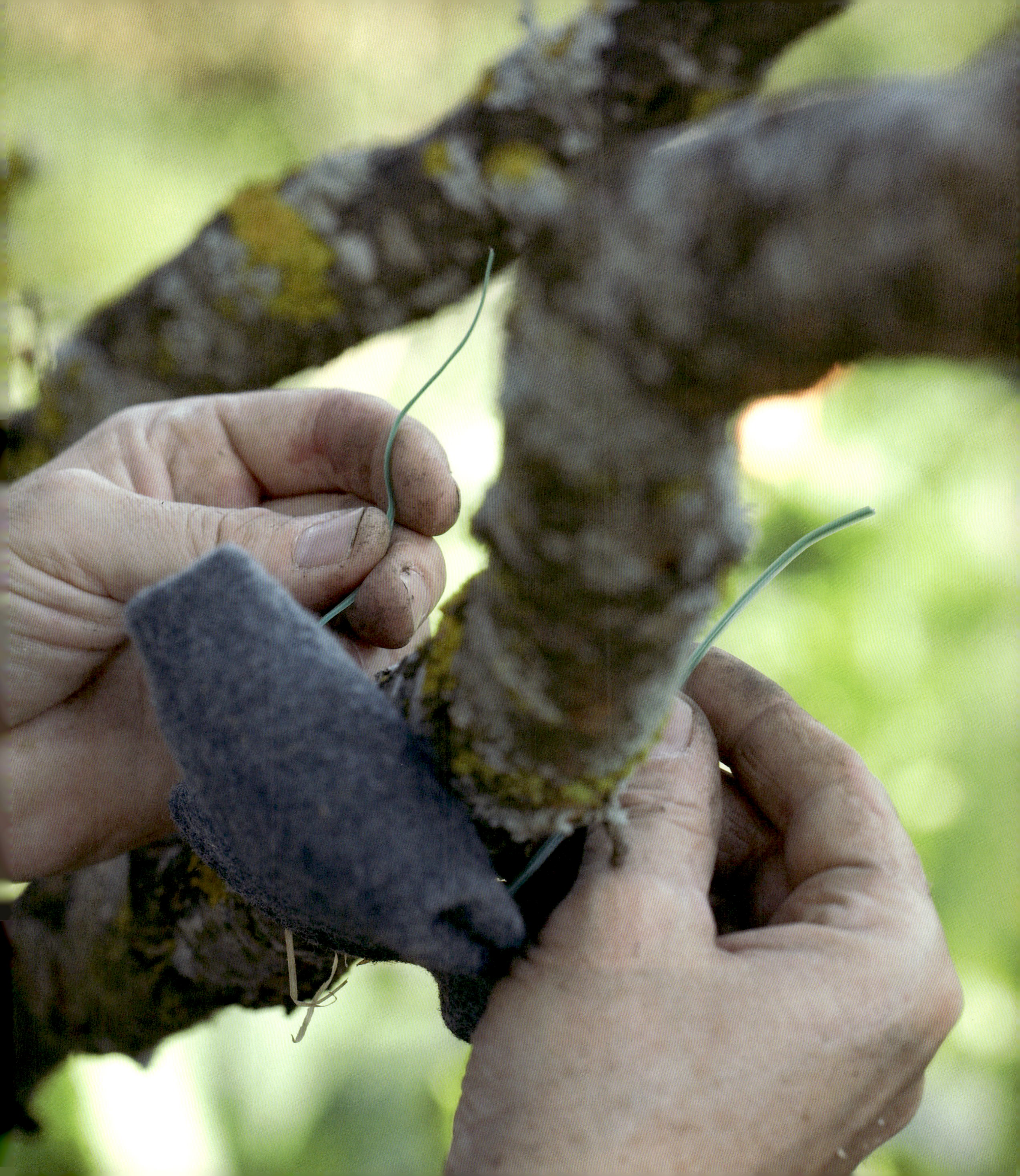

ihnen auf dem Weg zu den Gemüsebeeten die feine Sägemehlmischung an der Kriechsohle. Die Asche und der Feinkalk entziehen ihnen die Feuchtigkeit, was sie am Ende vertreibt. Die Schneckenabwehrmischung muss vor allem nach Regengüssen erneut ausgestreut werden, Sägespäne und Kalk wirken nur, so lange sie trocken sind.

SCHNECKENPARADIES

Schnecken legen ihre Eier im Boden an feuchten und geschützten Stellen ab. Zu diesem Zweck haben wir im Garten ein «Schneckenparadies» eingerichtet. «Was für eine verrückte Idee(!)?», werden Sie wohl denken. Das Interessante daran ist, dass wir den Schnecken dort Raum geben, wo wir sie haben wollen. Wir schichten frisch geschnittenes Gras, Laub, Gemüseabfälle aus dem Garten oder Kaffeesatz auf einen Haufen, den wir sogar noch befeuchten: Welch ideale Bedingungen für die Eiablage! Interessant ist, dass die Schnecken den Haufen aus grosser Entfernung ansteuern. Natürlich platzieren wir diesen Haufen an einem für Schnecken nicht sehr attraktiven Ort, nämlich weitab von unseren frisch ausgesäten und ausgepflanzten Gemüsesetzlingen. Abgesehen davon gelten folgende Helfer als wichtige Schneckenvertilger: Laufenten, Igel, Spitzmäuse, Eidechsen, Kröten und Laufkäfer.

HELFER IM GARTEN

Durch Geduld, massvolles Eingreifen und schonende Bearbeitung ist es uns gelungen, einen intakten Lebensraum zu schaffen. Hier gibt es nichts zu bekämpfen, denn die Natur reguliert

Hier gibt es nichts zu bekämpfen, denn die Natur reguliert sich mit vielen kleinen Helfern selbst. «Wir haben Schädlinge», beantworten Frances und ich meist mit einem Augenzwinkern die Frage unserer Gäste, was wir denn für die Ansiedlung der Helfer tun.

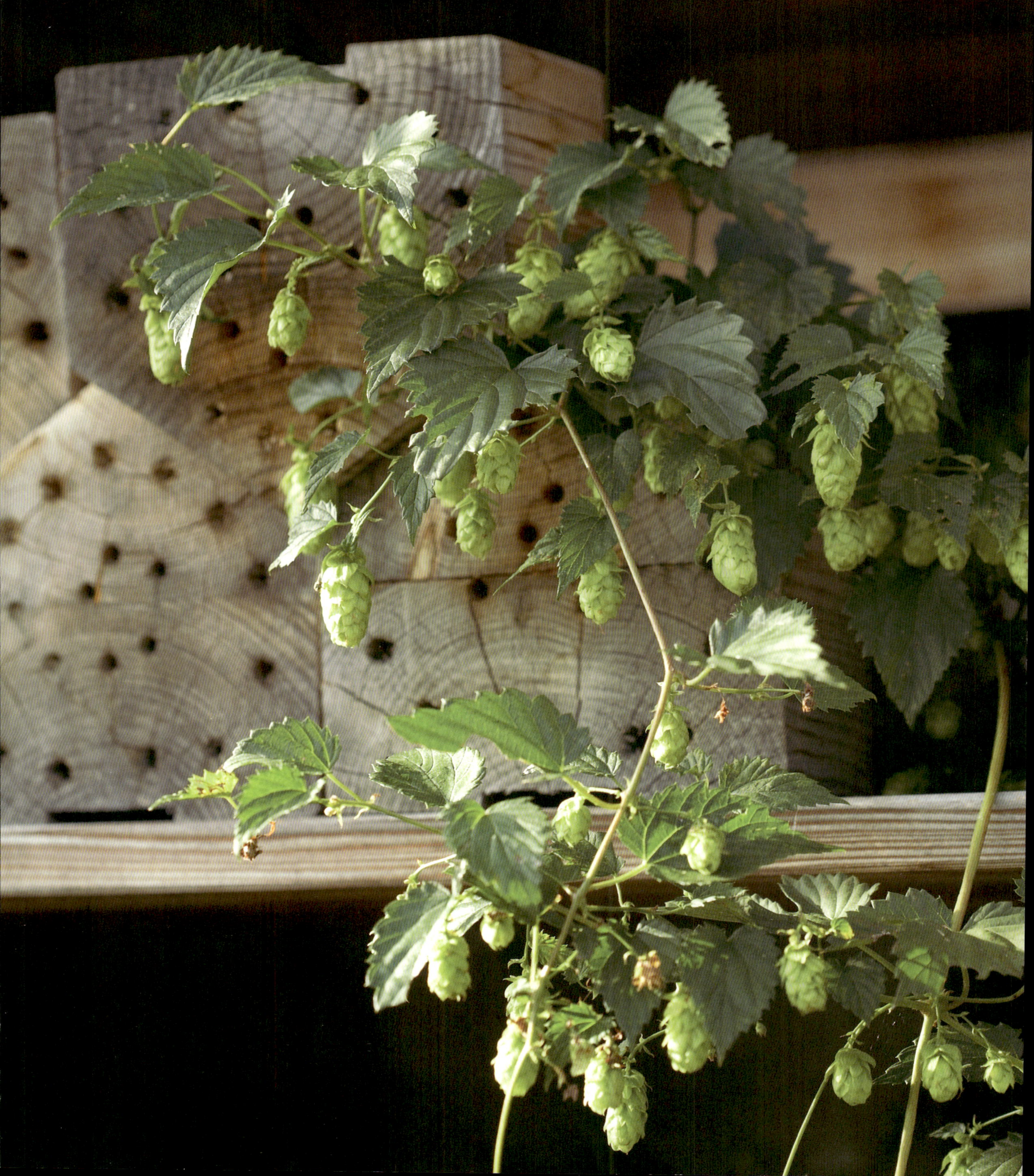

sich mit vielen kleinen Helfern selbst. «Wir haben Schädlinge», beantworten Frances und ich meist mit einem Augenzwinkern die Frage unserer Gäste, was wir denn für die Ansiedlung der Helfer tun. Es ist also einzig und allein unsere Aufgabe, die Balance zu halten und durch die Ansiedlung von Helfern ein gesundes Gleichgewicht zu schaffen. Die Schädlinge kommen bekanntlich von selbst und suchen sich die geschwächten Pflanzen aus. An die starken Pflanzen machen sich Schädlinge und Schnecken kaum heran.

Sollte sich bei extremen klimatischen Verhältnissen doch einmal eine Blattlausplage einstellen, ist das meist ein Zeichen dafür, dass es an natürlichen Feinden mangelt. Hier setzen wir ein: Mit Steinhaufen, Trockenmauern und Nistkästen schaffen wir geeignete Lebensräume für Marienkäfer, Ohrwürmer, Schwebe- und Florfliegen, Vögel und Fledermäuse. Für unsere Nützlinge ist die Blattlausplage ein richtiger Festschmaus. Sie räumen im Nu mit den Läusen auf.

Vor kurzem entdeckte ich Blattläuse an einem fast zwei Meter hohen Fenchelstrauch. Ich behielt die Pflanze zehn Tage lang im Auge. An einem schönen Sonntagabend zählten wir auf einem unserer abendlichen Gartenrundgänge 60 Marienkäfer an dieser Fenchelpflanze. Sie waren emsig damit beschäftigt, die Läuse wegzuputzen.

Wenn es zu viele Nützlinge hat, treten meist etwas verzögert die Schädlinge wieder auf. Fatal wirkt sich in den meisten Fällen der Einsatz chemischer «Vernichtungsmittel» aus. Viele Schädlinge sind gegen Spritzmittel resistenter als unsere natürlichen Helfer. Da mehr Schädlinge als Nützlinge überleben, kommt es zum Ungleichgewicht, was den Schaden im Garten vergrössert. Die wichtigsten Nützlingen in unserem Garten sind Blindschleichen, Eidechsen, Igel, Vögel, Amphibien, Spinnen, Raubmilben, Marienkäfer,

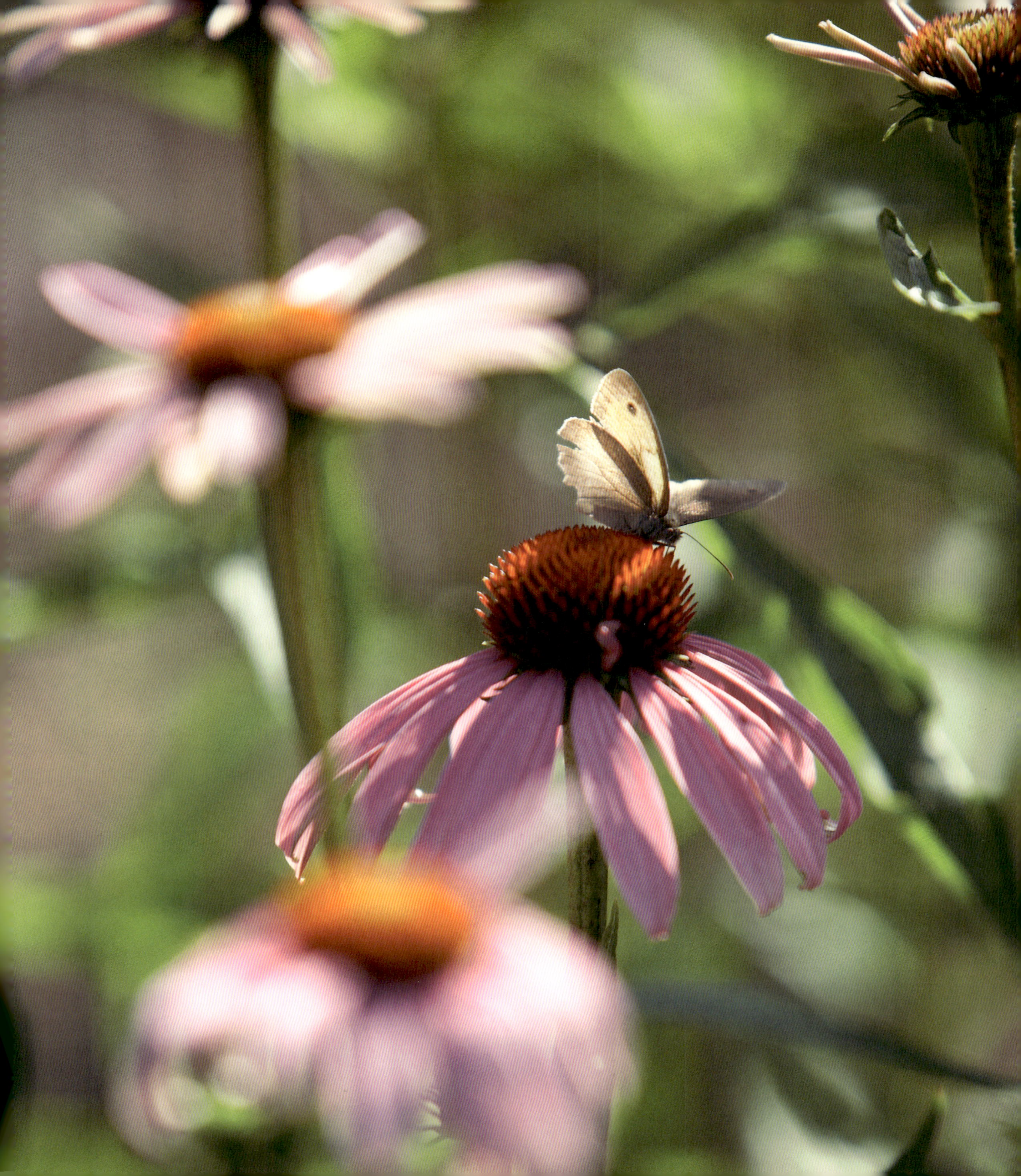

Laufkäfer, Schweb- und Florfliegen, Ohrwürmer, Schlupfwespen, Libellen, Fledermäuse und viele andere mehr. Wir konzentrieren uns darauf, diesen Helfern optimale Lebensräume zu schaffen, indem wir an verschiedenen Standorten unberührte Stellen anbieten: natürliche Gartenabgrenzungen, Waldränder und Naturwiesen.

OHRWÜRMER

Der Ohrwurm hat einen vielseitigen Speisezettel. Sobald er auf Blattläuse stösst, saugt er diese Delikatessen sehr gerne aus. Pro Nacht kann ein Ohrwurm bis zu hundert Läuse vertilgen. Auch Apfelwicklereier oder Schneckeneier finden sich auf seinem Speisezettel. Doch ohne Unterschlupfmöglichkeiten halten sich Ohrwürmer nicht gerne auf Blattlauskolonien auf. Bei starkem Blattlausbefall bieten wir ihnen deshalb überall mit Holzwolle gefüllte Tontöpfe an, die wir verkehrt herum auf Bambusstäbe stecken. Zusätzlich befestigen wir Ohrwurm-Schlafsäcke an Sträuchern und Jungbäumen. Die Ohrwürmer lassen sich darin nieder, und das grosse Fressen kann beginnen.

MARIENKÄFER

sind in der Lage eine grosse Menge Blattlauslarven zu vertilgen. Als gute Flieger entdecken sie auch kleinere und verstreut liegende Blattlauskolonien. Wo sich viele Blattläuse versammeln, legen die Marienkäferweibchen Eier ab, so dass pro Weibchen bald 100 bis 150 Larven mit Heisshunger zur Blattlausbekämpfung beitragen.

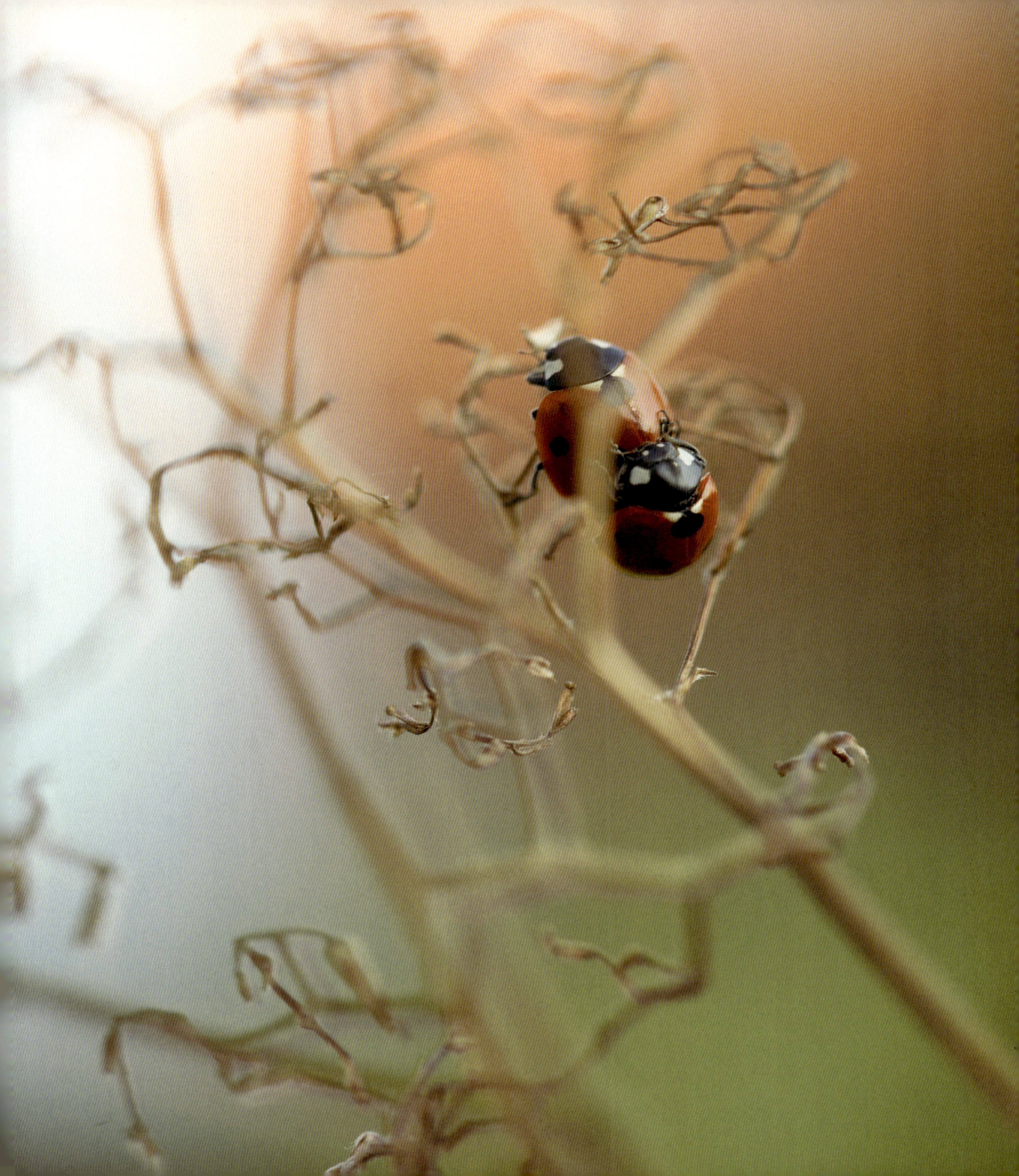

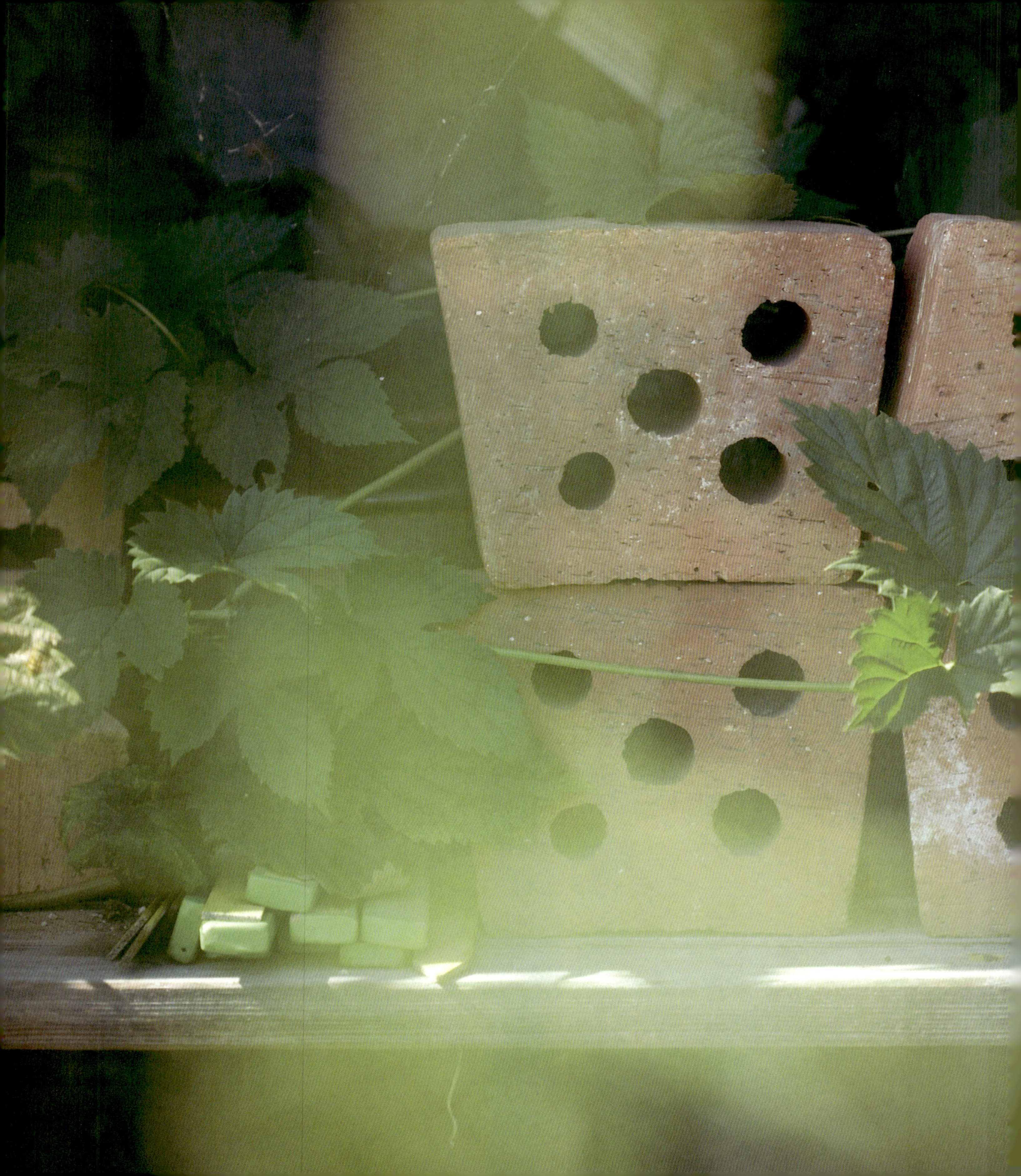

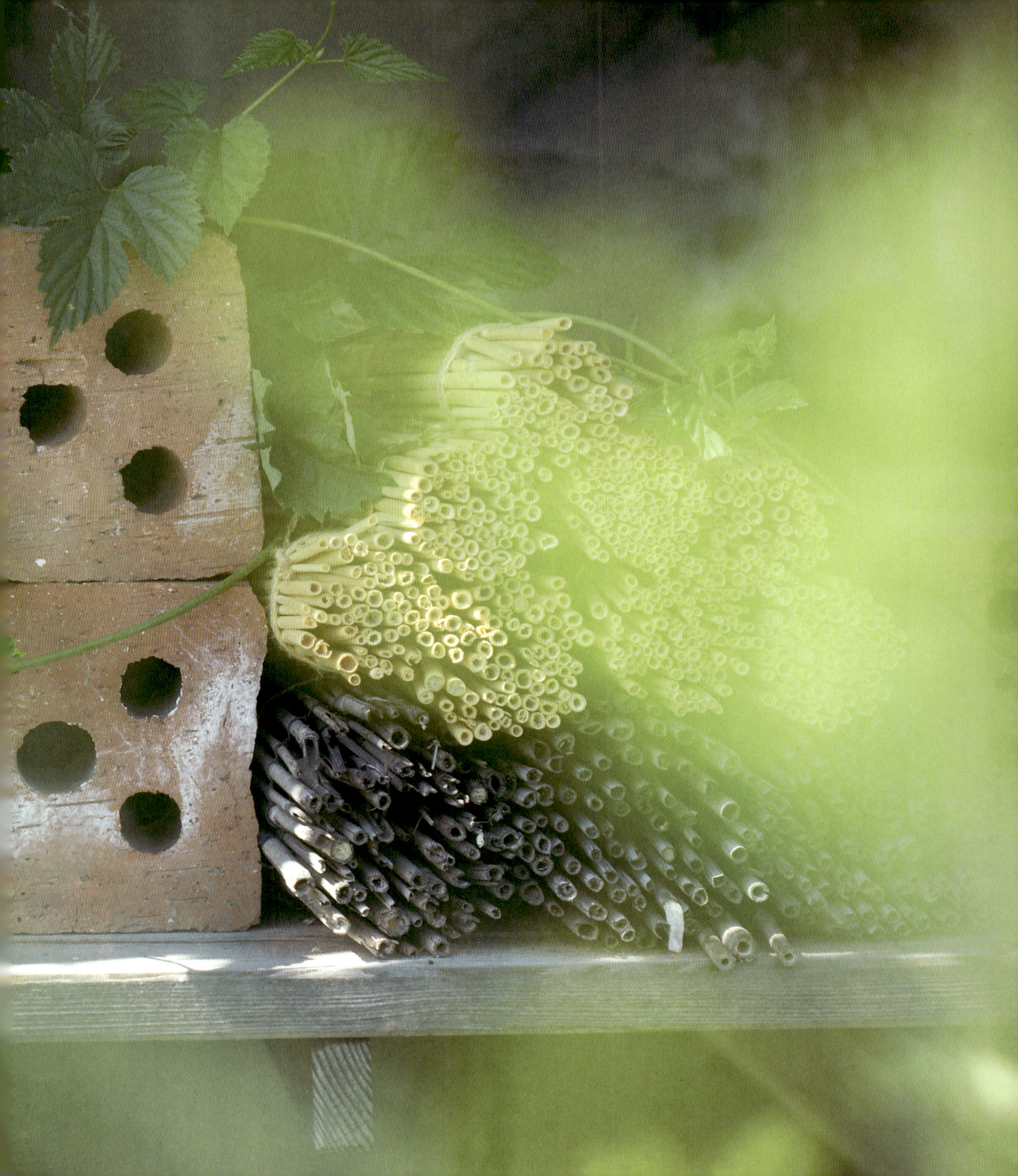

Sind nach getaner Arbeit keine Blattlauskolonien mehr auffindbar, ernähren sich die ausgewachsenen Käfer von Pollen und Nektar einheimischer Blumen. Marienkäfer überwintern an geschützten Stellen im Garten oder in Gebäuden.

INSEKTENHOTEL

In Europa umfasst die Gruppe der Hautflügler etwa 1000 Arten. Allein die Bienen machen 560 Arten aus. In den letzten Jahren ging die Artenfülle auf alarmierende Weise zurück. Die wichtigste Ursache liegt in der chemischen Belastung der Umwelt mit Pestiziden. Darüber hinaus besteht ein großer Mangel an geeigneten Nistplätzen. Es gibt immer weniger nicht imprägnierte alte Zäune und morsche Scheunen. Auch Mauern mit mürbem Gestein, Altholzbestände und Sandgruben verschwinden.

Mit der Insektennistwand schaffen wir Abhilfe. Sie wird von den Tieren sehr gerne angenommen und sollte deshalb in keinem Garten fehlen. Als Standort empfiehlt sich eine sonnige und windgeschützte Lage. Mauerbienen, Scherenbienen, Löcherbienen, Blattschneider- und Maskenbienen legen ebenso wie Töpferwespen, Blattlauswespen, Grabwespen, Lehm- und Goldwespen in den Höhlungen ihre Brutkammern an. Um die schlüpfenden Larven zu ernähren, tragen sie Nektar, Pollen oder tierische Nahrung als Proviant ein und wirken so mit bei der natürlichen Dezimierung von «Schädlingen». Alle Bewohnerinnen dieser Nisthilfen sind absolut friedlich gegenüber Menschen und Haustieren.

IGEL

Der Igel ist ein Nimmersatt und verspeist auf seinen nächtlichen Ausflügen Unmengen von Schnecken, Raupen und Tausendfüssler. Darum ist er in unserem Naturgarten ein gern gesehenes Tier. Leider findet er heute in den meisten herausgeputzten Gärten keine Brut- und Winterquartiere mehr. Wir haben einige Igelhotels aus Holzbeton aufgestellt. Sie dienen unseren kleinen, stacheligen Helfern als Winterquartier, Tagesversteck und im Frühling und Herbst als Wurflager.

Hier lassen sie sich gerne nieder. Schützen Sie den Eingang vor Zugluft und direkter Sonneneinstrahlung. Der Zugang sollte nicht über Rasenflächen führen, denn die nachtaktiven Igel mögen keine feuchten Wege. Als Nistmaterial eignen sich Heu, Stroh oder Zeitungsknäuel.

Im Gegensatz zu unserem Gemüsegarten, wo wir gerne Ordnung schaffen, lassen wir den Wald, wie er ist. Reisighaufen und Steinhügel, knorrige und hohle Baumstämme sind ideale Nützlingsquartiere. Unsere Naturwiese schneiden wir im Laufe der Gartensaison nur zweimal von Hand, damit die Wildblumen absamen können. Dadurch gewinnen wir ein herrlich duftendes Heu, das unsere Milchschafe mit Wonne verspeisen.

WÜRMER

Zu den wichtigsten Helfern im Garten zählen wir die Regen- und Kompostwürmer. Sie verarbeiten grosse Mengen an organischem Material und liefern uns dabei hochwertigen Dünger. Gleich-

---

Die Natur reguliert sich in den meisten Fällen selbst. Wenn es zu viele Nützlinge hat, treten meist etwas verzögert die Schädlinge wieder auf. Fatal wirkt sich in den meisten Fällen der Einsatz chemischer «Vernichtungsmitteln» aus. Viele Schädlinge sind gegen Spritzmittel resistenter als unsere natürlichen Helfer. Da mehr Schädlinge als Nützlinge überleben, kommt es zum Ungleichgewicht, was den Schaden vergrössert.

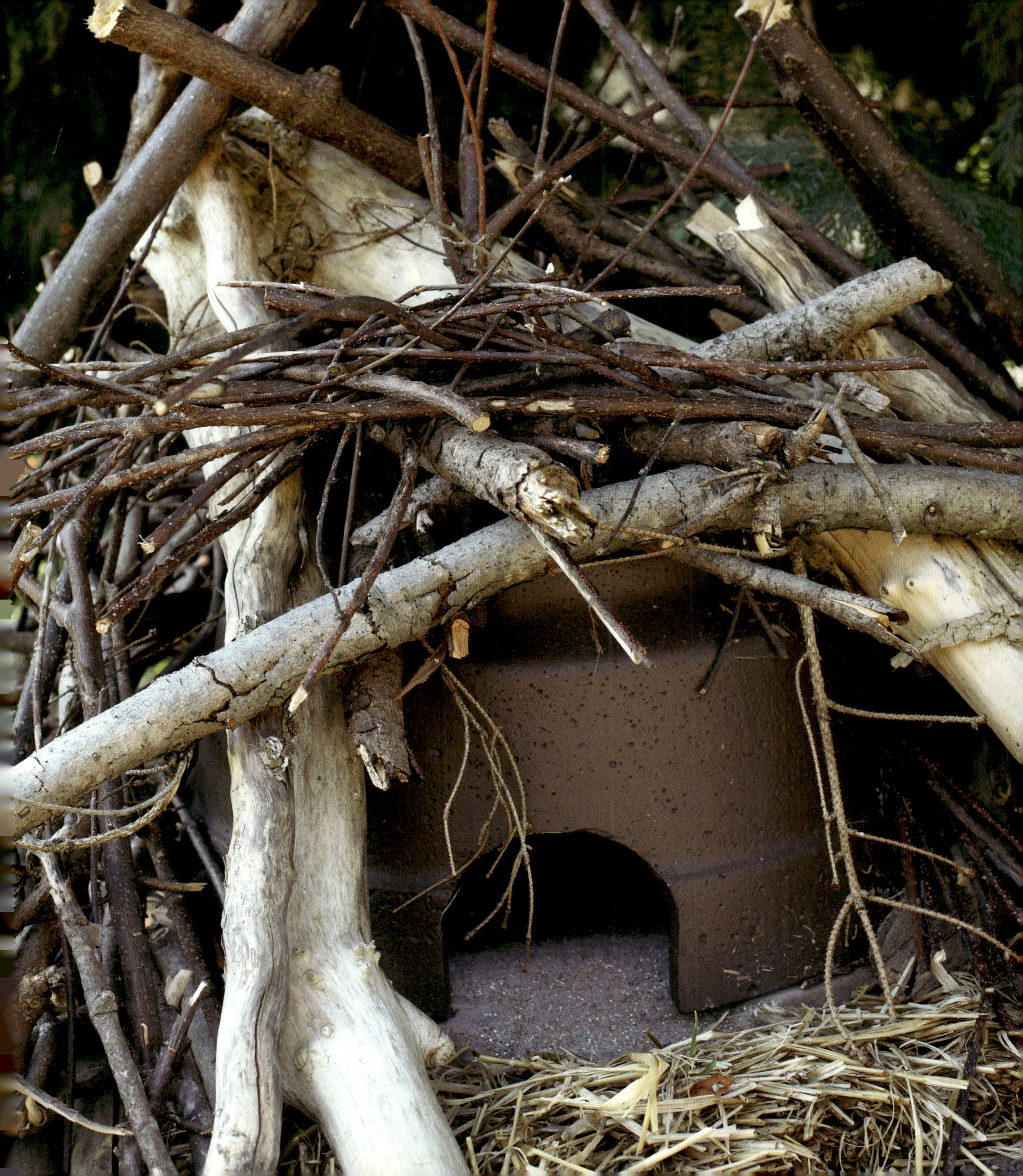

zeitig belüften sie mit ihrer Arbeit den Boden, die Erde kann dadurch mehr Feuchtigkeit aufnehmen. Besonders wertvoll ist die Arbeit der Würmer in verdichteten Böden. Ihr Kot ist ausserordentlich nährstoffreich und damit ein hervorragender Dünger für unsere Nutz- und Zierpflanzen.

Wer im Garten kaum Würmer antrifft, sollte versuchen, sie selbst zu züchten. Das ist einfach und auf kleinster Fläche möglich. Die besten «Grünzeugfresser» sind aus unserer Erfahrung die Tennessee-Wickler, die wir in einem Fachgeschäft zukaufen. Sie sind im Etagenkomposter sehr einfach zu halten und vermehren sich im Sommer rasend schnell. Praktisch alles in Küche und Garten anfallende Grünzeug kann so zu wertvollem Humus umgewandelt werden.

In Kompostmieten steigt die Temperatur oft zu wenig an. Dann baut sich das Pflanzengut nur langsam ab. Hier können Würmer die Verrottung beschleunigen, doch es kann längere Zeit dauern, bis sie von alleine auftauchen. Mit zugekauften oder selbst gezüchteten Kompostwürmern funktioniert der Abbau der organischen Abfälle auch bei tieferen Temperaturen. Sie beschleunigen den Rotteprozess, indem sie das von Bakterien und Pilzen vorverdaute Kompostmaterial durchmischen. Die Kompostwürmer kommen überall dort zum Einsatz, wo keine Heissrotte stattfindet; also auch in Kompostbehältern und in Hauskompostier-Systemen.

FLEDERMAUSHÖHLE

Eine Fledermaus vertilgt während eines Sommers bis zu einem Kilo Insekten. Dies entspricht einer halben Million Stechmücken(!) und Nachtfalter. Die Tiere sind akut vom Aussterben bedroht. Sie zu beobachten, ist höchst spannend. Wir brachten überall unter dem Dach Fledermausnistkästen aus Holzbeton an, und schon nach kurzer Zeit nisteten sich ganze Kolonien ein. Bei schönem Wetter verlassen sie nachts ihr Quartier, immer etwa im gleichen Zeitabstand zum Sonnenuntergang, und fliegen auch oft dieselben Strecken, zum Beispiel den Hecken entlang.

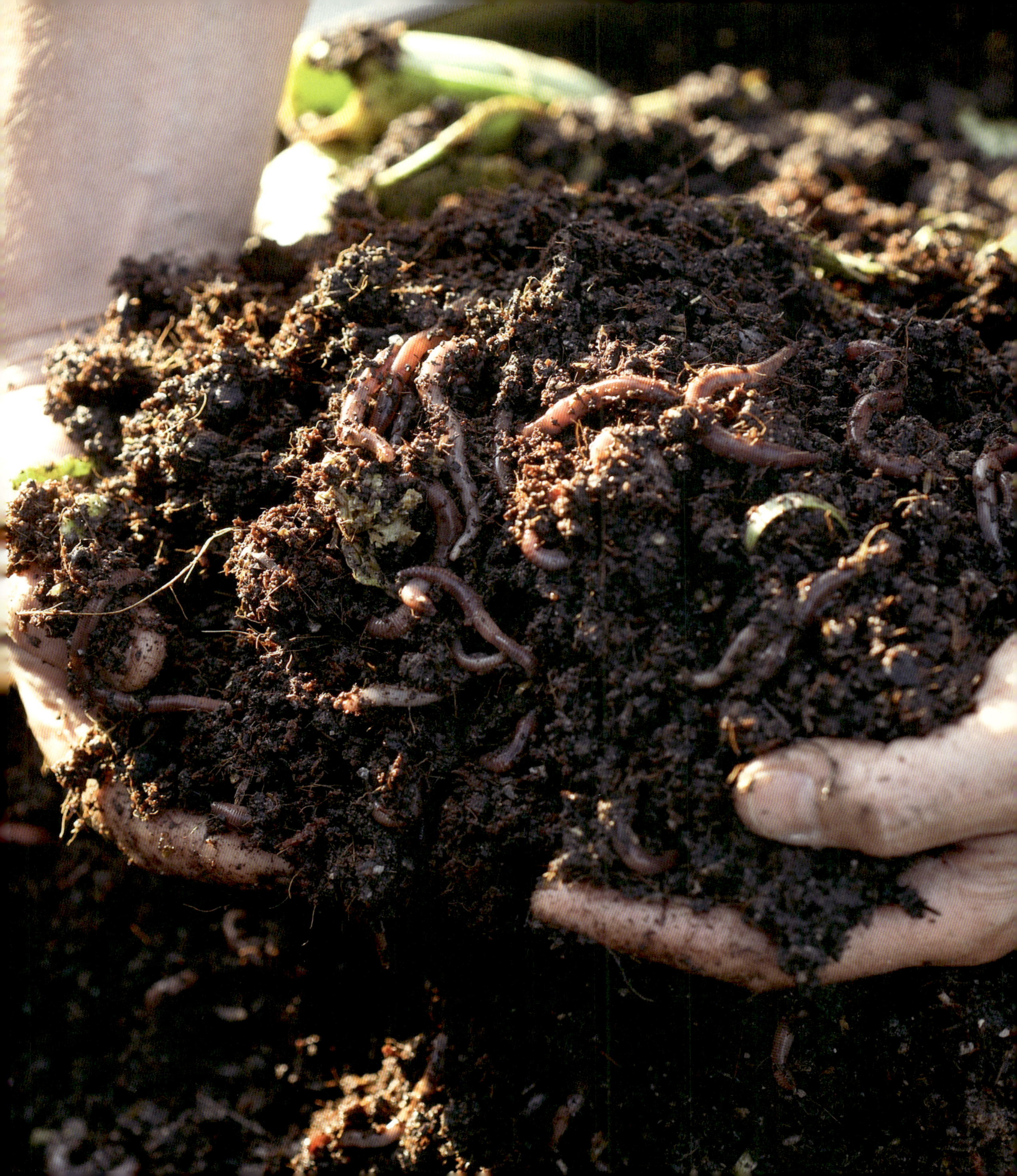

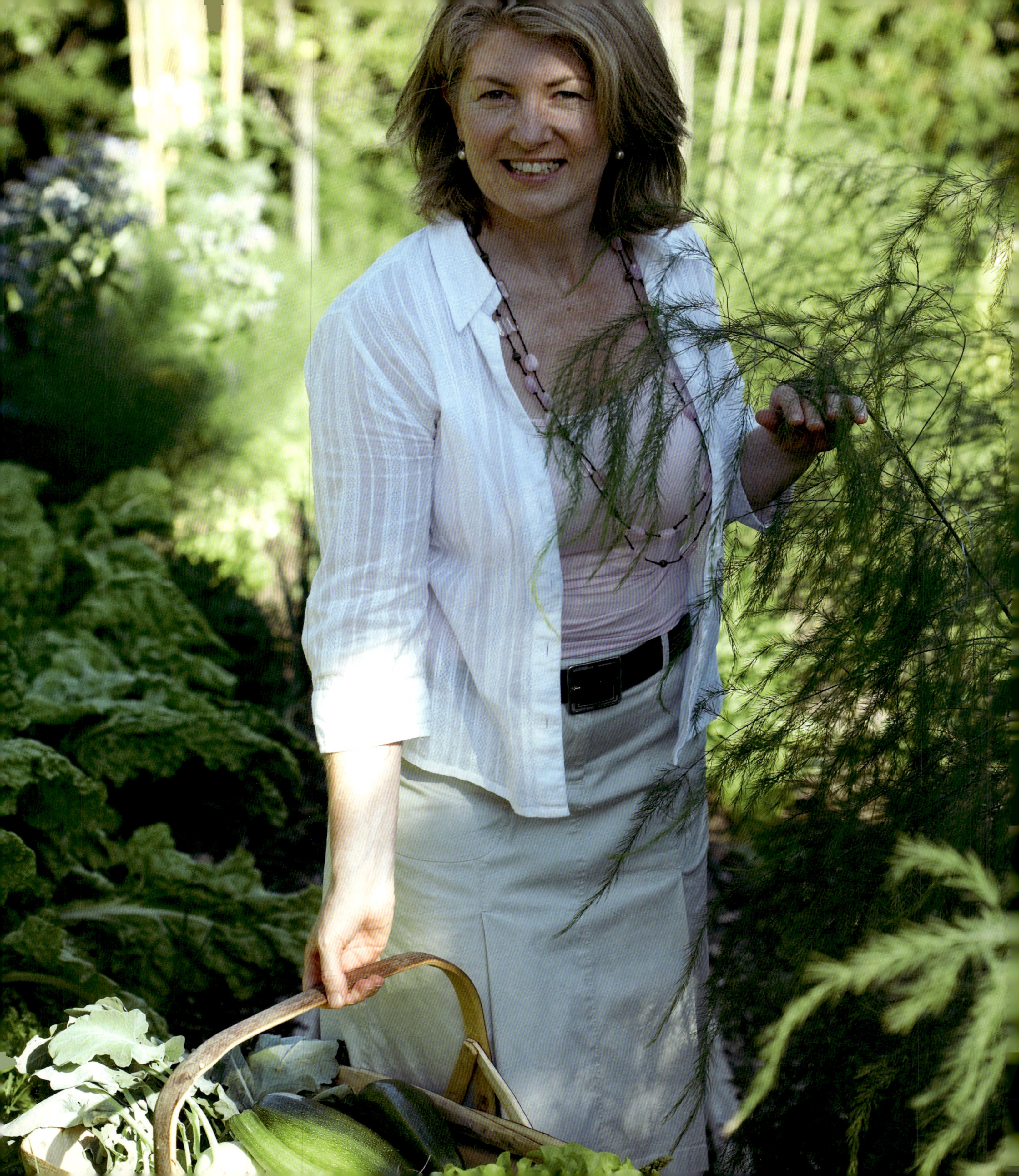

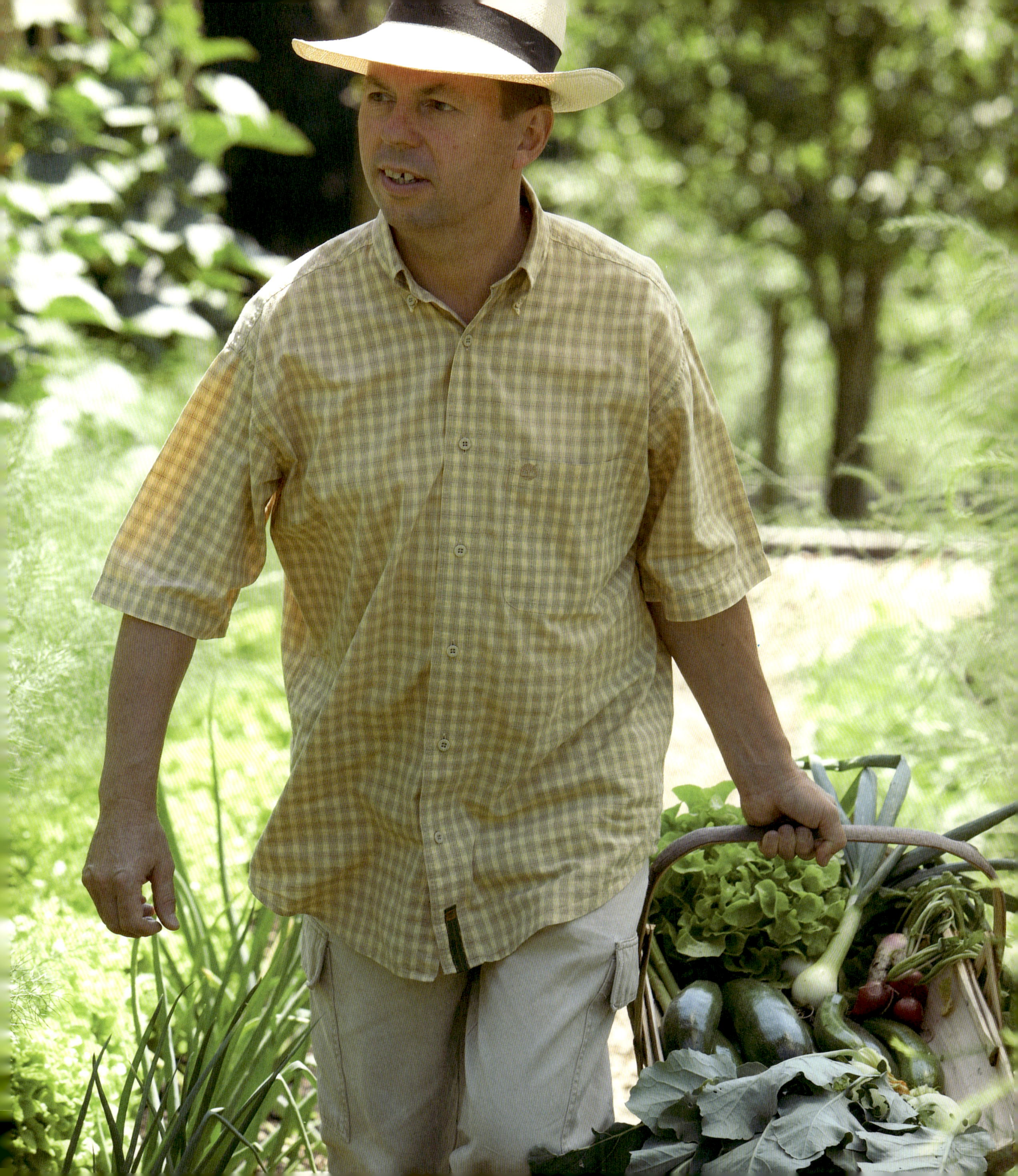

Die Gemüsefavoriten

ARTISCHOCKEN

Der Anbau der Artischocke lohnt sich allein schon wegen ihrer imposanten Blätter und der wunderbar blauen Blüten. Sie schätzt einen sonnigen Platz und gute Komposterde. Wir lassen sie zwei bis drei Jahr am selben Ort und frischen die Bestände jährlich auf, damit wir uns stets mit diesem wunderbaren Gemüse versorgen können. Da sie in unserem Klima nur bedingt winterhart sind, decken wir die Artischocken im Winter mit einer Strohschicht ab. Unsere Töchter geniessen gedämpfte Artischocken mit einer Vinaigrette oder Mayonnaise.

AUBERGINEN

sind im Mittelmeerraum zu Hause und brauchen deshalb wie Tomaten und Basilikum eine gewisse Mindesttemperatur, damit sie gedeihen. Eigentlich wachsen sie nicht auf unserer Höhe, doch auf den Hügelbeeten mit dem Wärmespeicher gelingt es uns problemlos, Auberginen zu ziehen. Wir säen sie in Töpfe und pflanzen die Setzlinge Ende Mai aus, sobald wir sicher sind, dass ihnen der Frost nichts mehr anhaben kann. Auberginen haben in etwa die gleichen Vorlieben wie Gurken, weshalb wir sie zusammen kultivieren, was mir auch das Giessen erleichtert. Im Sommer kochen wir provenzalische Gemüseratatouille, Auberginen dürfen da nicht fehlen. In Olivenöl angebratene, gerollte Auberginenscheiben, gefüllt mit Parmaschinken und Kräuterquark, munden hervorragend als Aperohäppchen, wenn Gäste angesagt sind.

BROCCOLI

ist ein fester Bestandteil unserer Gemüseküche. Die Pflanze ist ausgesprochen ergiebig, sofern man häufig erntet und damit die Sprossenbil-

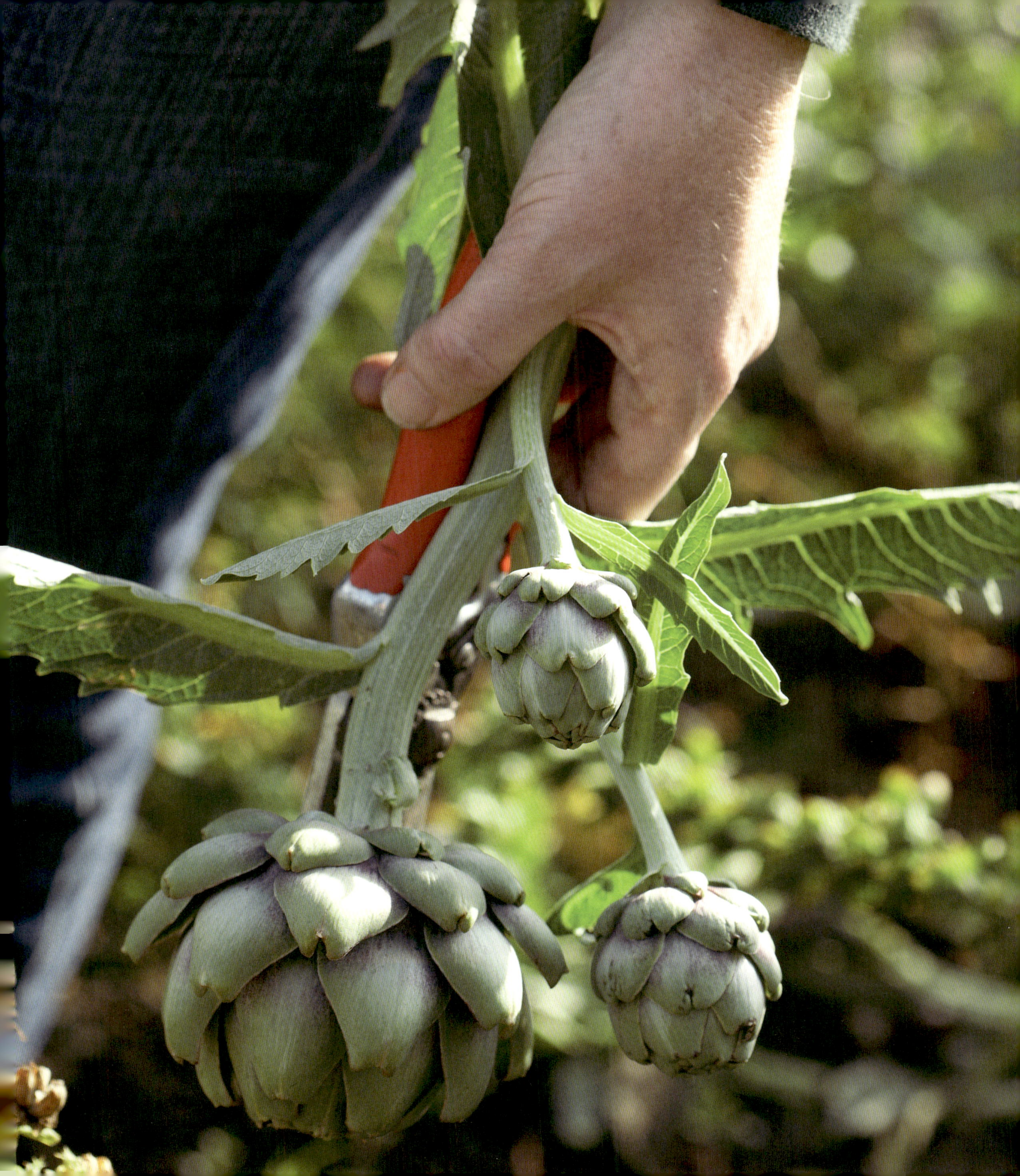

dung anregt. Wir pflanzen die Broccoli-Setzlinge im Mai aus und ernten die Sprossen von Juni bis November. Meist setzen Frost oder Schnee dem Ernten ein natürliches Ende.

ERBSEN/KEFEN

Frische, aus der Hülse gepflückte Erbsen faszinierten mich schon als Kind. Ich kann mich genau erinnern, wie wir die kleinen, grünen Kügelchen fast wie Bonbons genossen. Ich beobachte dieses Phänomen bei allen Kindern, und Erbsenessen wird so oft zum Spiel. Als unsere Kinder noch klein waren, säten wir Erbsen oder Bohnen in Joghurtbecher, um das tägliche Wachstum zu beobachten. Erbsen ernten und ausmachen ist relativ zeitaufwändig, weshalb wir eher wenig davon anbauen und unsere Ernte dafür umso mehr geniessen. Als Alternative pflanzen wir Kefen (Zuckererbsen), bei denen die ganze Hülse mitgegessen werden kann. Wir bevorzugen die niedrigen Sorten, die weder gestützt noch aufgebunden werden müssen.

FENCHEL

schmeckt roh oder gekocht ausgezeichnet. Rohen Fenchel verwenden wir im Sommer oft als Vorspeise. Unsere Töchter knabbern gerne daran, wenn sie von der Schule nach Hause kommen. Frances schneidet das Gemüse in Streifen

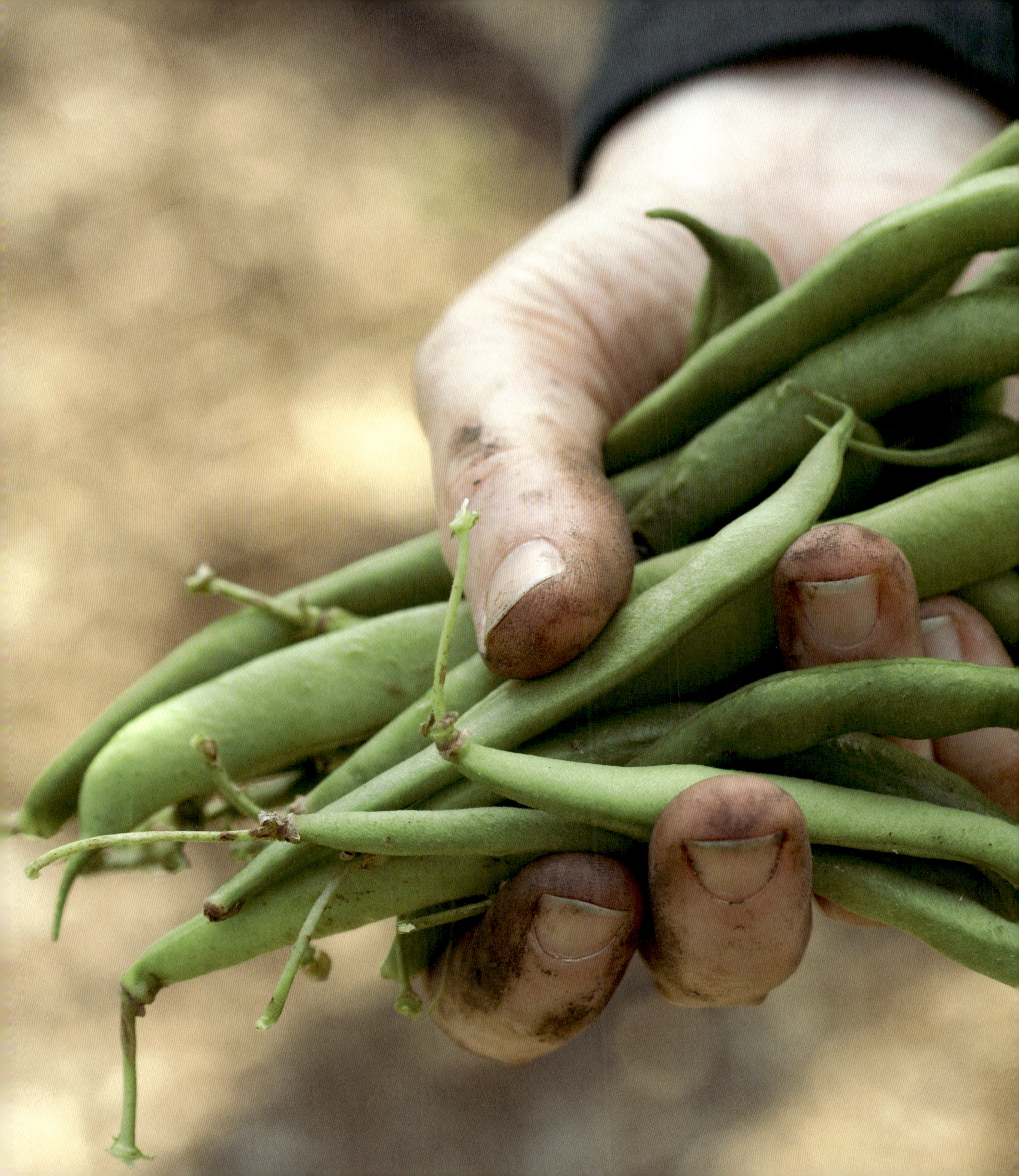

und streut etwas Kräutersalz darüber. Wir ziehen den Fenchel in Töpfen vor und verpflanzen ihn ins Freiland, sobald er gut durchwurzelt ist. Damit wir möglichst lange ernten können, ziehen wir Sommer- und Winterfenchel. Die erste Aussaat erfolgt im März und im April für die Ernte im Juli und August. Die zweite Aussaat nehmen wir im Juli und August vor für die Ernte im Oktober und November. Wir machen uns also gleich nach der ersten Ernte an die Folgesaat.

GURKEN

speichern sehr viel Wasser. Wir gaben unseren Kindern im Sommer immer Gurkenscheiben mit in die Schule, damit sie uns auf dem Heimweg nicht verdursteten. Gurken brauchen viel Wasser und eine gute Kompostgabe. Wenn man sie zu wenig giesst, werden sie bitter. Früher liessen wir die Gurken einfach auf dem Komposthaufen wachsen. In den letzten Jahren begannen wir, sie an Stäben aufzubinden. Dadurch wachsen sie weitgehend gerade und sind leichter zu ernten, als wenn wir sie auf dem Komposthaufen unter dem Laub suchen müssen.

KAROTTEN

Als Kind zog ich die Karotten in Grossvaters Garten am Kraut aus der Erde, um sie gleich zu essen. Zu diesem Erlebnis kam ich erst nach vielen Jahren wieder. Karotten schätzen einen leichten, durchlässigen Boden. Wenn er zu schwer ist oder zu steinig, bilden sich manchmal

Erntefrisch:
Wir versuchen das Gemüse nach Möglichkeit 30 Minuten vor dem Essen zu ernten, damit keine wertvollen Vitamine und Mineralstoffe verloren gehen

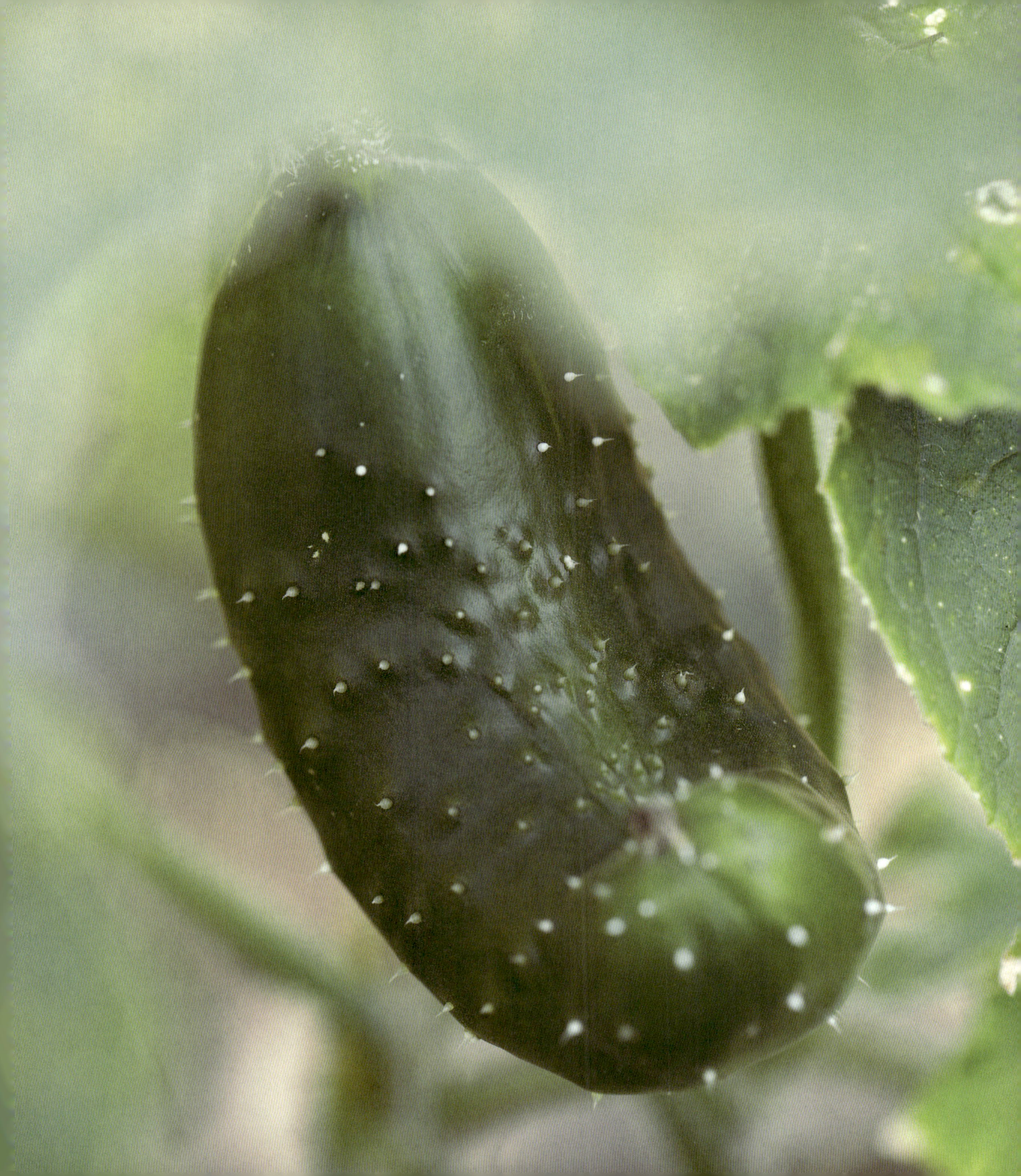

KARTOFFELN

sind basisch und damit ein wichtiger Bestandteil unseres Speiseplans. Aus unserer Sicht schmecken sie am besten, wenn man sie kurz vor der Mahlzeit aus der Erde holt. In unserer Höhenlage pflanzen wir vor allem Frühkartoffeln und mittelfrühe Sorten. Zu diesem Zweck spannen wir eine Schnur und ziehen mit der Hacke eine 15 bis 20 Zentimeter tiefe Furche, in die wir im Abstand von 30 Zentimetern eine Saatkartoffel legen. Anschliessend decken wir die Furche mit der seitlich aufgehäuften Erde wieder zu. Wenn das Kraut 15 bis 20 Zentimeter hoch steht, häufeln wir die Kartoffeln an. Es fasziniert uns bei jeder Ernte, wie viele Knollen aus einer einzigen Saatkartoffel wachsen.

KNOLLENSELLERIE

Wir mögen Knollensellerie vor allem im Winter als Suppe oder in Scheiben frittiert. Seit wir wissen, dass ihm als «Ginseng des Westens» eine aphrodisische und kräftigende Wirkung zugeschrieben wird, darf er auf unserem Speisezettel nicht mehr fehlen.

KOHL

ist den ganzen Herbst und Winter hindurch fester Bestandteil unseres Speisezettels. Die ganze Familie liebt Kohl mit Frühstückspeck und gepellte Kartoffeln oder Rotkohl mit Kastanien zu Wild. Der Kohl liebt einen guten, durchlässigen Boden. Wir schenken ihm als Starthilfe eine zünftige Kompostgabe.

ganz seltsame Wurzelformen. Deshalb arbeiten wir groben Sand ins Karottenbeet ein. Gleich daneben pflanzen wir Lauch gegen die Karottenfliege. Da Karotten nach der Saat sehr langsam keimen, säen wir Radieschen mit in die Rillen. So sehen wir, wo die Karottenreihen stehen, was sich beim Jäten als Vorteil erweist. Wichtig ist auch, dass Karotten nicht zu eng gesät werden. Wenn wir dem Samen bei der Aussaat etwas Feinsand beigeben, können wir uns das Ausdünnen sparen.

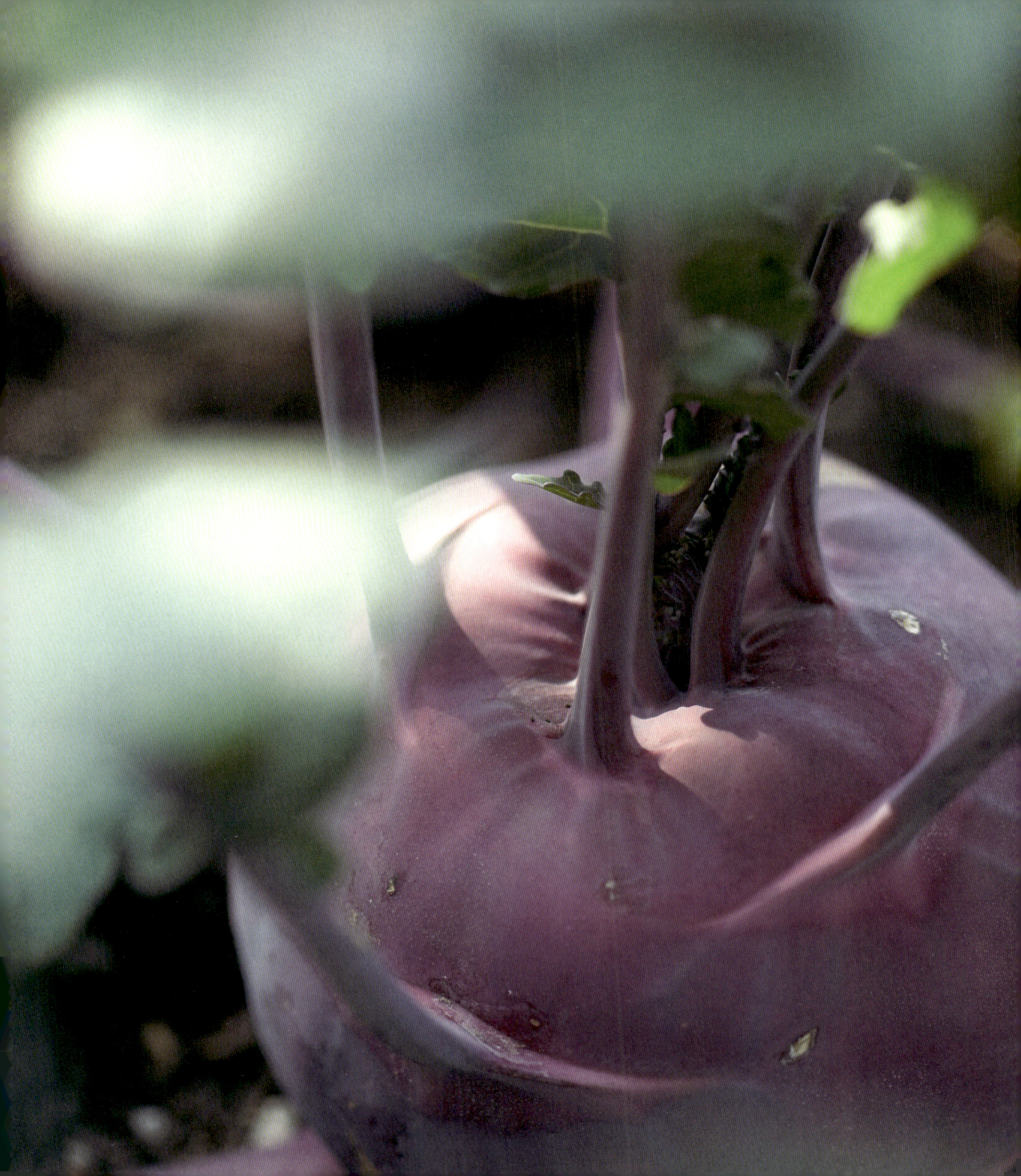

Neben Rotkohl und Wirsing pflanzen wir viel Krauskohl. Er ist sehr vitaminreich und erweist sich im Winter als hervorragende Suppenbeilage. Wir ziehen den Kohl im April und Mai in Töpfen vor und pflanzen ihn im Juni auf ein abgeerntetes Beet, auf dem zuvor Radieschen, Salat oder Erbsen wuchsen. Beim Kohl und beim Blumenkohl merken wir beim Kochen gleich, ob er biologisch gezogen ist oder nicht. Während es beim konventionell gezogenen Kohl in der Küche meist grässlich riecht, ist dies bei biologisch gezogenen Exemplaren überhaupt nicht der Fall.

KÜRBISSE

Früher bauten wir nur Zucchini und Rondini an. Vor zehn Jahren hat es uns gepackt, und wir säten 27 Sorten Kürbisse. Sie wuchsen zu unserer Faszination in allen möglichen und unmöglichen Farben und Formen heran. Wir wurden zu richtigen Kürbisexperten und bereiteten, schon fast zum Leid unserer Kinder, die Kürbisse in allen erdenklichen Variationen zu. Vom Kürbisbrot über den Kürbiskuchen bis hin zur Kürbissuppe, zum Kürbisauflauf und zum Kürbisgratin kam alles auf den Tisch. Da die Jungpflanzen sehr kälteempfindlich sind, sollte man mit der Kürbis-Aussaat unbedingt bis Mitte Mai zuwarten. Die Pflanzen brauchen mindestens einen Quadratmeter Platz, gute Komposterde und viel Wasser. Das verdanken sie mit einem immensen Wachstum. Es kann gut vorkommen, dass die Ranken der Kürbispflanzen zwischen sechs und zehn Meter lang werden. Bei uns zieht es sie weit

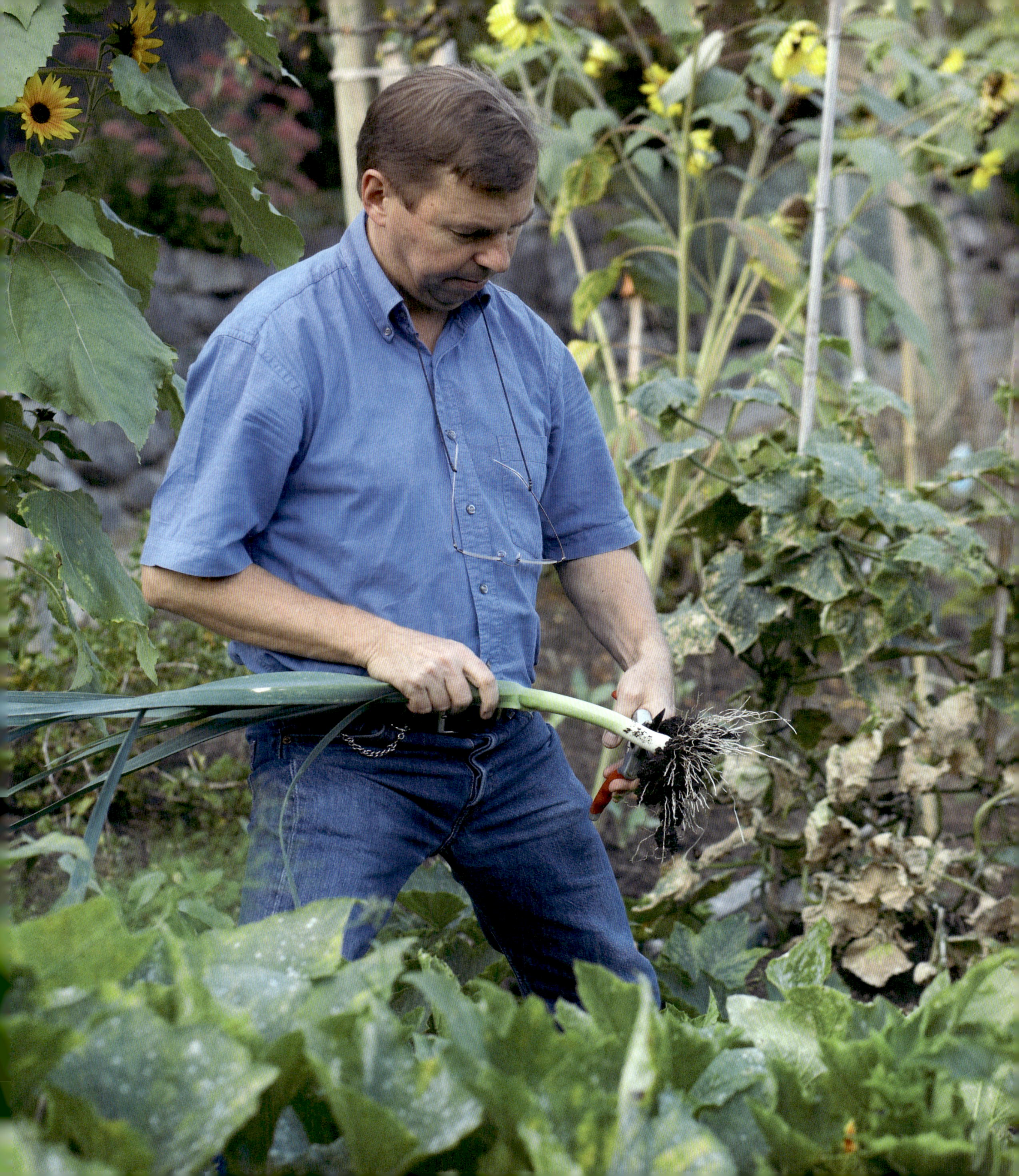

über die Gartenbeete hinaus in die Naturwiese. Im dunklen, gut durchlüfteten Keller lagern wir die Kürbisse bis weit über den Jahreswechsel hinaus. Unsere Favoriten sind Butternut, Golden Delicious, Marina di Chioggia, und Mustard.

LAUCH

Auch den Lauch ziehen wir in Saatschalen vor und setzen die jungen Pflänzchen mit den langen, weissen Würzelchen im Mai an ihren definitiven Standort. Im Sommer wiederholen wir das Prozedere mit dem Winterlauch. So sind wir praktisch das ganze Jahr über mit Lauch versorgt. Unsere bevorzugten Lauchrezepte sind Lauch-Kartoffelgratin und Lauchcreme-Suppe.

RADIESCHEN UND RETTICHE

sind anspruchslos und einfach anzubauen. Wir säen sie den ganzen Sommer hindurch, wenn irgendwo ein Stück Erde frei wird, oder in Reihen mit langsam auflaufenden Saaten, wie Karotten oder Pastinaken, um den Standort der Langsamkeimer anzuzeigen. Damit Radieschen und Rettiche nicht ins Kraut schiessen oder verholzen, brauchen sie regelmässig Wasser. Wir säen zusätzlich zum weissen Sommerrettich auch den Winterrettich mit seiner schwarzen Schale. Dieser ist milder als der Sommerrettich und das basenhaltigste aller Gemüse.

RANDEN ODER ROTE BEETE

kommen bei Kindern und Köchen meist nicht sehr gut an. Beim Rüsten in der Küche färben sich die Hände so rot, das man sie fast nicht mehr sauber bekommt. In Olivenöl gebraten, schmecken die eisenhaltigen Randen sehr gut. Da sie gut lagerfähig sind, versorgen wir uns im Winter recht lange mit diesem Gemüse. Der Anbau ist unproblematisch. Randen lieben einen guten Boden, reichlich Sonne und Wasser.

SALATE

Wir pflanzen sechs bis acht Sorten, nämlich Ruccola, Eisbergsalat, Krachsalat, Feldsalat, Schnittsalat, Endivien, Kopfsalat und Chinakohl, die uns die ganze Saison hindurch mit köstlichem Grün versorgen. Ruccola oder Rauke hat in den letzten Jahren nicht zu Unrecht einen unwahrscheinlichen Popularitätsschub erfahren. Er ist vielseitig einsetzbar, unter anderem als Zugabe zu Teigwaren, Risotto und Suppen. Ruccolasalat und hauchdünn geraffelter Parmesan mit Aceto Balsamico und Olivenöl beträufelt: welch eine Delikatesse! Der Ruccola wächst bei uns von April bis Oktober. Damit wir immer wieder junge, zarte Blätter ernten können, säen wir während der Saison drei- bis viermal nach. Häufiges Ernten ist wichtig, damit er nicht zu sehr ins Kraut schiesst und verholzt. Eisberg, Krach- und Schnittsalat pflanzen wir kontinuierlich, damit das ganze Gartenjahr über frisches Grün auf den Tisch kommt. Nüsslisalat (Feldsalat) säen wir im April für die Sommerernte und im Juli für den Winter. Ja, Sie haben richtig gelesen: Die Rosetten kann man sogar bei Schnee und Frost schnei-

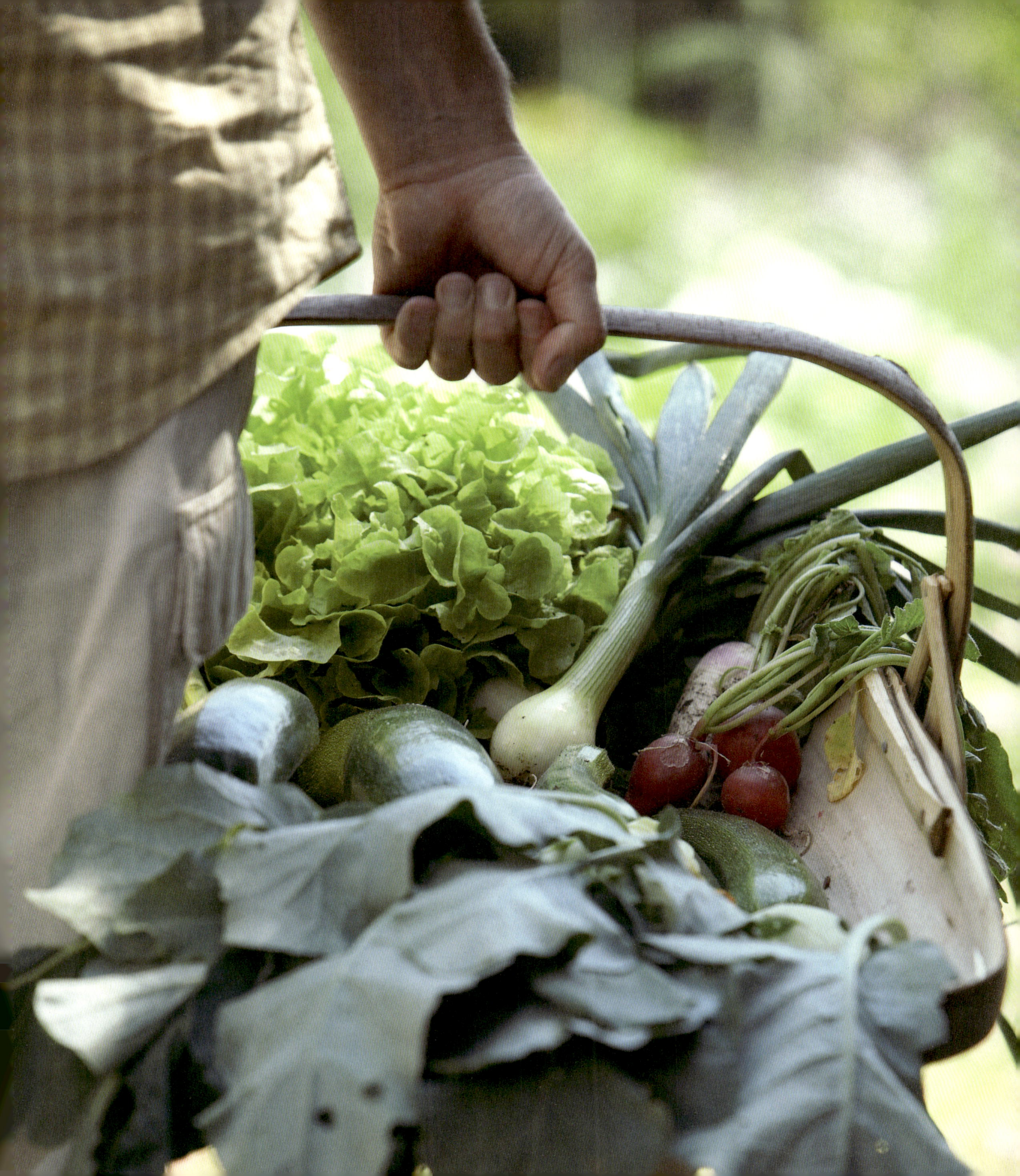

den. Unsere Töchter lieben den Feldsalat mit einem warmen, hart gekochten Ei. Chinakohl und Winterendivie pflanzen wir wie Feldsalat im Juli, damit uns im Winter der Salat nicht ausgeht.

SPARGELN

werden in unserem Garten von Anfang April bis Mitte Juni geerntet. Kaum ein Gemüse erwarten wir mit einer solchen Sehnsucht wie die ersten Spargeln. Der einheimische, biologisch gezogene Spargel ist auf dem Markt sehr teuer, weshalb sich der Anbau absolut lohnt. Im April ist die Ernte noch gering, doch den ganzen Mai hindurch sind Spargeln fester Bestandteil unseres Speisezettels. Wir bauen den Spargel auf zehn Meter langen, schmalen Beeten an. Diese müssen gut vorbereitet sein. Dazu arbeiten wir eine zünftige Gabe Kompost und reichlich Sand in den Boden ein. Die Spargeln verdanken das über viele Jahre hinweg mit einer reichen Ernte. Die Spargelwurzeln, die aussehen wie der Bart eines alten Mönchs, werden im Abstand von 50 bis 60 Zentimetern in die Beetmitte gelegt, mit einer dicken Schicht Kompost-Erde-Sandmischung zugedeckt und zu einem Hügelbeet aufgesetzt. Im ersten Jahr lassen wir die Spargeln anwachsen, damit die Wurzeln Kraft tanken können. Im zweiten Jahr ernten wir ungefähr 20 Prozent. Erst ab dem dritten Jahr ist das Spargelbeet zur vollen Ernte freigegeben, und zwar von April bis Juni. Anschliessend lassen wir die Pflanzen ins Laub schiessen und gewähren so den Wurzeln eine lange Regenerationsphase. Im Spätherbst schneiden wir das Laub dicht über dem Boden ab.

SPARGELANBAU IN KÜRZE

Erstes Jahr, April: Wurzeln auf gut und reichlich mit Kompost und Sand vorbereiteten Boden setzen.
Zweites Jahr: circa 20 Prozent Ernte der stärksten Pflanzen.
Drittes bis zehntes Jahr: Volle Ernte von April bis Juni. Rückschnitt des Laubes im Spätherbst.

SPINAT

Selbst gezogener, junger Spinat, frisch als Salat genossen, ist eine Delikatesse. Spinat enthält Eisen, ist sehr proteinhaltig und reich an Vitamin A.
Um die Gemüsebeete permanent bedeckt zu halten, streuen wir die Spinatsamen auch als Gründüngung zwischen die Reihen. So haben wir immer frischen Spinat. Was übrig bleibt, wird einfach in den Boden eingearbeitet.

TOMATEN FASZINIEREN UNS

Sie speichern die Sonnenenergie, und der Eigenanbau lohnt sich unbedingt. Die Diskrepanz zwischen einer Supermarkt-Tomate und einer im eigenen Garten angebauten Tomate könnte, so glauben wir, nicht grösser sein.
Bei einer gut ausgereiften Tomate spüren wir förmlich die gespeicherte Wärme.
Da wir auf unserer Höhe erst sehr spät aussäen können, ziehen wir die Tomatensetzlinge im

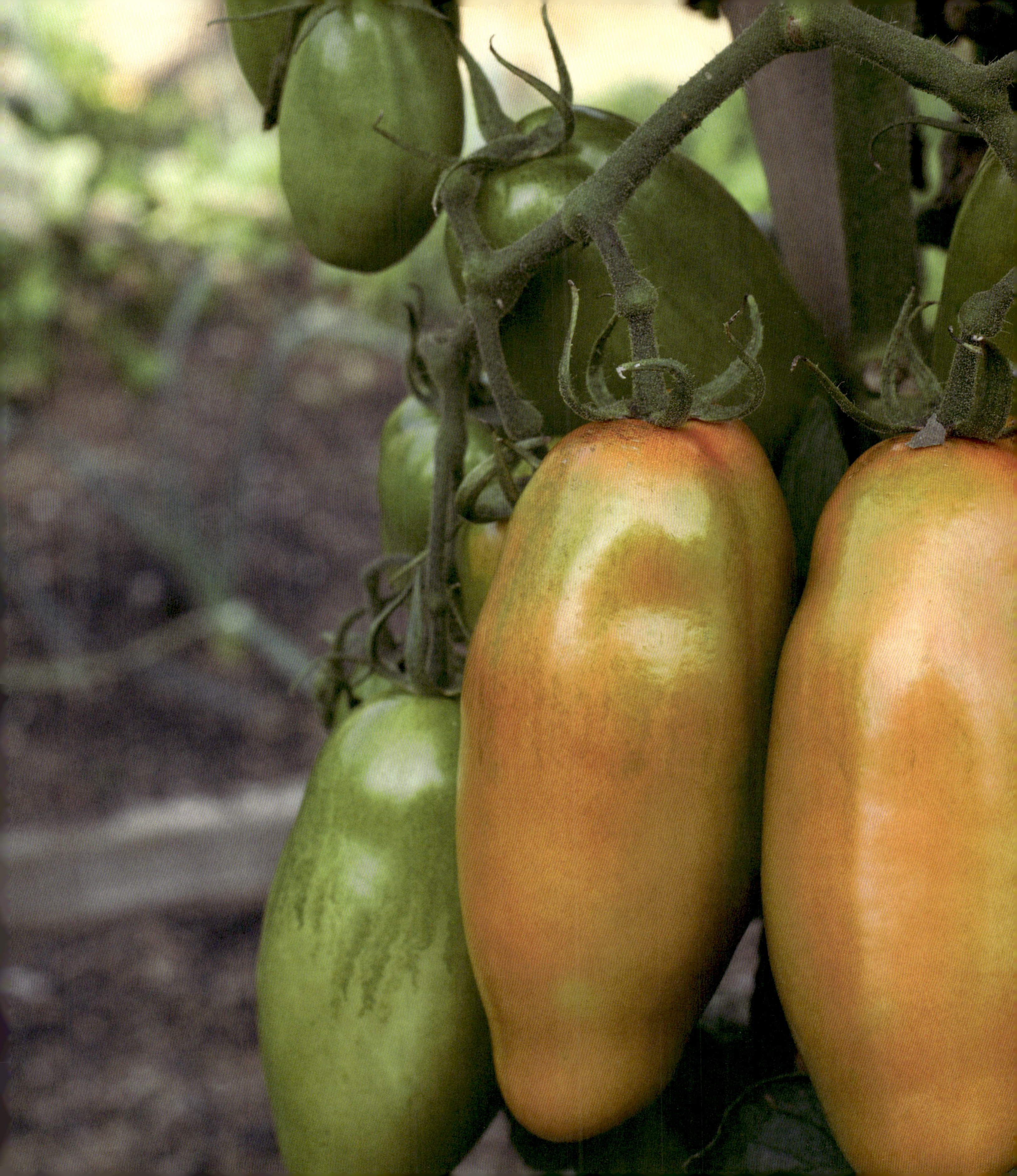

Treibhaus und pflanzen diese im Mai aus. Sonst laufen wir Gefahr, dass die Tomaten nicht ausreifen bis zum Herbst. Irgendwie haben wir zu dieser Pflanze eine spezielle Beziehung, schliesslich will sie auch intensiver gepflegt werden als andere Gemüsesorten. Das regelmässiges Ausknipsen der Seitentriebe und Aufbinden der Zweige führt uns täglich zum Tomatenbeet. Wir bevorzugen «San Narzano», die kernlose, längliche Tomatensorte, die mit Mozzarella und Basilikum einen ausgezeichneten Salat abgibt. Für die Tomatensaucen zu Pasta nehmen wir Fleischtomaten. Unsere Töchter lieben die kleinen Traubentomaten, die es meist nicht bis in die Küche schaffen, da sie direkt ab Stock verspeist werden.

ZUCCHINI

Wenige Pflanzen decken den Bedarf einer Familie ab. Meist pflanzen wir zu viel davon und müssen dann mit riesigen Exemplaren hausieren gehen. Am besten schmecken sie, wenn man die jungen Früchte regelmässig erntet. Im Backteig frittiert oder mit Lachsmousse gefüllt im Steamer zubereitet, sind die Blüten ein Genuss. Seit einigen Jahren säen wir die Zucchini direkt aufs Hügelbeet. Warten Sie ab, bis sich die Erde genügend erwärmt hat. Immer wieder machen wir den Fehler, auf dem Hügelbeet auch noch andere Gemüsesetzlinge zu pflanzen. In den meisten Fällen übernehmen die Zucchini schon bald das ganze Beet und lassen der Konkurrenz keinerlei Wachstumschance. Geben Sie den Zucchini mindestens einen Quadratmeter Platz.

ZWIEBELN

haben bei uns immer mehr an Popularität gewonnen, denn sie sind einfach anzubauen und lassen sich gut lagern. Wir schätzen sie als schmackhaftes Gemüse und vor allem die roten italienischen Zwiebeln als gute Salatbeigabe. Zwischen Lauch und Karotten gepflanzt, halten Zwiebeln Karotten -und Lauchfliegen fern. Der Anbau ist denkbar einfach. Wir setzen die Steckzwiebeln im Mai und ernten kontinuierlich den ganzen Sommer hindurch. Nach der Ernte trocknen wir die Zwiebeln an der Sonne oder im Heizraum und lagern sie anschliessend auf Holzgestellen im dunklen, gut belüfteten Keller. Schalotten sind «Deluxe-Zwiebeln». Sie sind zarter und haben ein tolles Aroma, brauchen aber mehr Raum als Steckzwiebeln.

GRUNDSÄTZLICHES ZUR AUSSAAT IN TÖPFE

Es ist zwar keine Kunst, Gemüsesetzlinge in Töpfen vorzuziehen, dennoch ein paar Tipps: Wählen Sie eine angemessene Topfgrösse. Wir bevorzugen einen Topfdurchmesser von 6 bis 8 Zentimetern. Beobachten Sie das Pflanzenwachstum und das Wurzelwerk. Die Setzlinge sollten weder zu kurz, noch zu lange vorgezogen werden. Beginnen Sie mit dem Auspflanzen, sobald der Topf gut durchwurzelt ist. Bei zu grossen Töpfen besteht die Gefahr, dass man die Pflanzen zu lange vorzieht.

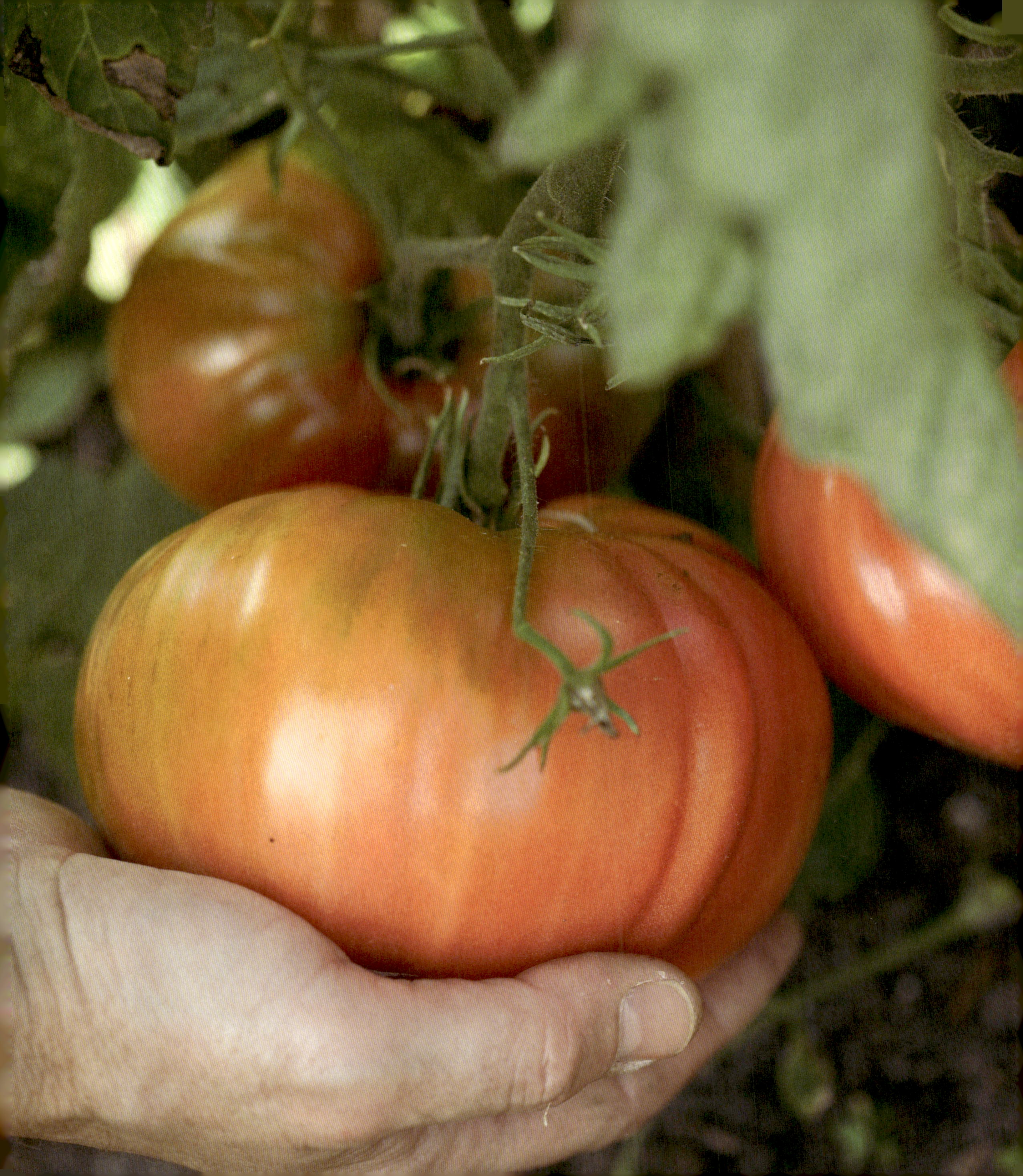

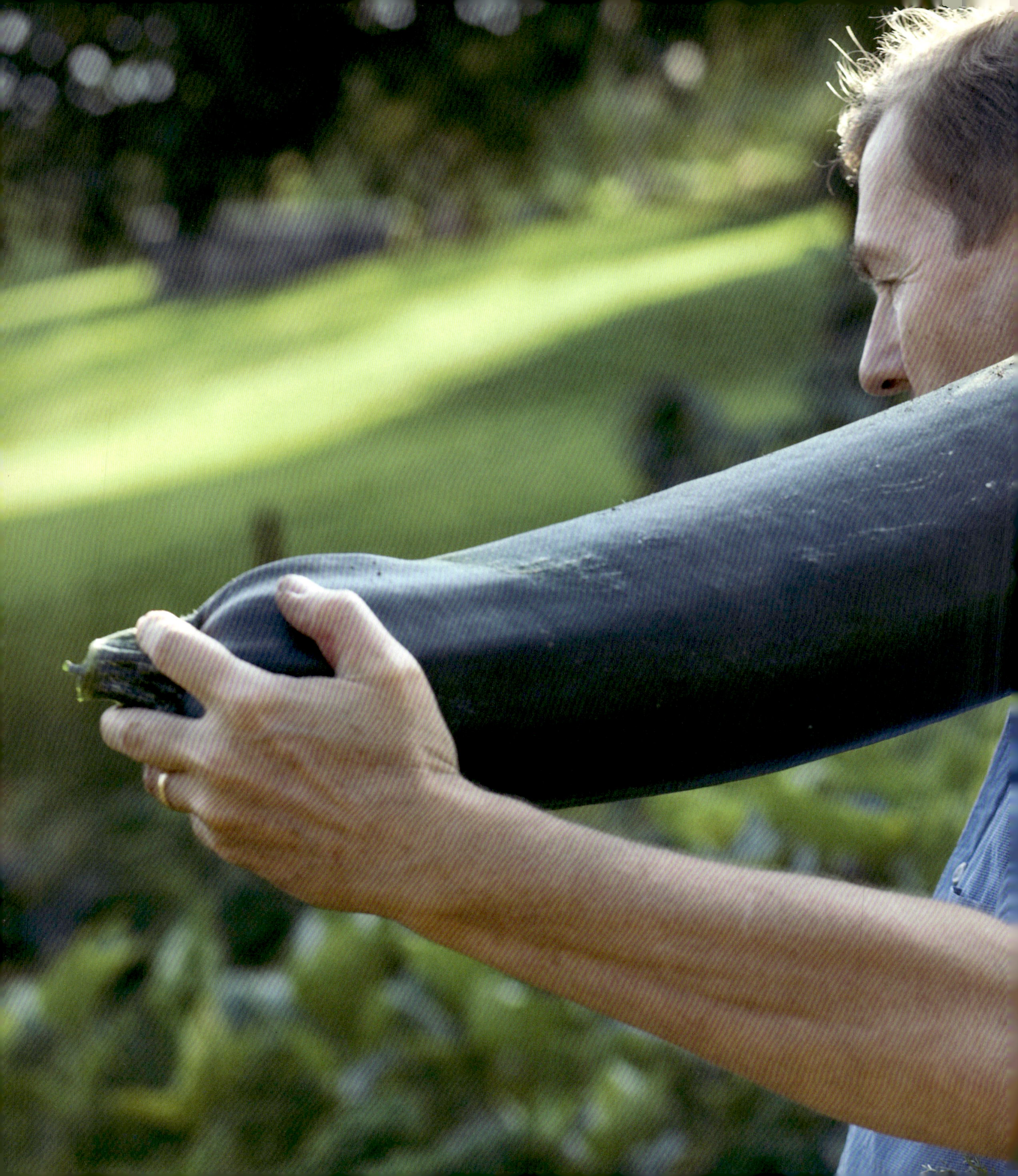

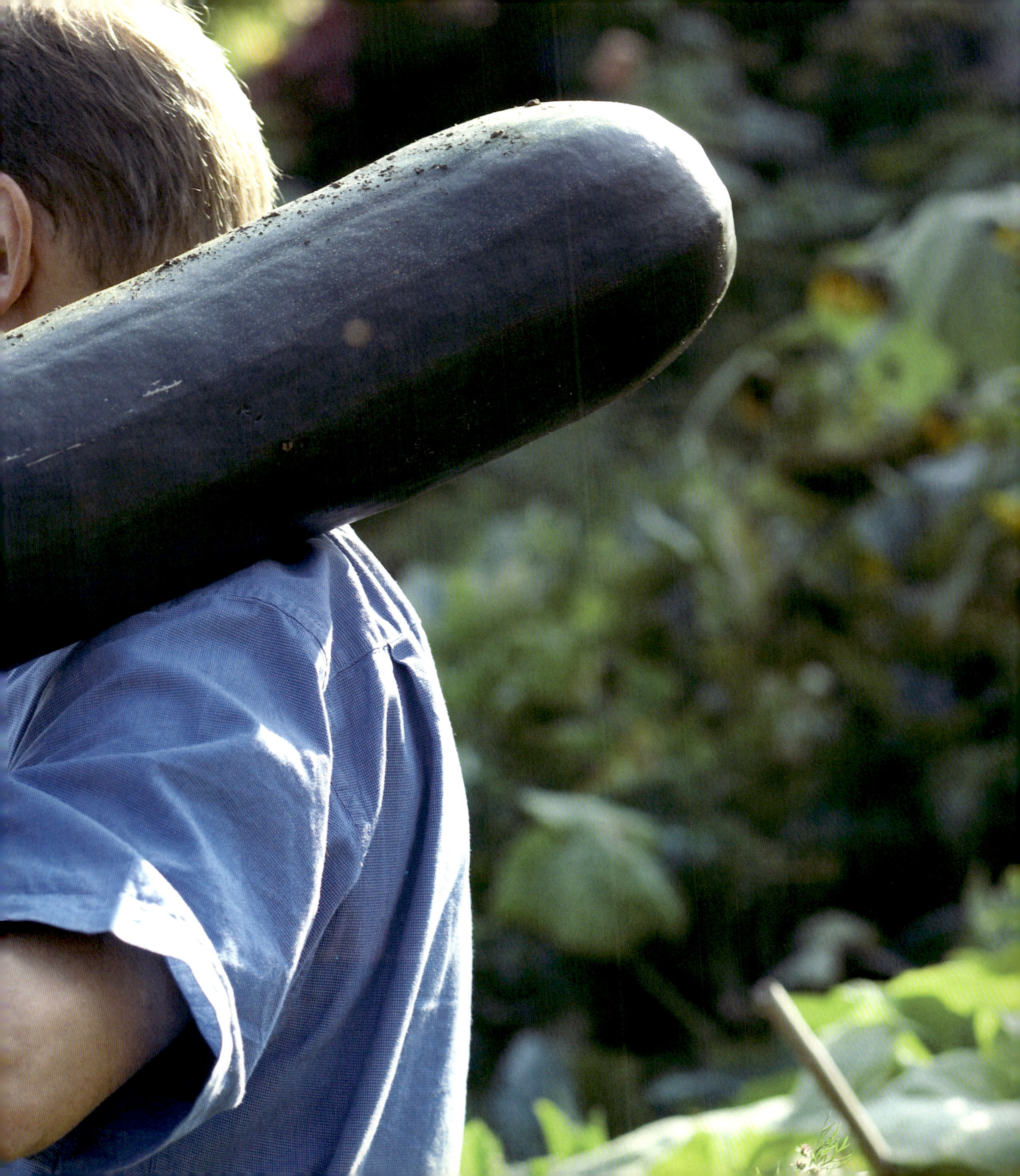

Obst, Früchte und Beeren – ein Genuss!

ÄPFEL

In unserem Garten gedeihen an die dreissig verschiedene Apfelsorten. An sich sind unser Klima und die Höhenlage nicht für den Apfelanbau geschaffen. Wir sind aber der Meinung, dass Apfelbäume zu einem grösseren Garten gehören. Früher haben wir bei der Geburt unserer Kinder oder an Hochzeitstagen Apfelbäume gepflanzt. Bei der letzten grösseren Aktion an unserem fünfzehnten Hochzeitstag, setzten wir über dreissig Jungbäume. Bedingt durch die Hanglage, schneereiche Winter und Wildschäden sind Halbstämme den Spindelbüschen, Zwergbüschen und Spalierbäumchen vorzuziehen. Mit Spindelbüschen und Co. haben wir uns ohnehin nie richtig anfreunden können. Hier scheint es nur noch auf die Produktion und die leichte Ernte anzukommen, die überladenen, schwer behangenen Bäumchen können einem schon fast leid tun. Die Halbstämme haben den Vorteil, dass sie vielerlei Vögeln und Insekten Unterschlupf bieten und unsere Milchschafe darunter grasen können.

Während ich hier schreibe, wütet gerade der Feuerbrand in den Fruchtgärten und Obstbaugebieten unseres Landes. Der wiederholte Ausbruch dieser Krankheit erstaunt mich nicht, er ist symptomatisch für die heutige Zeit. Grasbewachsene Hochstamm- und Halbstammkulturen mit grasenden Kuh- und Schafherden gehörten früher zum Landschaftsbild. Inzwischen sind viele Bauern zur Intensiv-Landwirtschaft mit leicht zu erntenden Spalierbäumen übergegangen. Wo früher fünfzig Hochstammbäume standen, stehen heute zweitausend Spalierbäume in unendlich langen Reihen. Es scheint mir klar, dass dies nur mit massivem Chemieeinsatz machbar ist. Doch die Natur ist stärker, und der Raubbau rächt sich immer wieder.

Unser Obsthain ist eingezäunt, was ein grosser Vorteil ist. Früher mähten wir die Wiese zweimal jährlich mit der Sense, später vor allem aus Bequemlichkeit mit dem Motormäher. Beides war mit ziemlich grossem Aufwand verbunden. Heute nehmen uns die beiden Milchschafe Blacky und Beauty die ganze Arbeit ab. Die zuverlässigen, ruhigen «Rasenmäher» versorgen uns ausserdem mit Milch, Wolle und wertvollem Dünger.

> Bei Menschen, Tieren und Pflanzen treten Probleme dann auf, wenn sie unter längerfristigen Stress geraten und ihr Immunsystem geschwächt wird. Wenn man, wie beim Feuerbrand, die Bäume fällt, oder wir uns und unsere Nutztiere mit Antibiotika behandeln, kann sich keine Resistenz bilden. Wir müssen dafür sorgen, dass die Bäume und Pflanzen optimale Bedingungen vorfinden. Das erreichen wir, indem wir den Boden mit Kräuterauszügen pflegen und für eine reiche Pflanzenvielfalt sorgen. Das Ziel ist somit nicht die Bekämpfung einer Krankheit, sei es bei Mensch, Tier oder Pflanze, sondern die Gesunderhaltung des Immunsystems.

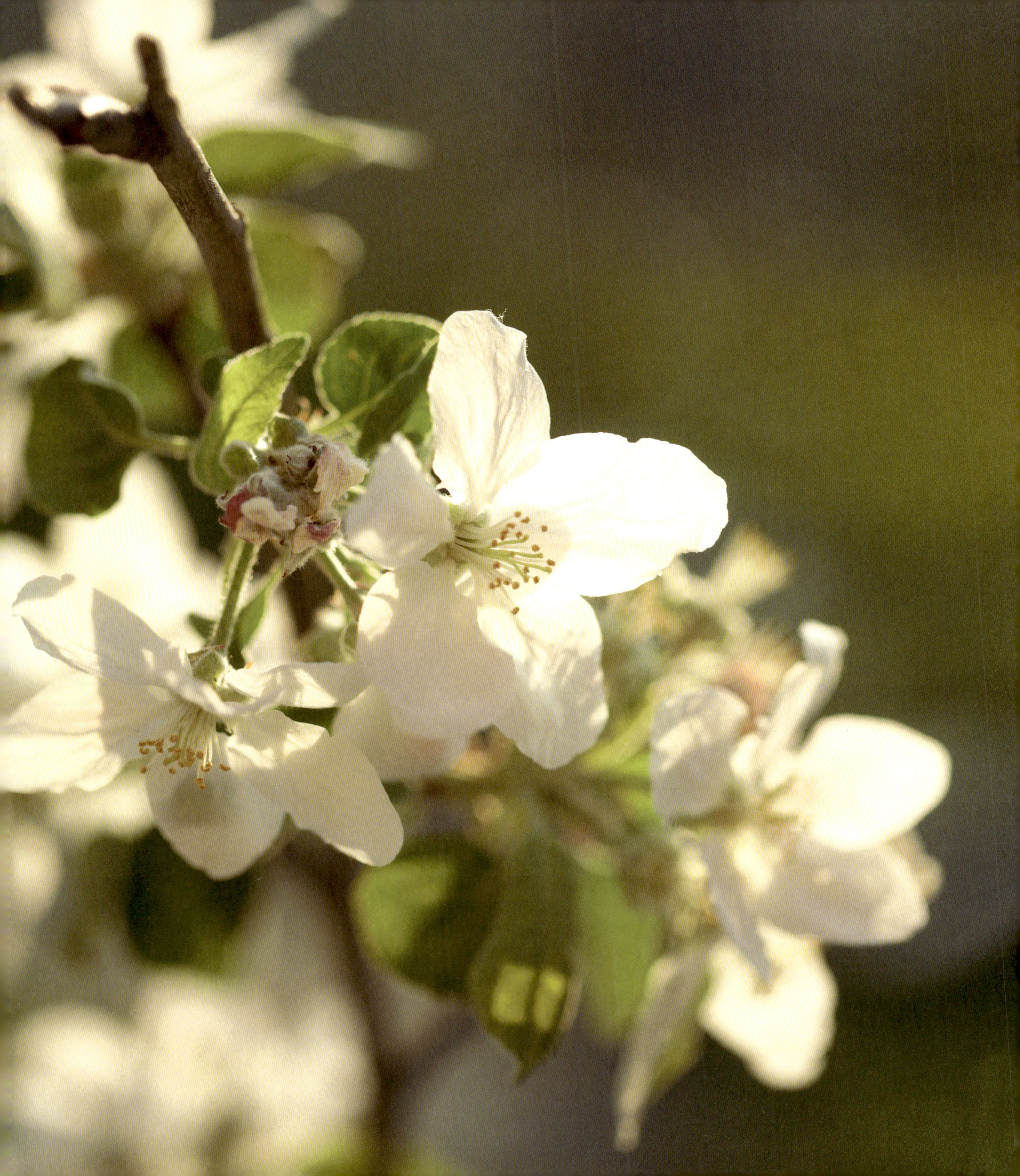

APFELBAUM PFLANZEN

Zuerst hebe ich ein grosses Loch aus und lockere den Unterboden. Da uns früher die Mäuse häufig die Wurzeln der Jungbäume abfrassen, lege ich seit einigen Jahren mit gutem Erfolg einen engmaschigen Gitterdraht in die Grube. Anschliessend arbeite ich Kompost und ein wenig Stallmist ein, bevor ich das Apfelbäumchen in das Loch pflanze. Als Nächstes schlage ich einen Pfahl ein, ohne das Wurzelwerk zu verletzen. Erst jetzt binde ich die Jungpflanze fest und decke die Baumscheibe bis knapp unterhalb der Veredelungsstelle mit Kompost ab.

SORTENVIELFALT

Zeit ist Geld, und darum hat ein Bauer heute keine Zeit mehr, zwanzig Mal zuzugreifen, um ein Kilo Äpfel zu ernten. Auch ich fällte vor vielen Jahren einen alten Apfelbaum. Die Äpfel waren zwar gut im Geschmack, aber sehr klein. Es brauchte also viel Zeit, bis man eine gewisse Menge Äpfel gepflückt hatte. Damals hatte unser Supermarkt nur drei Sorten Äpfel im Angebot. Deren zwei stammten aus Südafrika. Das brachte mich auf die Apfelspur, und ich stellte fest, dass es dreitausend Sorten Äpfel gibt. Ich setzte mich mit der Organisation Pro Spezie Rara in Verbindung und pflanzte in den Folgejahren viele alte Apfelsorten mit wohlklingenden Namen wie Graf von Berlepsch, James Grieves, Berner Rosen oder Ananas Reinette. Diese Äpfel sind nicht nur viel besser im Geschmack, sie lassen sich auch viel länger lagern. Das Gleiche gilt für die Wahl der Kräuter und Gemüsesamen. Auch hier wählen wir ausnahmslos alte und erprobte Sorten. Sie sind viel genügsamer und passen sich viel besser an die Standortbestimmungen an als hochgezüchtete Pflanzen. Inzwischen wachsen in unserem Garten gegen 120 verschiedene Kräuter, Beeren und Obstsorten.

RHABARBER

sollte in keinem Garten fehlen, denn er ist in der Pflege sehr anspruchslos. Wir haben mit drei bis vier Pflanzen angefangen. Zur Vermehrung

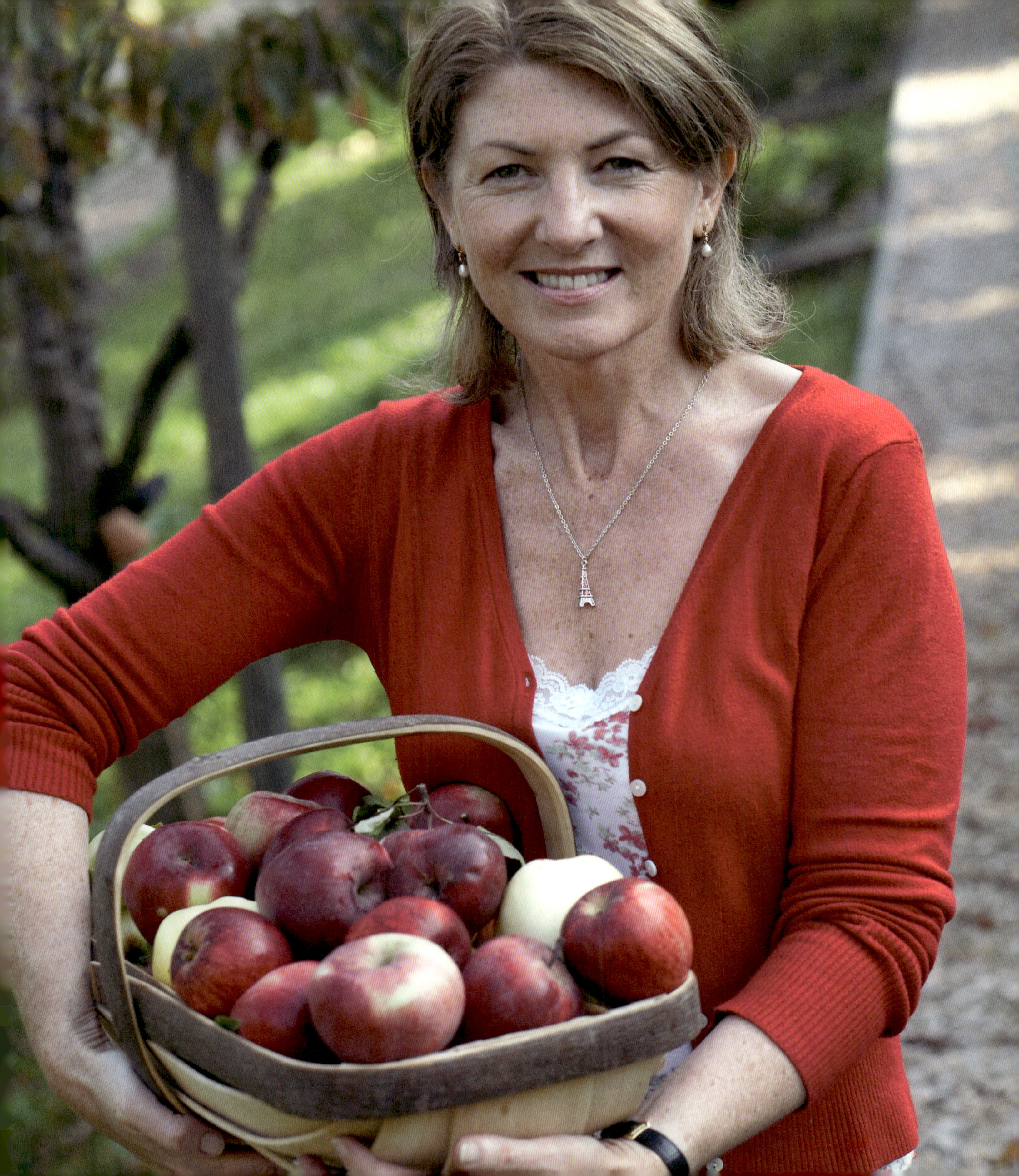

schneiden wir ältere, starke Wurzelstöcke im Herbst mit einem Spaten in vier Teile. Diese pflanzen wir einzeln in gut vorbereitete Komposterde. Als Starthilfe verpassen wir ihnen eine dicke Mulchschicht aus Stallmist und Stroh. Nach dem Umpflanzen lassen wir den Rhabarber erstarken und ernten im ersten Jahr gar nichts. Im zweiten Jahr ernten wir spärlich, ab dem dritten Jahr gibt es hervorragende Ernten. Schneiden Sie den Rhabarber nicht, pflücken Sie ihn von Hand, indem Sie den Stiel am Ansatz abdrehen. Und ernten Sie nur bis zum 21. Juni, aber lassen Sie mindestens die Hälfte der Stiele stehen, so dass sich der Wurzelstock regenerieren kann. Damit sich die Leute in Irland daran halten, pinkelt dort der kleine Gartengnom Puca ab dem 21. Juni über den Rhabarber und macht ihn dadurch ungeniessbar.

QUITTEN

sehen aus wie Äpfel oder Birnen. Unsere Gäste verwechseln sie oft und fragen uns, was das denn für eine Apfelsorte sei. Eigentlich sieht der Quittenbaum mit seinem schwachen, lichten Wuchs meist aus, als sei es ihm an seinem Standort nicht wohl. Da wir das Phänomen aber überall beobachten, kann es nicht an der Unterlage liegen, es entspricht ganz einfach der Struktur des Baumes. Die Pracht der zartrosa Blüten und ihr betörender Duft faszinieren uns jedes Frühjahr aufs Neue.

Wir verarbeiten die Früchte fast ausschliesslich zu Gelee, das wir «rotes Gold» nennen, denn die Ausbeute ist jeweils sehr gering. Wir verwenden es in der Weihnachtszeit zum Verfeinern von Saucen und zur Füllung von Truthahn und Hähnchen. Unsere Quittenbäume sind schon sehr alt und brauchen kaum Pflege. Anders als Apfelbäume oder Kirschen schneiden wir sie überhaupt nicht, was ihnen scheinbar am besten bekommt. Ihr Motto heisst: Lasst uns in Ruhe!

BEERENFRÜCHTE

In unserem Garten wachsen Erdbeeren, Stachelbeeren, rote und schwarze Johannisbeeren, Himbeeren und Heidelbeeren. Die Erdbeeren ziehen wir in Beeten, Johannisbeeren, Stachelbeeren und Heidelbeeren als Sträucher und die Himbeeren in Kordonform an Drähten. Frische Beeren direkt ab Strauch sind für uns das Nonplusultra und Luxus pur. Ausser bei den Erdbeeren, die wir immer wieder verjüngen, gedeihen die Beeren über Jahre, ja sogar über Jahrzehnte am selben Standort. Früher hatten wir die Beerenkul-

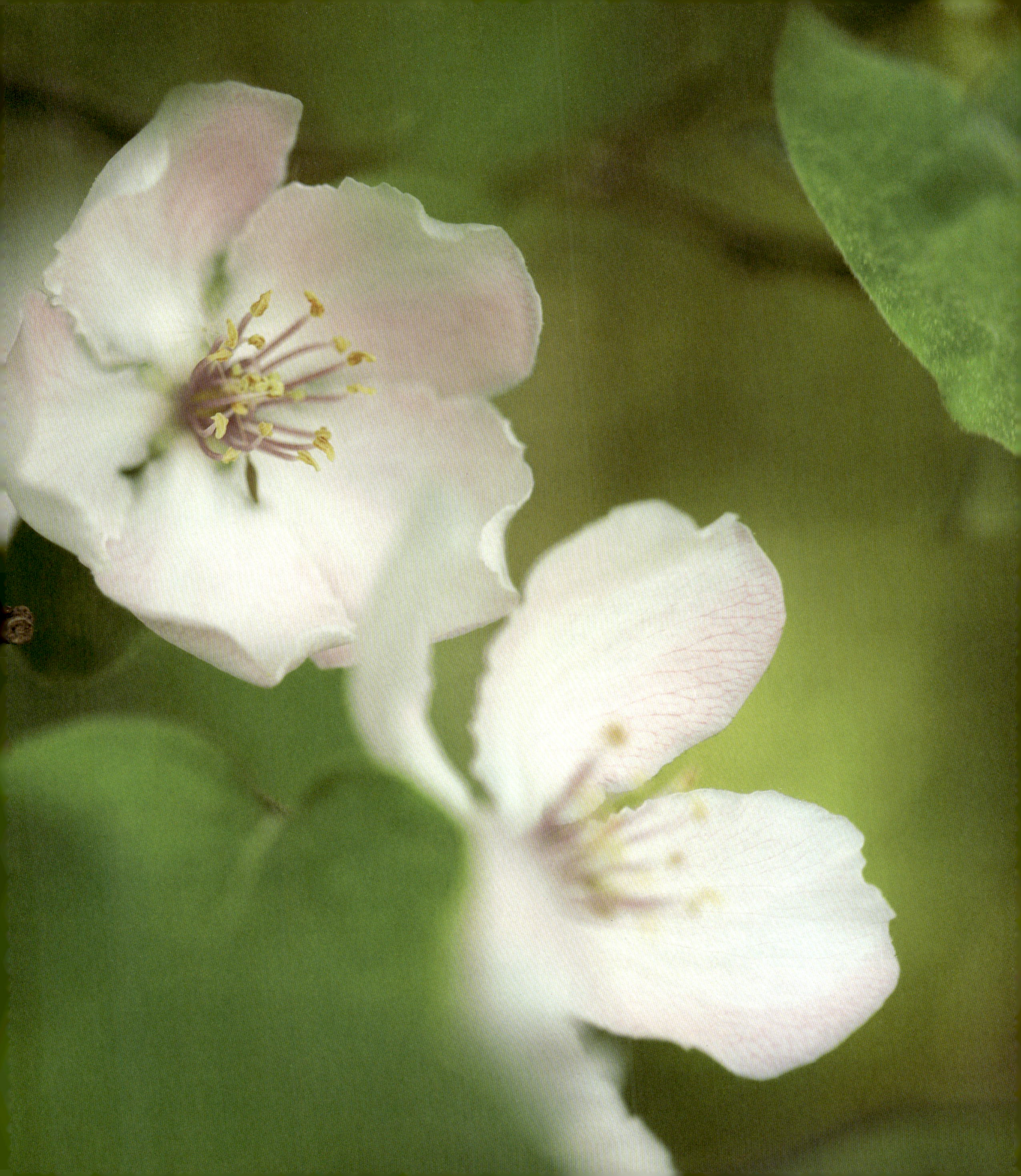

turen im Gemüsegarten stehen. Nachdem uns Vögel in kürzester Zeit ganze Ernten geklaut hatten, räumten wir den Beeren einen eigenen Platz ein. Das macht es einfacher, sie mit Vogelnetzen zu schützen.

ERDBEEREN

Bei keiner anderen Frucht liegen Genuss und Enttäuschung so nah zusammen. Der Geschmacksunterschied zwischen selbst angebauten, vollreifen Beeren und gekauften, wässrigen Import-Erdbeeren ist riesig. Grund genug, um ein paar Erdbeerbeete anzulegen. Gibt es etwas Genussvolleres als frisch gepflückte, sonnenwarme Erdbeeren? Wir ziehen sie aus Ablegern, die an den langen Ranken junge Pflänzchen spriessen lassen, topfen sie noch auf dem Beet in Tontöpfe ein und schneiden sie, sobald sie gut angewurzelt sind, von der Mutterpflanze los. Das Auspflanzen geschieht im August auf gut vorbereitete, unkrautfreie Beete, die wir als Starthilfe mit einer guten Kompostgabe versehen. So haben die Jungpflanzen genügend Zeit, um anzuwachsen. Sie belohnen uns dafür im nächsten Frühsommer mit den ersten Früchten. Die Beeren sollten nicht auf der Erde aufliegen, sonst faulen sie oder werden von hungrigen Schnecken gefressen. Sobald sie sich rot zu färben beginnen, unterlegen wir die Erdbeeren mit Stroh und schützen sie mit Netzen vor gefrässigen Amseln. Unser Garten ist voller aromatischer Walderdbeeren, die sagenhaft gut schmecken. Was wir nicht direkt vom Strauch essen, verarbeiten wir zu Konfitüre. Wir sammeln einige Handvoll, geben etwas Honig dazu und pürieren sie mit dem Handmixer. Diese unübertreffliche Konfitüre ist in wenigen Minuten zubereitet und meist noch schneller verzehrt.

HEIDELBEEREN

wachsen wild im Wald und brauchen eine saure Unterlage. Deshalb setzen wir unsere eigenen, amerikanischen Heidelbeeren in eine Mischung aus Erde, Holzhäcksel und Tannennadeln. Allerdings kommen die Kulturheidelbeeren geschmacklich bei weitem nicht an die wild wachsenden Waldheidelbeeren heran – wir geben es zu.

HIMBEEREN

sind unsere absoluten Favoriten unter den Beeren. Wir ziehen die Sorten Autumn Bliss und Mekker, die sich in unserer Höhenlage gut bewährt haben. Mekker reifen im Sommer und Autumn Bliss können wir bis in den Oktober hinein ernten. Direkt von den Ruten gepflückt, versetzen uns die Delikatessen in einen schon fast paradiesischen Zustand. Kein Vergleich mit gekauften und meist nicht voll ausgereiften Beeren!
Die sommertragenden Himbeeren fruchten an den Ruten des Vorjahrs, während die herbsttragenden ihre Früchte am einjährigen Wuchs hervorbringen. Man kann diese dann gleich nach der Ernte oder im zeitigen Frühjahr bis zum Boden zurückstutzen. Hin und wieder litten unsere Himbeeren unter Rutenrost und trockneten

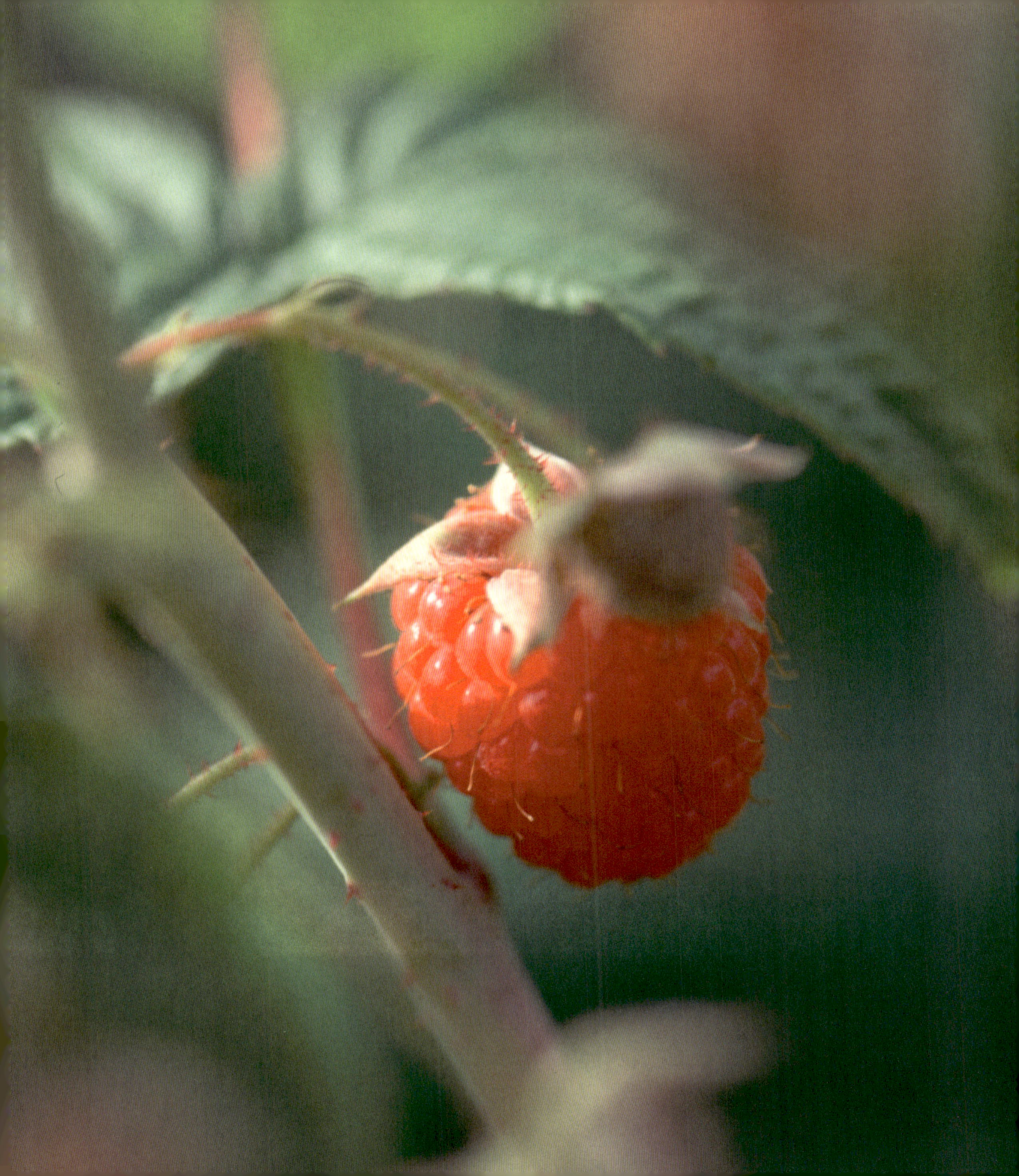

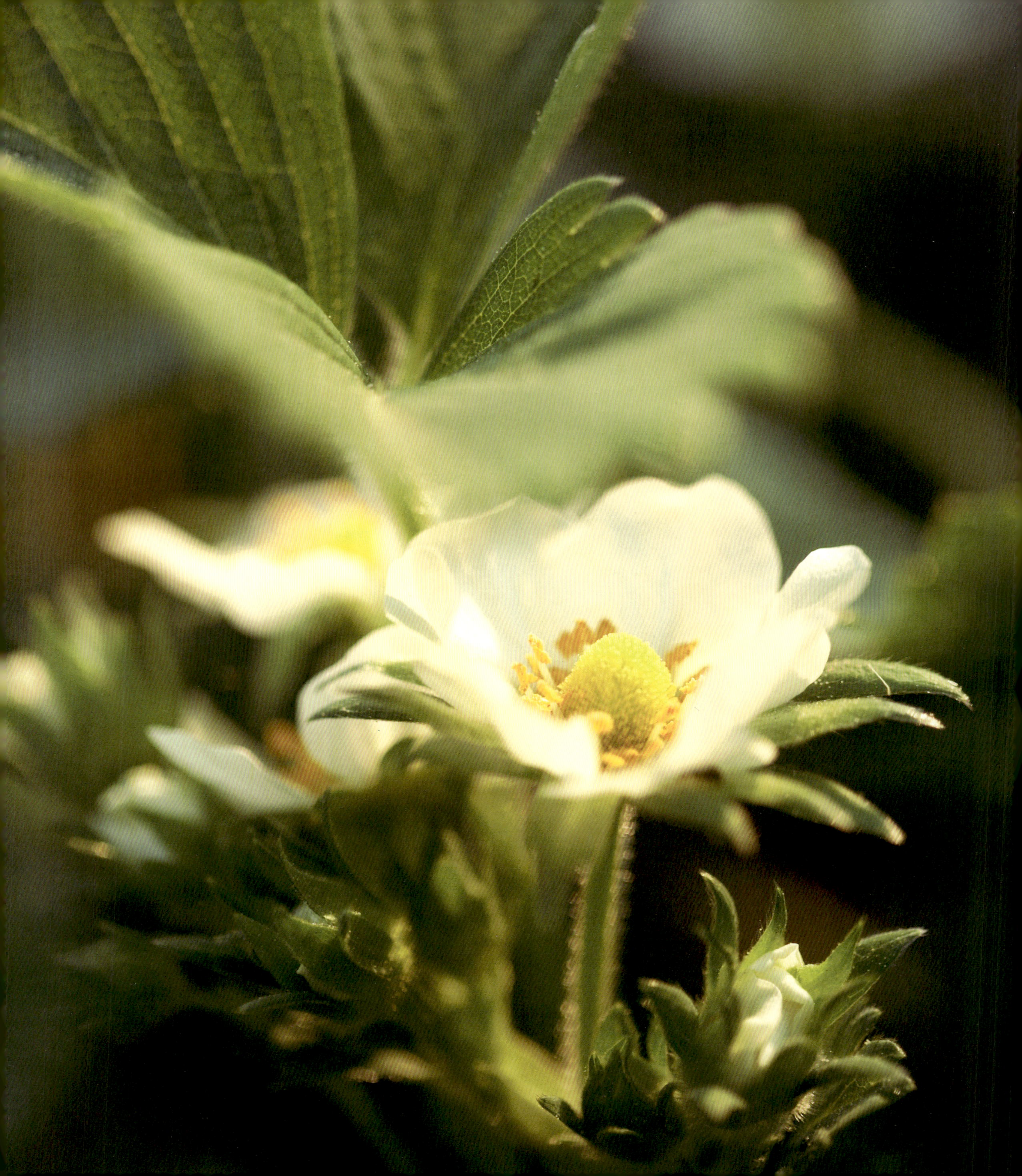

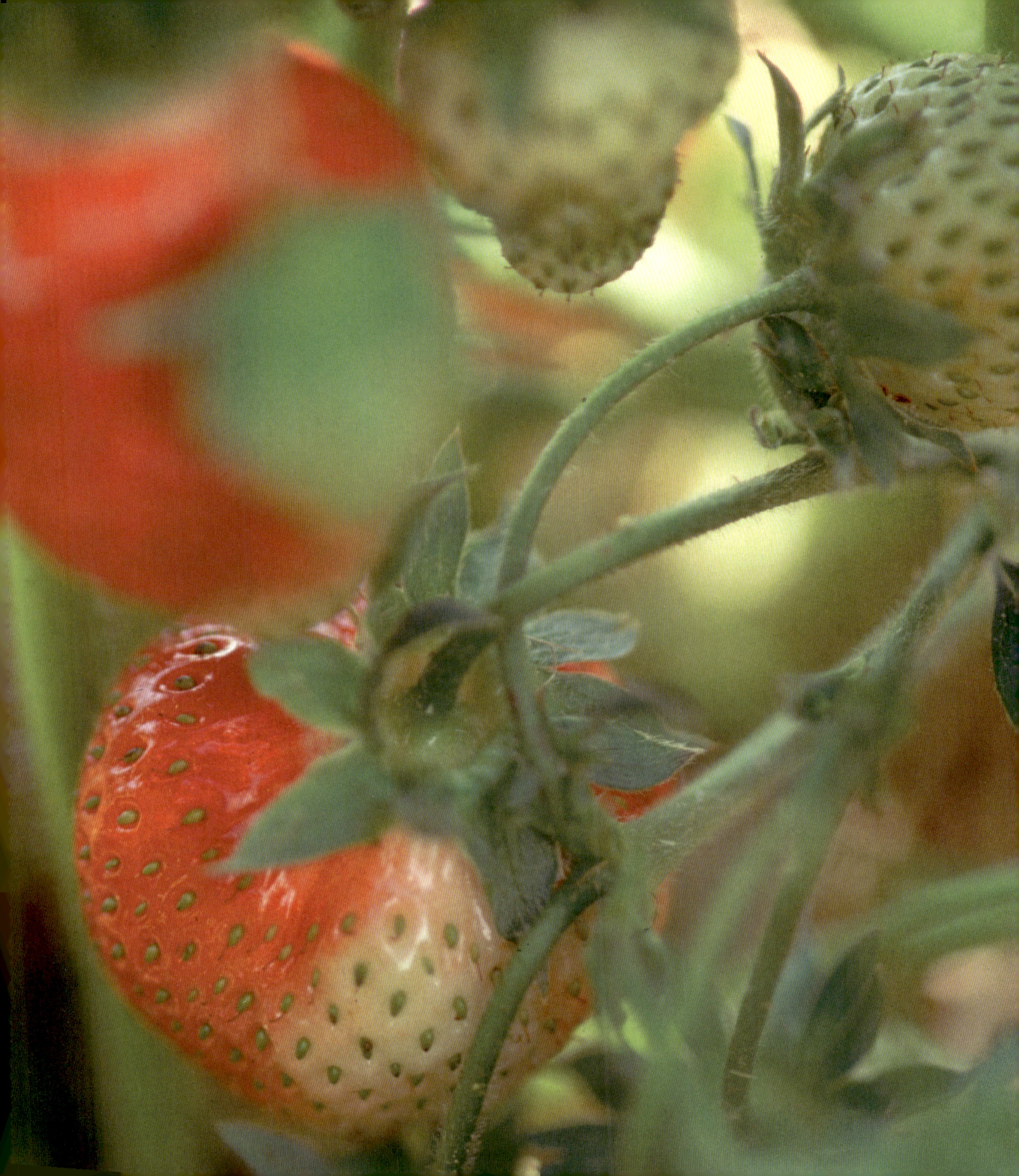

aus. Seit wir die Himbeeren auf Erdwällen pflanzen, passiert das nicht mehr. Damit die Himbeeren angebunden werden können und die Ruten nicht abknicken, sollte man vor dem Pflanzen ein Gerüst bauen. Natürlich kann das Gerüst auch nach dem Setzen angebracht werden, aber Ersteres hat sich besser bewährt. Wir schlagen alle zwei bis drei Meter einen Pfosten in die Erde und ziehen auf 50, 100 und 150 Zentimetern Höhe waagrecht gespannte Drähte, an denen wir die Ruten mit Gartenschnur festbinden.

Wie erwähnt, sind wir dazu übergegangen, die Himbeeren auf Erdwällen zu pflanzen, damit sie nicht unter Staunässe leiden. Wir gehen dabei praktisch gleich vor, wie beim Anlegen eines Hügelbeetes. Zuerst graben wir eine Furche, legen engmaschigen Gitterdraht auf den Boden und setzen den Hügel mit Baumschnitt, Pflanzenrückständen, gut verrottetem Stallmist, etwas Sand und Gartenkompost auf. Diese Mischung hat sich für die Jungpflanzen als ideale Starthilfe erwiesen. Erdwälle sind zwar mit einiger Vorarbeit verbunden, doch wenn die Kultur einmal steht, brauchen sie nur noch wenig Aufwand und Pflege. Wir säen im zeitigen Frühjahr Bienenweide ein. Das hält den Boden unkrautfrei und zieht gleichzeitig Bienen und Hummeln an, die die Blüten befruchten und eine reiche Ernte garantieren.

SCHWARZE JOHANNISBEEREN

schätzen die Höhenlage. Sie tragen am einjährigen Holz, weshalb wir den Schnitt gleich nach der Ernte im Herbst durchführen. Manchmal schneiden wir tragende Fruchtruten und ernten zu Hause am Küchentisch. Unsere Kinder haben das früher sehr genossen, und so erledigten wir mit Rückschnitt und Ernte gleich zwei Fliegen auf einen Schlag.

ROTE JOHANNISBEEREN

produzieren Jahr für Jahr und sind dabei äusserst pflegeleicht. Frances macht daraus einen fantastischen, leicht säuerlichen Johannisbeer-Merengue und natürlich Gelee, das wir gerne zu Wildspezialitäten servieren. Im letzten Jahr ersetzten wir die fünfzigjährigen Sträucher, die Jahr für Jahr Früchte trugen. Gleichzeitig wechselten wir den Standort, um den neuen Pflanzen optimale Startbedingungen zu verschaffen. Wir schneiden die roten Johannisbeeren so, dass sie nicht zu

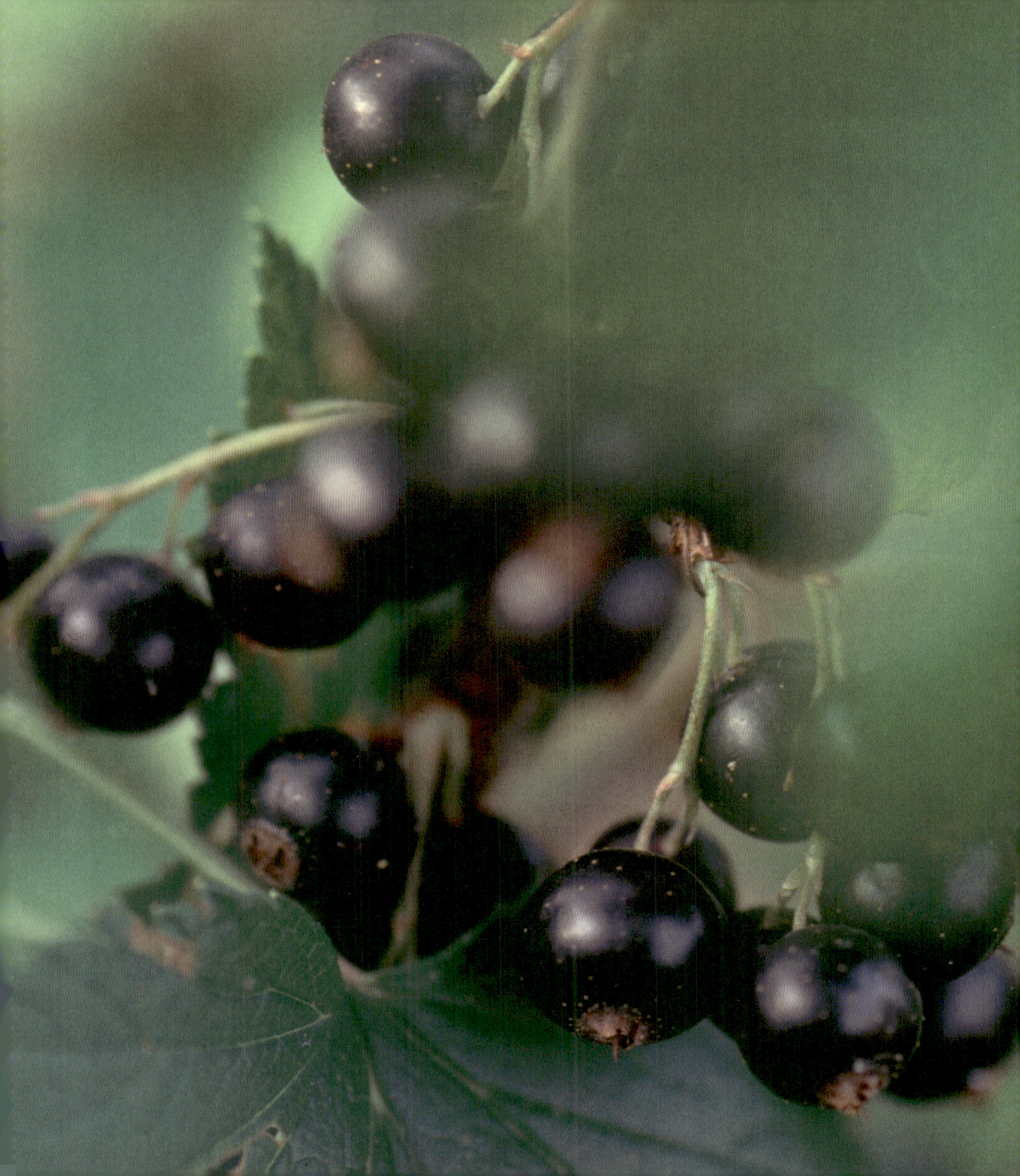

Unter den Fruchtbäumen, Beeren und auf allen brachliegenden Flächen säen wir immer die Bienenweidepflanze Phacelia ein, und zwar so, dass Frucht und Gründüngung gleichzeitig blühen. Unsere Helferinnen, Bienen und Hummeln, werden vom Duft der Bienenweide angezogen – und wenn sie schon mal vor Ort sind, bestäuben sie den Beerenstrauch gleich mit.

dicht wachsen, damit Luft und Licht ins Innere der Krone dringen und die Beeren gut ausreifen können.

STACHELBEEREN

Aufgrund ihrer dicken Schale munden die Stachelbeeren meist nicht auf Anhieb, doch beim zweiten Anlauf schmecken die leicht säuerlichen, honigsüssen Beeren einfach herrlich. Wir verarbeiten sie zu Kuchen, Kompott und Marmelade. Die Stachelbeersträucher stehen neben den Johannisbeeren. Nach einer leichten Kompostgabe im Frühjahr und dem Auslichten zu dichter Sträucher, mulchen wir mit Beinwellblättern oder säen Bienenweide ein. Bis zur Ernte gibt es keine weiteren Arbeiten an dieser Kultur – mit Ausnahme der Netze, die wir gegen die gefrässigen Vögel anbringen.

BODENPFLEGE DER BEERENKULTUREN

Sämtliche Strauchbeeren erhalten bei uns die gleiche Pflege, die sich über viele Jahre bewährt hat: Wir versorgen die Sträucher im Herbst nach der Ernte und im Frühjahr vor dem Austrieb mit etwas Kompost, mulchen den Boden mit Beinwellblättern, bringen die Holzasche unseres Kamins aus und säen Phacelia (Bienenweide) ein. Sie zieht die bestäubenden Helfer an, lüftet und desinfiziert den Boden.

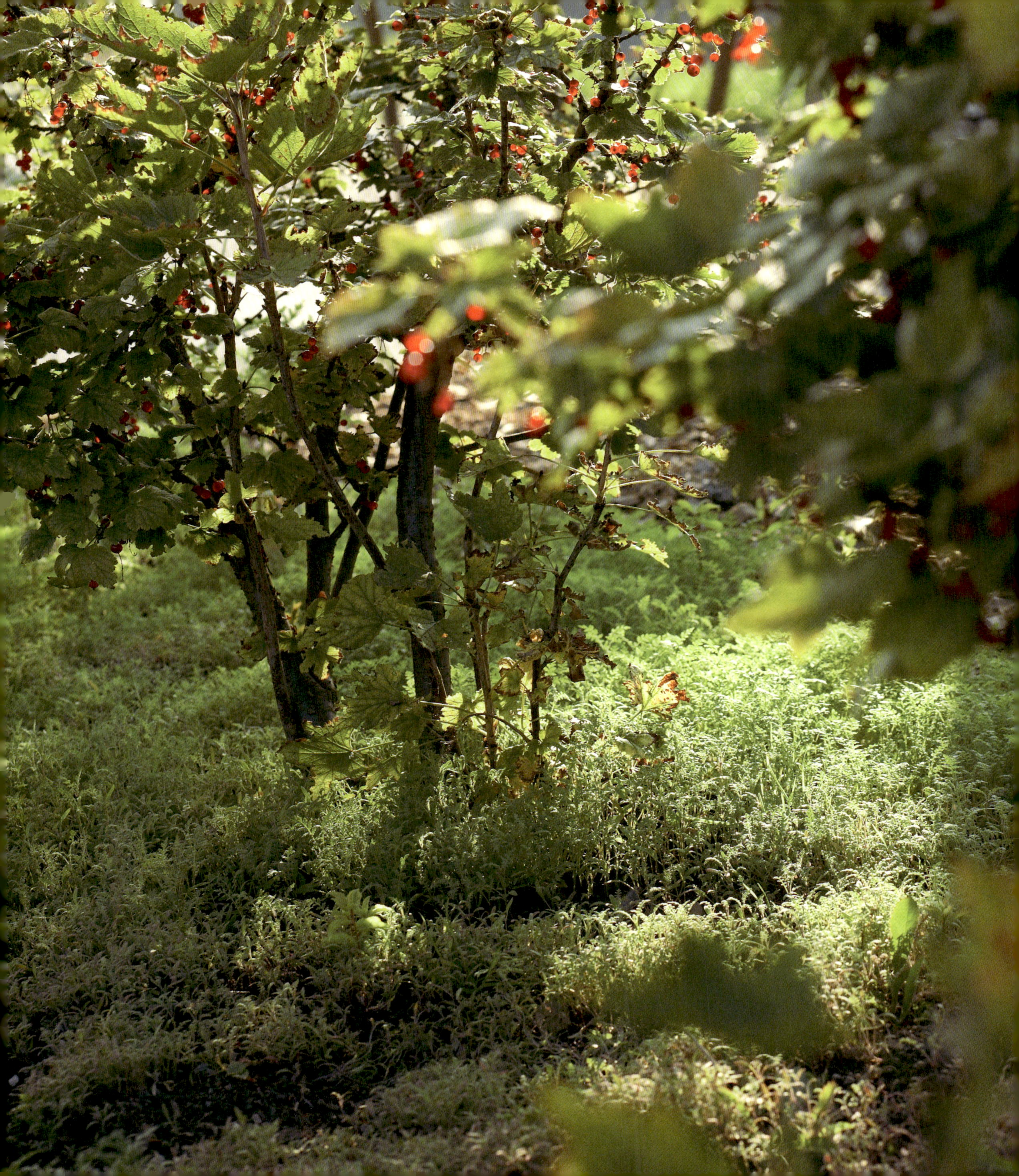

Unsere Lieblingskräuter

sind Kräuter das absolute Nonplusultra, der Finishing Touch eines jeden Gerichts! Was wären Tomaten und Mozarella ohne Basilikum, eine Omelette ohne Schnittlauch oder Petersilie, eine Lammkeule mit Kartoffeln ohne Rosmarin? In unserem Garten gedeihen so viele Küchenkräuter, dass wir fast jeden Tag ein neues Rezept ausprobieren können. Das Sammeln der aromatischen Pflanzen vor dem Kochen ist für uns Lebensqualität und Luxus pur. Und das Pflücken der frischen, duftenden Kräuter erfüllt uns jedes Mal mit grosser Dankbarkeit.

BASILIKUM

ist sicherlich eines unserer Lieblingskräuter. Neben dem grossblättrigen Basilikum, der sich für die Pesto-Sauce am besten eignet, ziehen wir Thaibasilikum, Zimtbasilikum, Zitronenbasilikum und griechischen Basilikum. Vom Schokoladen-Basilikum haben wir abgesehen, irgendwie passt der Schokoladengeschmack nicht in unsere Kräuterküche, obwohl wir Schokolade pur natürlich sehr lieben. Basilikum und Tomaten haben fast die gleichen Kulturansprüche. Beide haben gerne nasse Füsse, aber nasses Laub mögen sie nicht. Sie brauchen einen guten Boden, viel Wasser und Wärme, die sie auf den Hügelbeeten durch die »Bodenheizung« zur Genüge erhalten. Das hat uns dazu bewogen, Basilikum zwischen die Tomatenpflanzen zu setzen. So ernten wir beides mit einem Handgriff. Jetzt fehlt nur noch der Mozzarella, und fertig ist die Vor-

KRÄUTER

für die Küche sollten nahe beim Haus gepflanzt werden. Uns kommen beim Kochen laufend neue Kräuter-Variationen in den Sinn. Dann eilen wir in den Garten, um das gewünschte Kraut zu holen. Inzwischen wachsen in unserem Garten gegen hundert verschiedene Küchenkräuter, die wir täglich im Wechsel verwenden. Für uns

Rezept Pestosauce:

Wir hacken frische, grüne Blätter mit dem Wiegemesser, vermischen sie mit Olivenöl, Pinienkernen, gehacktem Knoblauch und geriebenem Parmesan. Pesto ist ideal zu Pasta oder Bruschetta. Wenn wir ihn für den Winter einmachen, lassen wir den Parmesan und den Knoblauch weg und fügen diese Zutaten erst unmittelbar vor der Verwendung in der Küche zu.

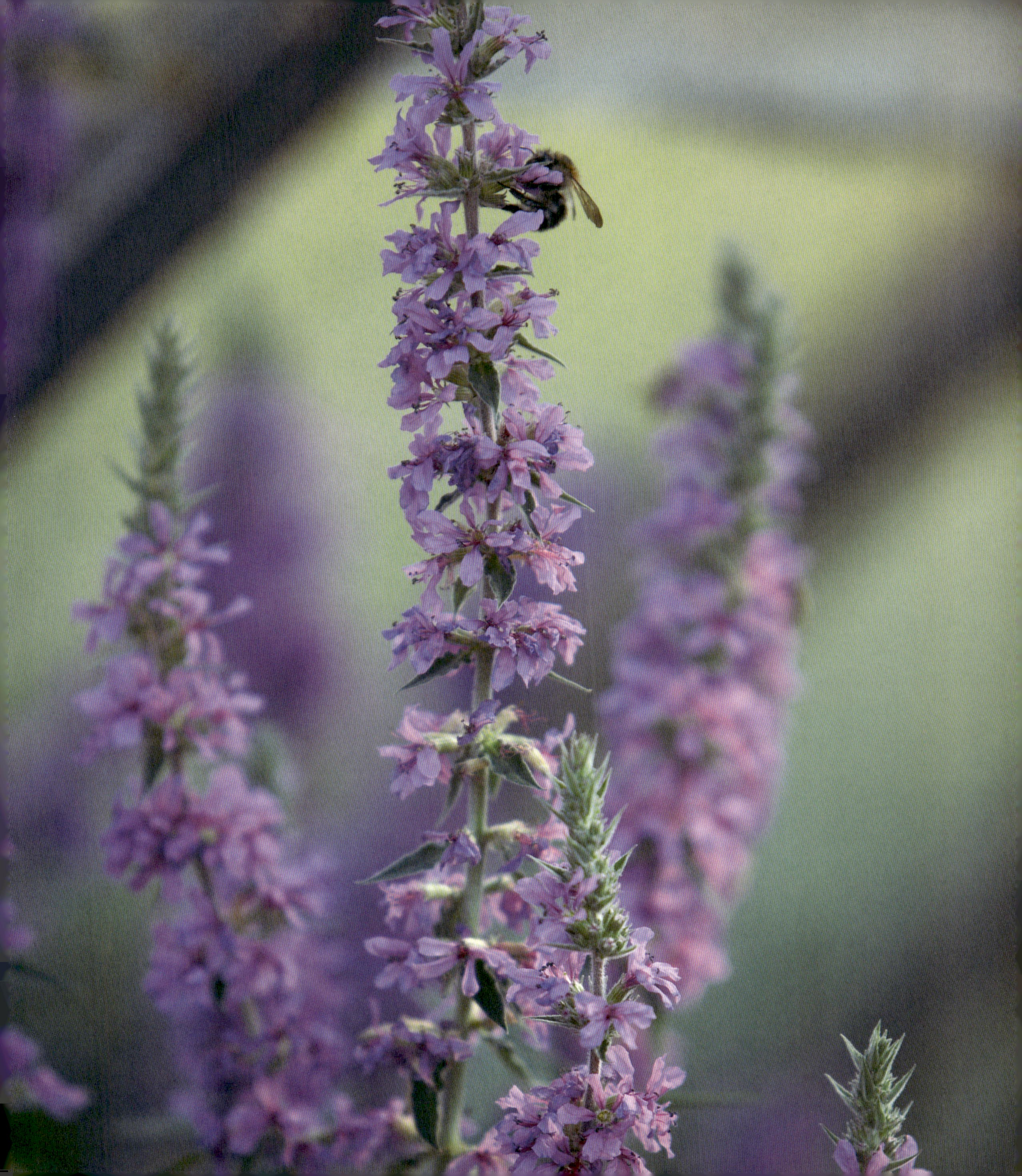

speise. Da der Basilikum sehr frostempfindlich ist, dürfen wir ihn nicht vor Mitte bis Ende Mai auspflanzen. Wir ernten ihn, bevor die Temperaturen zurückgehen. Wind, Regen und Kälte bekommen ihm nämlich gar nicht.

BORRETSCH

oder Gurkenkraut ist so pflegeleicht, dass wir ihn schon beinahe als Unkraut ansehen. Sobald man Borretsch im Garten hat, samt er aus und siedelt sich an allen Ecken und Enden an, ja sogar in den Trockenmauern und in den Ritzen der Steinplattenwege. Uns gefällt diese selbstbewusste Art des «Hier lasse ich mich nieder!», und wir fragen uns manchmal, ob wir das Recht haben, die Pflanze einfach wegzuhacken, wenn sie sich an einem Ort wohlfühlt, wo wir sie nicht gepflanzt haben. In der Küche geben wir die behaarten Blätter und blauen Blüten Salaten, Gurken und Quarkspeisen bei.

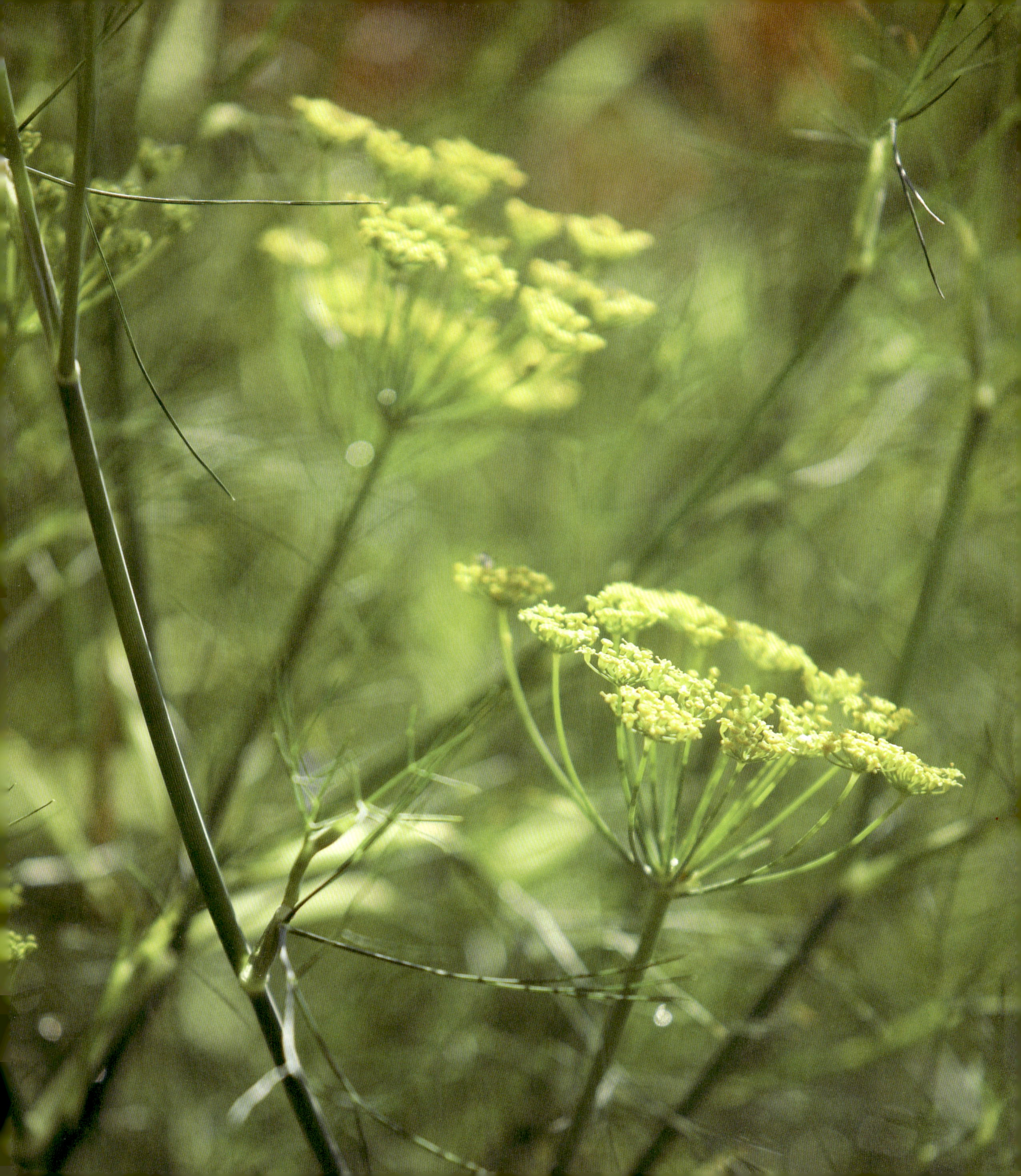

DILL

sollte in keinem Küchengarten fehlen. Zu Fisch und Lamm ist Dill schon fast ein Muss. Wir haben beobachtet, dass sich die Schmetterlingsraupen des Schwalbenschwanzes mit Vorliebe auf dem graziös gefiederten Kraut und den feinen Dolden der Dill- und Fenchel-Pflanzungen aufhalten. So sehen wir an milden Herbsttagen diese wunderschönen Sommervögel fliegen. Dill zieht auch Schwebefliegen an, die sich über die ungeliebten Blattläuse hermachen. Da die Dillpflanzen als Randbepflanzungen auf den Hügelbeeten eine stattliche Höhe erreichen, müssen wir sie stützen, damit sie nicht umknicken.

FENCHEL

Unsere Fenchelpflanzen stehen an bevorzugter Lage direkt beim Insektenhotel, wo sie der vollen Sonneneinstrahlung ausgesetzt sind. Es scheint ihnen hier zu gefallen, denn sie erreichen eine Höhe von drei Metern und entwickeln riesige Samendolden. Kürzlich zählte ich an einer Fenchelpflanze 60 Marienkäfer, die emsig damit beschäftigt waren, Blattläuse zu vertilgen.
Das Kauen von Fenchelsamen lindert Magenschmerzen. Inder, Italiener und Franzosen wissen darum und setzen Fenchel als Verdauungshilfe ein.

KORIANDER

ähnelt der Petersilie, hat aber einen ganz anderen Geschmack. Ich säe ihn direkt auf das vorbereitete Beet. Die vorerst rundlichen Blätter wachsen sehr schnell und nehmen bald ihre typisch gefiederte Form an. Die jungen Korianderblätter verwenden wir hauptsächlich zu indischen Speisen, zum Beispiel zu Lammcurry. Die Samen, die im Herbst ausreifen, kann man mahlen und den Gerichten beimischen.

LIEBSTÖCKEL

auch Maggikraut genannt, wächst bei uns wie Unkraut und ist enorm ausgiebig. In der Küche verwenden wir ihn für Suppen und Eintöpfe. Der Geschmack ist sehr intensiv, es braucht wirklich nur sehr wenig davon. Unsere Pflanzen werden

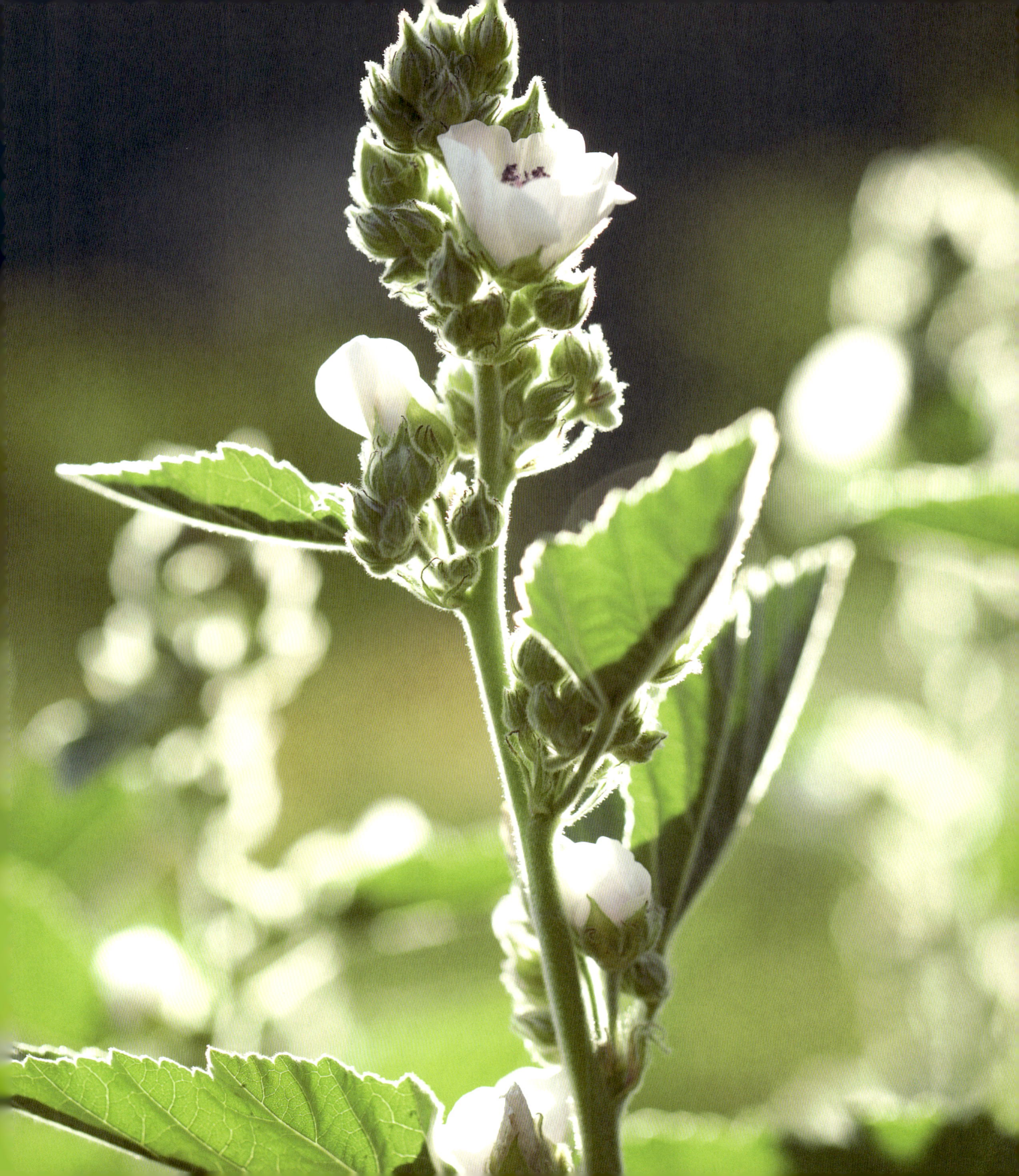

mannshoch und vertragen einen starken Rückschnitt. So ernten wir im Laufe des Gartenjahres drei- bis viermal. Zur Vermehrung graben wir die Wurzeln im Frühjahr aus und teilen sie mit dem Spaten.

LAVENDEL

Wenn ich an Lavendel denke, kommt mir immer meine Grossmutter in den Sinn. Sie legte getrocknete Lavendelblüten in die Kleiderschränke, um die Motten fernzuhalten und damit die Wäsche gut duftete. Wenn wir als Kinder zu kribbelig waren, gab sie uns ein paar Tropfen Lavendelessenz ins abendliche Badewasser, was uns beruhigt haben soll. Im Garten schätzen wir den Lavendel als hübsche, dekorative und graziöse Pflanze. Da der Duft Läuse fernhält, haben wir sämtliche Rosenbeete mit Lavendel eingefasst. Lavendel ist ein überaus robustes und pflegeleichtes Gewächs. Wir lassen ihn fünf bis zehn Jahre am gleichen Ort stehen und schneiden im Herbst die Blütenstände zurück. Sonst verlangt er keine weitere Beachtung. Neben dem echten Lavendel pflanzen wir Sorten mit verschiedenen Farbnuancen wie Hydcote, Munstead, den weissen Alba und den wolligen Lanata.

LORBEER

Frische Lorbeerblätter sind für Suppen und Eintopfgerichte ein Muss. Allerdings ist der Anbau im Freien auf unserer Höhe nicht möglich, der Lorbeer eignet sich einfach nicht für unser Klima. Da wir das würzige Aroma in Eintopfgerichten über alles lieben, können wir es trotzdem nicht lassen, jedes Jahr einige Lorbeerpflanzen zu ziehen, die wir dann im unbeheizten Treibhaus in Töpfen überwintern.

MEERRETTICH

gehört zu den Favoriten unter unseren Küchenkräutern. Wuchtig nimmt er seinen Platz ein. Hat man ihn erst einmal im Garten, wird man ihn

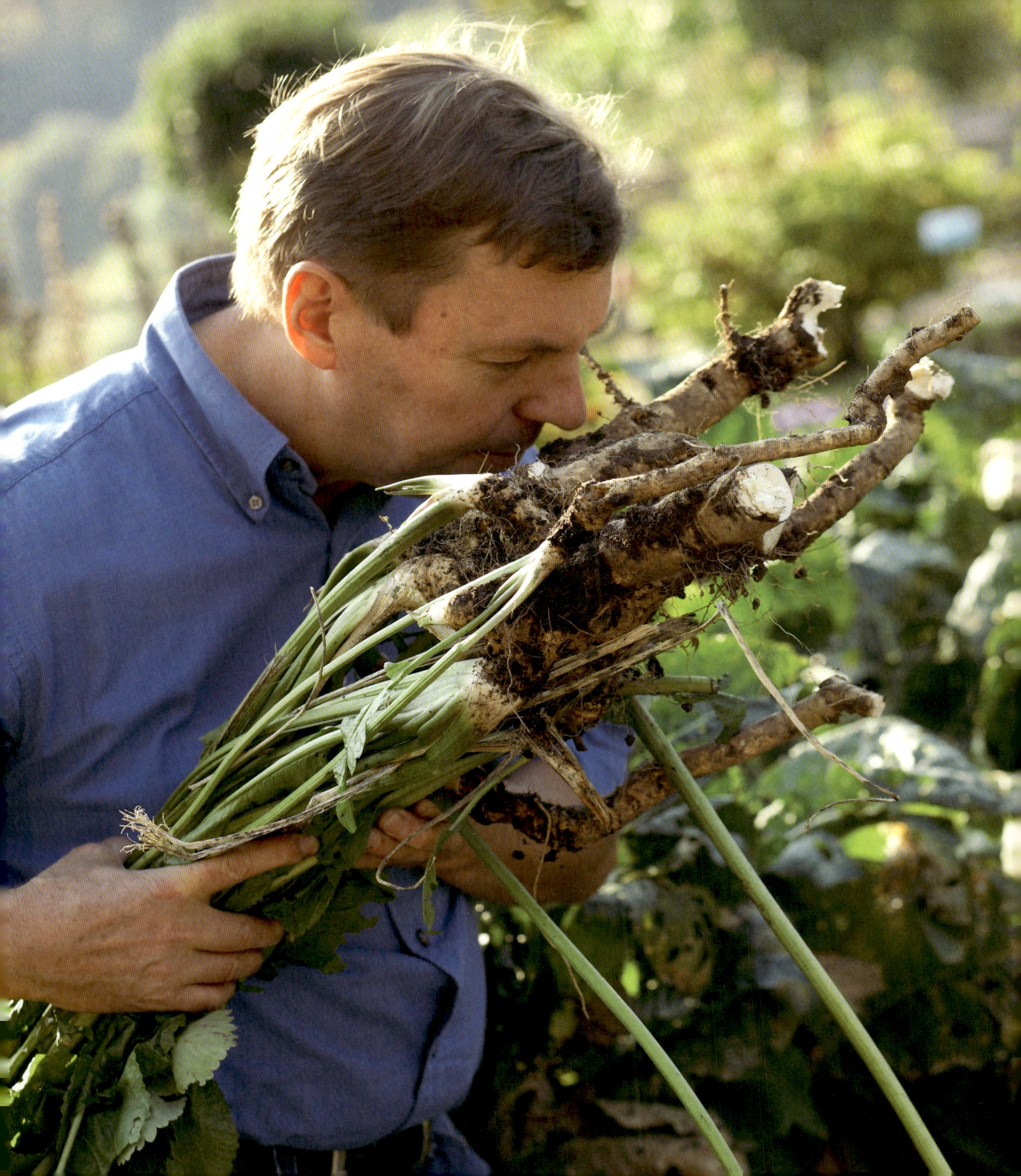

nicht mehr los. So quasi: Hier bin ich und hier bleibe ich. Die zähen Pfahlwurzeln dringen tief ins Erdreich ein. Ich habe kürzlich gut 1,5 Meter lange Wurzeln ausgegraben. Sie sahen aus wie Dinosaurierschädel. Es empfiehlt sich, dem Meerrettich einen abgegrenzten Bereich zu reservieren, wo er sich ausbreiten kann, sonst verdrängt er alles, was ihm in die Quere kommt. Wir haben eine Meerrettich-Pflanzung, die seit fünfundzwanzig Jahren am selben Ort steht. Unmöglich, sie zu entfernen. Wollten wir das Beet «meerrettichfrei» haben, müssten wir wohl mit einem Bagger das Erdreich zwei Meter tief ausgraben und wegführen. Geerntet wird der Meerrettich vorzugsweise im Winter, da sich die Kraft in der kalten Jahrszeit in die Wurzeln zurückzieht. Man spürt das, wenn man das ganze Jahr über erntet. Während die Wurzeln im Frühjahr und Sommer noch relativ mild sind, werden sie gegen Ende der Gartensaison immer geschmacksintensiver und treiben einem beim Raffeln die Tränen in die Augen. Natürlich ernten wir für den Küchengebrauch das ganze Jahr über, denn Meerrettichquark zu Kartoffeln und Meerrettichschaum zu Fisch sind unübertrefflich. Meerrettich vermehrt man, indem man kleine Wurzelabschnitte schneidet und diese am neuen Ort steckt.

PETERSILIE

ist neben Schnittlauch das am häufigsten verwendete Kraut in unserer Küche: eine wahre Allrounderin. Wenn wir gerade kein Basilikum zur Hand haben, machen wir ein «Kräuter-Pesto» mit Petersilie, Schnittlauch, Majoran und Thymian.

Wir kultivieren eine krause und die grossblättrige, italienische Sorte. Petersilie ist sehr vitaminreich, weshalb wir sie den ganzen Sommer hindurch ziehen und nachpflanzen. Wenn man die Pflanze immer wieder schneidet, kann man das ganze Gartenjahr hindurch ernten. Wir schätzen die Petersilie vor allem in Suppen und als Salatbeigabe.

PFEFFERMINZE

ist wohl eines der bekanntesten Kräuter überhaupt. Würde man eine Umfrage zum Bekannt-

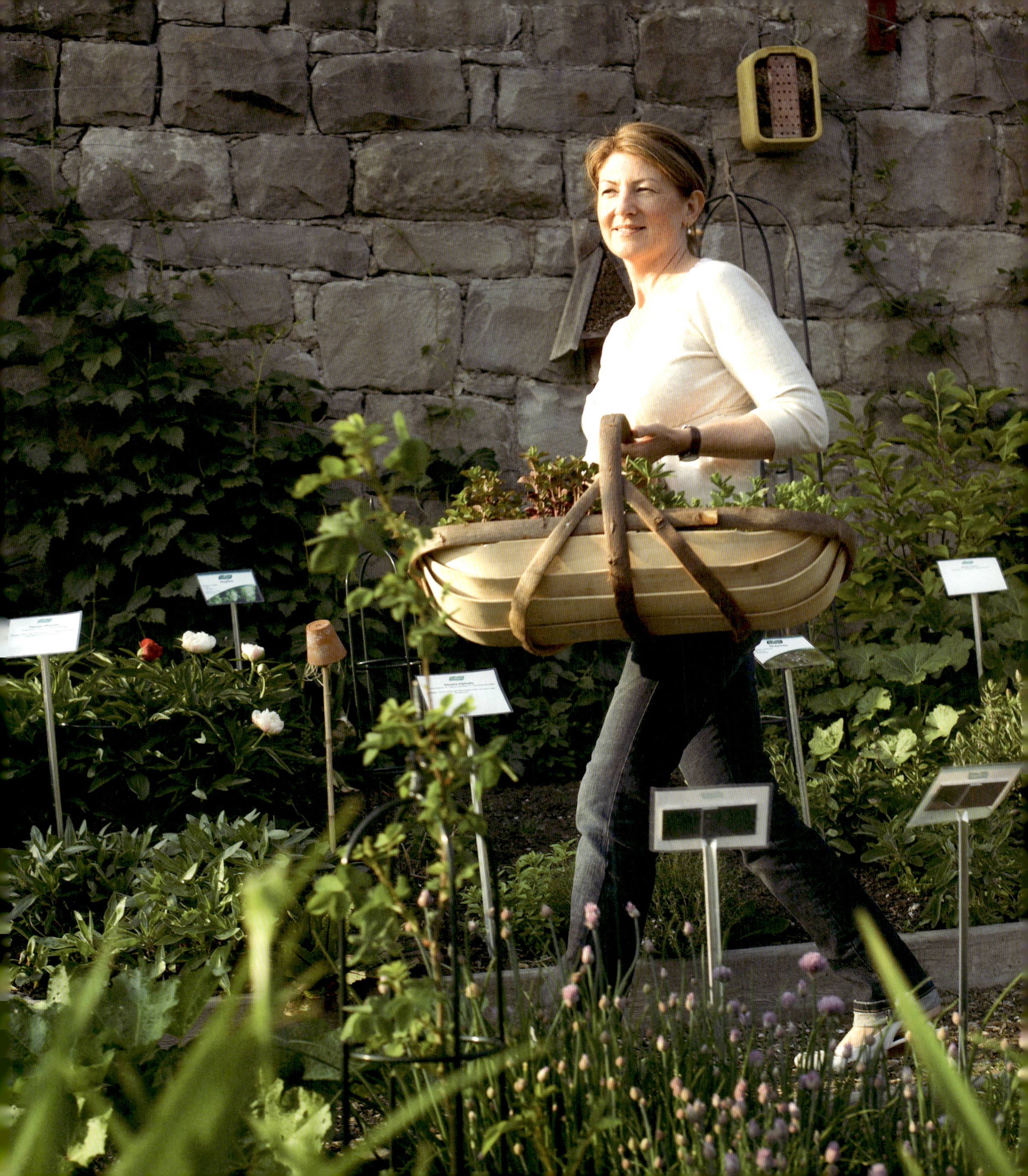

heitsgrad von Küchenkräutern machen, wäre die Pfefferminze meistens in den Top drei. Die Minze hat eine unbändige und kaum einzudämmende Wuchsfreude. Weil sie dazu neigt, in kürzester Zeit ganze Beete zu überwuchern, wird sie vielerorts in Kübeln angepflanzt. Es gibt unzählige Minzensorten. Wir haben uns auf die englische Mitcham mit den violetten Stängeln und dem intensiven Geschmack, auf Spearmint, Apfel-, Zitrone-, Ananas- und Krausminze beschränkt.

Die Pfefferminze wird bei Verdauungsproblemen und Magenbeschwerden eingesetzt. Bei meinen Rundgängen durch den Garten pflücke ich stets ein Pfefferminzblatt und kaue es. Mittlerweile habe ich ein Gespür dafür entwickelt, wann die Pflanzen geerntet werden können. Wir verwenden die Pfefferminzblätter vor allem als Tee. Man überbrüht sie´, wie die meisten Teepflanzen mit heissem Wasser und lässt sie zwei bis drei Minuten ziehen. In England und in Afrika hat die Pfefferminze eine ungleich grössere Bedeutung als bei uns. Was den Italienern der Basilikum, ist den Engländern die Pfefferminze. Sie wird als «Mint Sauce» zu Lammfleisch, in Salaten, zu Kartoffeln, ja sogar in Getränken und dem weltbekannten Pfefferminzgebäck «After Eight» angeboten.

Wir vermehren die Pflanzen durch Wurzelteilung, was denkbar einfach ist und keinen grünen Daumen erfordert. Dazu ziehen wir kleine Furchen und legen drei bis fünf Zentimeter lange Wurzelstücke hinein, die in der Regel sofort austreiben. Nach kurzer Zeit breitet sich die Minze in alle Himmelsrichtungen aus. Die grosse Herausforderung besteht darin, die Pflanzen in Schach zu halten.

ROSMARIN

passt hervorragend zu Lammfleisch und Kartoffeln. Die trockenen, klebrigen Nadeln erinnern uns bei der Ernte an Ferien in südlichen Gefilden. Bei uns ist der Anbau im Freien problematisch. Schon etliche Male ist uns ein Rosmarinstock er-

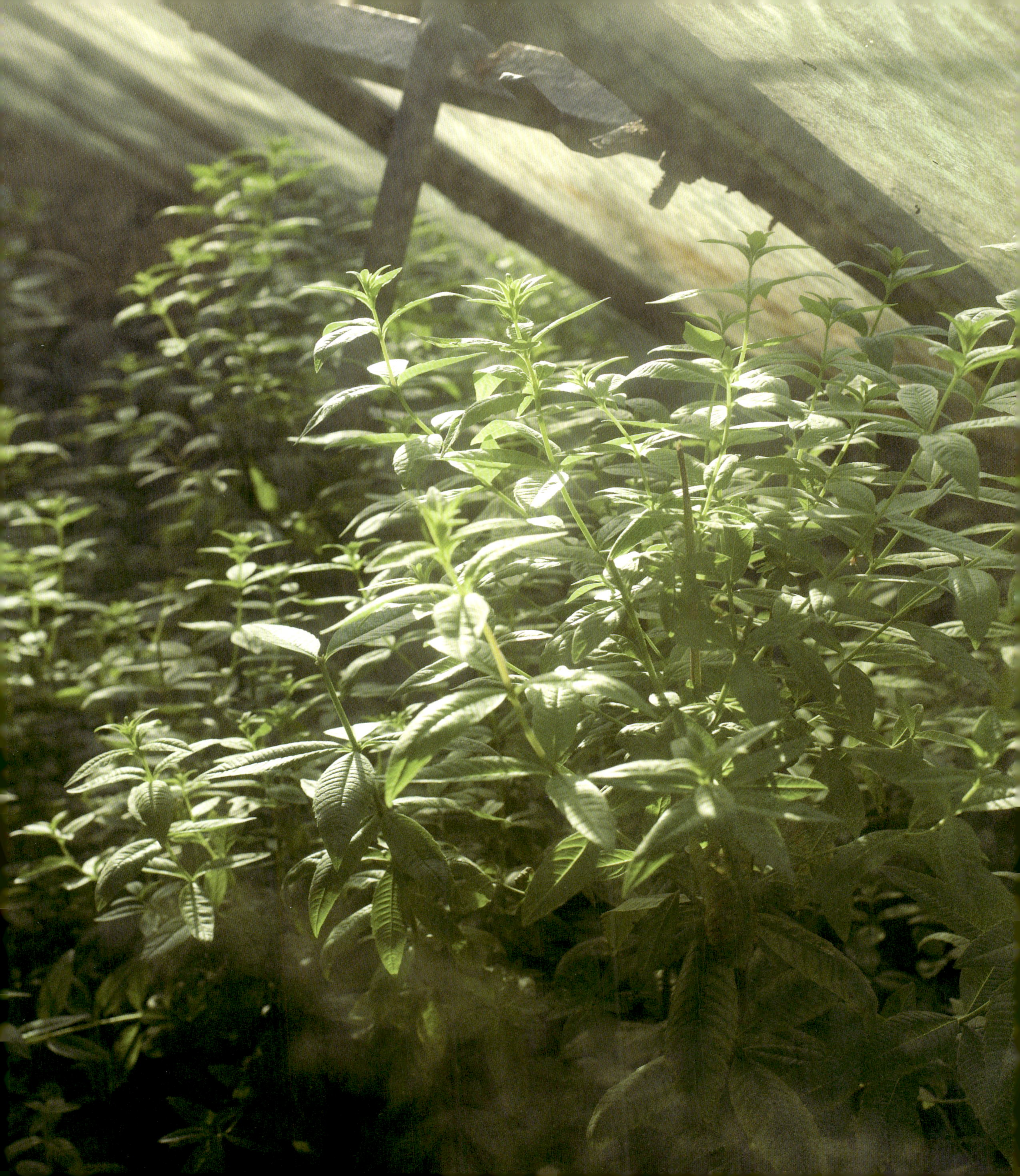

froren, weshalb wir die schönsten Exemplare im unbeheizten Treibhaus ziehen. Der älteste Stock ist inzwischen fünfundzwanzig Jahre alt.

SALBEI

Ein griechisches Sprichwort sagt: «Ein Mann, der Salbei im Garten hat, stirbt nicht.» Da es meist die Frauen sind, die den Kräutergarten pflegen, sollte es wohl eher heissen: «Eine Frau die Salbei im Garten hat, stirbt nicht.» Bei dieser Aussage geht es aber um etwas anderes. Die lateinischen Begriffe salvia, salvare haben mit Weisheit und Heilung zu tun. Der Salbei ist für uns Menschen eine wichtige Heilpflanze. In der Küche ist die Pflanze sehr vielseitig anwendbar. Wir lieben ein einfaches Essen nach der Gartenarbeit, braten dazu den frisch geschnittenen Salbei in Olivenöl an und geben ihn mit Parmesan über die Pasta oder die Kartoffeln. Grossmutter bereitete uns Kindern durch den Eierteig gezogene Salbeiblätter als Süssspeise zu. Sie nannte sie Müsliblätter.

SCHNITTLAUCH

pflanzen wir in Mischkultur mit Lauch und Karotten, da der Geruch die Karottenfliege abhält. Die langen Stiele mit den violetten Blüten sind sehr dekorativ und werden von den Bienen gerne besucht. Dolden und Halme sind ein Muss für Kartoffelsalat und Salate im Allgemeinen. Am einfachsten ist auch hier die Wurzelteilung im Frühjahr oder Herbst.

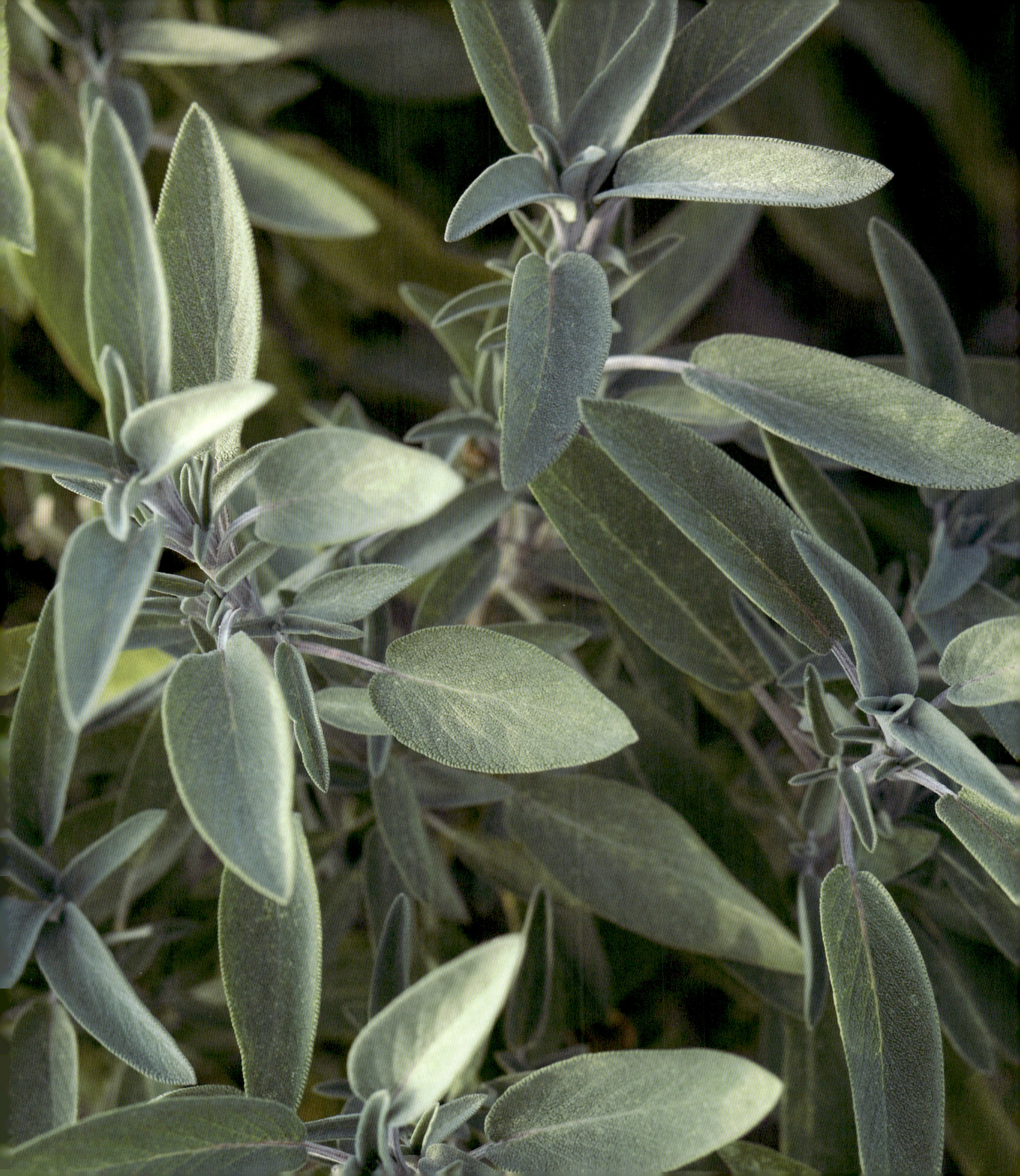

STEVIA

oder Zuckerkraut ist eine Pflanze, die mich total fasziniert. Sie ist bis zu dreihundert Mal süsser als Zucker, erinnert mich vom Geschmack her an Lakritze und hat keine Kalorien. Deshalb ist sie vor allem im asiatischen und südamerikanischen Raum als Süssmittel populär. Stevia wäre für Diabetiker geeignet und als Alternative zum Zucker bestimmt eine grosse Hilfe im Kampf gegen das Übergewicht. Vielleicht wird sie im europäischen Raum deshalb so bekämpft. Seit ich Stevia kenne, süsse ich alles damit, seien es Getränke, Kuchen oder Desserts. Ein bis zwei Blätter genügen. Das Faszinierende ist, dass die Pflanze problemlos in unserem Garten wächst. Ich kaue fast bei jedem Gartenrundgang ein Steviablatt und stille damit meine Lust auf Süsses. Da die Pflanze keine Kalorien hat, plagen mich deswegen keine Gewichtsprobleme. Stevia ist nicht winterhart, wir säen das Kraut jedes Frühjahr neu aus, pflanzen die Setzlinge wie das Basilikum Ende Mai ins Freie und ernten die Blätter bis zum ersten Frost.

THYMIAN

säen und setzen wir überall im Garten, da er mit Vorliebe von Insekten angeflogen wird. In den Ritzen der Plattenwege wächst der Teppichthymian, der einen betörenden Duft freisetzt, sobald man auf die Pflanzen tritt. In der Küche konzentrieren wir uns auf den Gartenthymian und den Zitronenthymian. Sie passen gut zu mediterranen Speisen und Salaten.

YSOP

ist ein Strauch mit violettblauen Blüten, den unsere Gäste häufig mit Lavendel verwechseln. Wir pflanzen viel davon an, weil die Sträucher Bienen, Hummeln und Schmetterlinge anziehen, pflegen sie ähnlich wie Lavendel und schneiden im Herbst die verblühten Triebe zurück. Ysop soll den Blutdruck regulieren und wird in der Küche in Fleisch- und Wildgerichten verwendet oder in den Salat gegeben.

ZITRONENMELISSE

wächst in unserem Garten wie Unkraut und macht sogar der Pfefferminze Konkurrenz. Die hellgrünen Blätter geben wir roh in Salate und Suppen. Als Tee geniessen wir die Zitronenmelisse aufgrund ihrer schlaffördernden Wirkung abends vor dem Zubettgehen. Wir teilen die Wurzeln im Herbst oder im zeitigen Frühjahr und ziehen so neue Pflanzen heran.

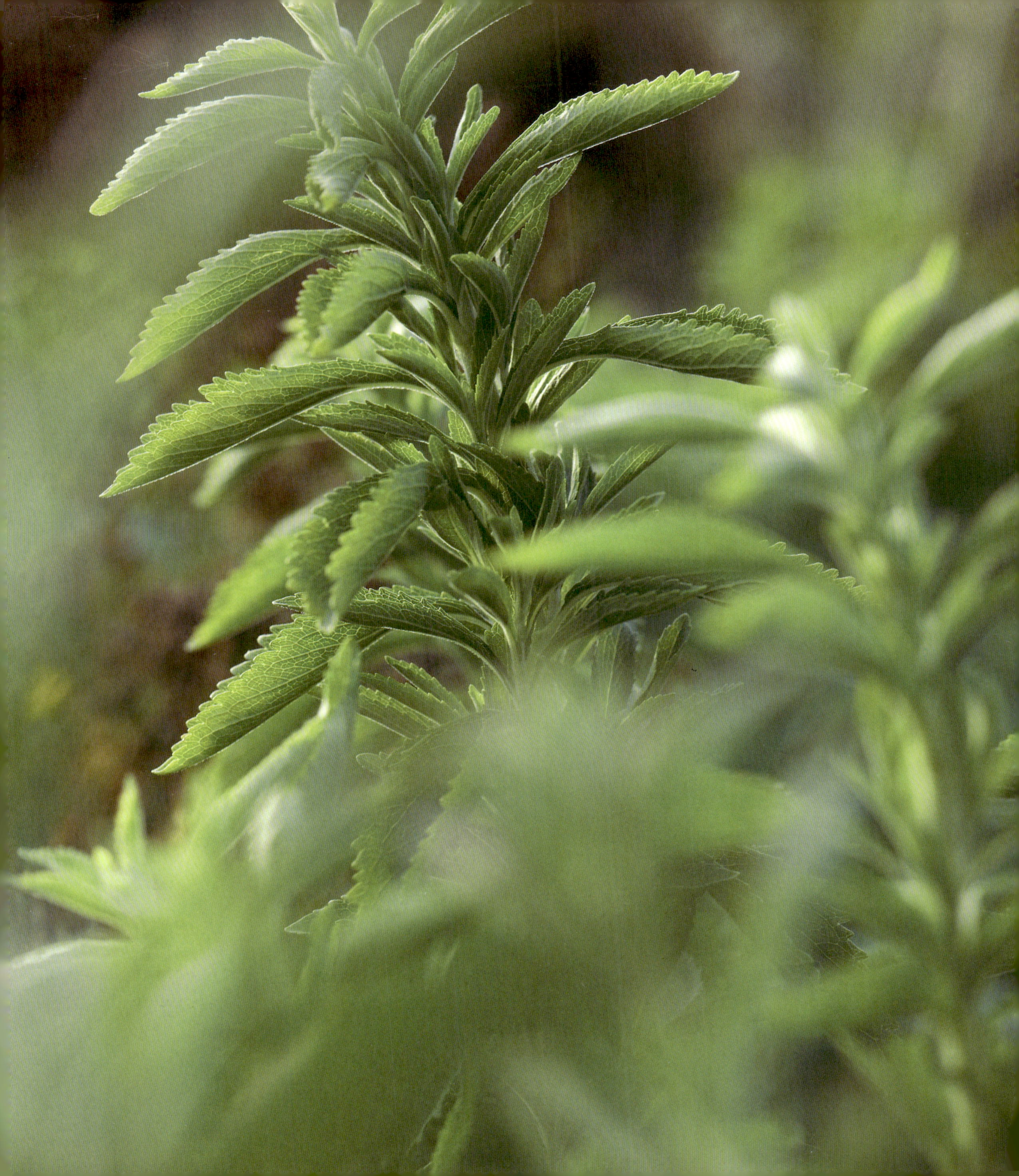

Der erste Tag

Die frühen Jäger, Sammler und Wandervölker verbrachten gemäss Harvard-Professor Mihaly Csikszentimihalyi täglich nur drei bis fünf Stunden mit dem, was wir Arbeit nennen: Nahrung suchen und zubereiten, Obdach, Kleider und Werkzeuge herstellen. Den Rest des Tages unterhielten sie sich, ruhten oder tanzten. In der heutigen Zeit sind wir oft gezwungen, an sechs Tagen die Woche zu arbeiten und dazu oft eine Arbeit zu verrichten, die uns nicht befriedigt. Wir unterscheiden zwischen Pflicht, Arbeitszeit und Freizeit. Die Freizeit wird dabei häufig mit so vielen Aktivitäten vollgestopft, dass sich unser Körper nicht mehr erholen kann. Freizeitindustrie und Wellness-Tourismus boomen. Wir suchen unser Glück in allen möglichen Aktivitäten und oft fernab von zu Hause. Meist zerrinnt uns dabei die Zeit wie Sand zwischen den Fingern. Wir rennen ihr hinterher und können sie nicht einholen. Interessanterweise haben wir alle gleich viel Zeit. In den letzten Jahrzehnten wurden so viele Maschinen und Hilfsmittel zur Zeitersparnis entwickelt, mehr Zeit haben sie nicht gebracht. Je mehr physische und psychische Energie wir in materielle Ziele stecken und je unerreichbarer diese Ziele werden, umso schwerer wird es, sie zu erlangen. Dann müssen wir zunehmend mehr arbeiten, geistig wie körperlich, und mehr natürliche Ressourcen aufwenden, um die immer größer werdenden Erwartungen zu erfüllen. Immer schneller dreht sich das Rad – bis zum Burnout.

Es gibt Kulturen, die versuchen, Arbeit und Familienleben so harmonisch wie möglich zu verbinden. Oft sind das Gesellschaften und Gruppierungen, die nicht direkt durch die moderne, urbane Zivilisation beeinflusst werden. In den hochgelegenen Bergtälern der Alpen existieren heute noch solche Gemeinschaften. Wie dort Arbeit erfahren wird, kommt uns modernen Menschen seltsam und fremd vor. Das Auffallende daran ist, dass jene, die dort leben, ihre Arbeit nur selten von ihrer Freizeit unterscheiden. Man könnte sagen, sie arbeiten jeden Tag sechzehn Stunden, aber gerade so gut könnte man sagen sie arbeiten überhaupt nicht.

Eine sechsundsiebzigjährige Bäuerin berichtete, dass sie jeden Morgen um fünf Uhr aufsteht, um die Kühe zu melken. Danach bereitet sie ein umfangreiches Frühstück zu, macht das Haus sauber und bringt, je nach Wetter, die Kühe auf die Weiden, pflegt ihren Obst- und Gemüsegarten und kämmt die Schafwolle. Im Sommer verbringt sie einige Wochen auf der höher gelegenen Alp, mäht die Bergwiesen und trägt die riesigen Heuballen ins Tal hinunter. Am Abend liest sie ihren Enkelkindern Geschichten vor oder musiziert mehrmals wöchentlich mit anderen Dorfbewohnern in ihrer Stube. Sie kennt jeden Baum, jeden Fels, jede Linie des Bergkammes, als seien sie ihre Freunde. Das Wetter kann sie meist Tage zuvor und fast immer richtig vorhersagen. Sie weiß, wann zu heuen ist oder wann Gefahr durch Gewitter oder Unwetter droht.

«Wir haben alle 24 Stunden Zeit. Die Frage ist nur, wie wir unsere Zeit nutzen. Wir haben heute so viele Hilfsmittel in Haushalt und Büro wie noch nie. Eigentlich alles Hilfen, um Zeit zu gewinnen. Könnte es also sein, dass meine Lebensqualität zunimmt, wenn ich mit meiner Zeit und Energie behutsam umgehe?»

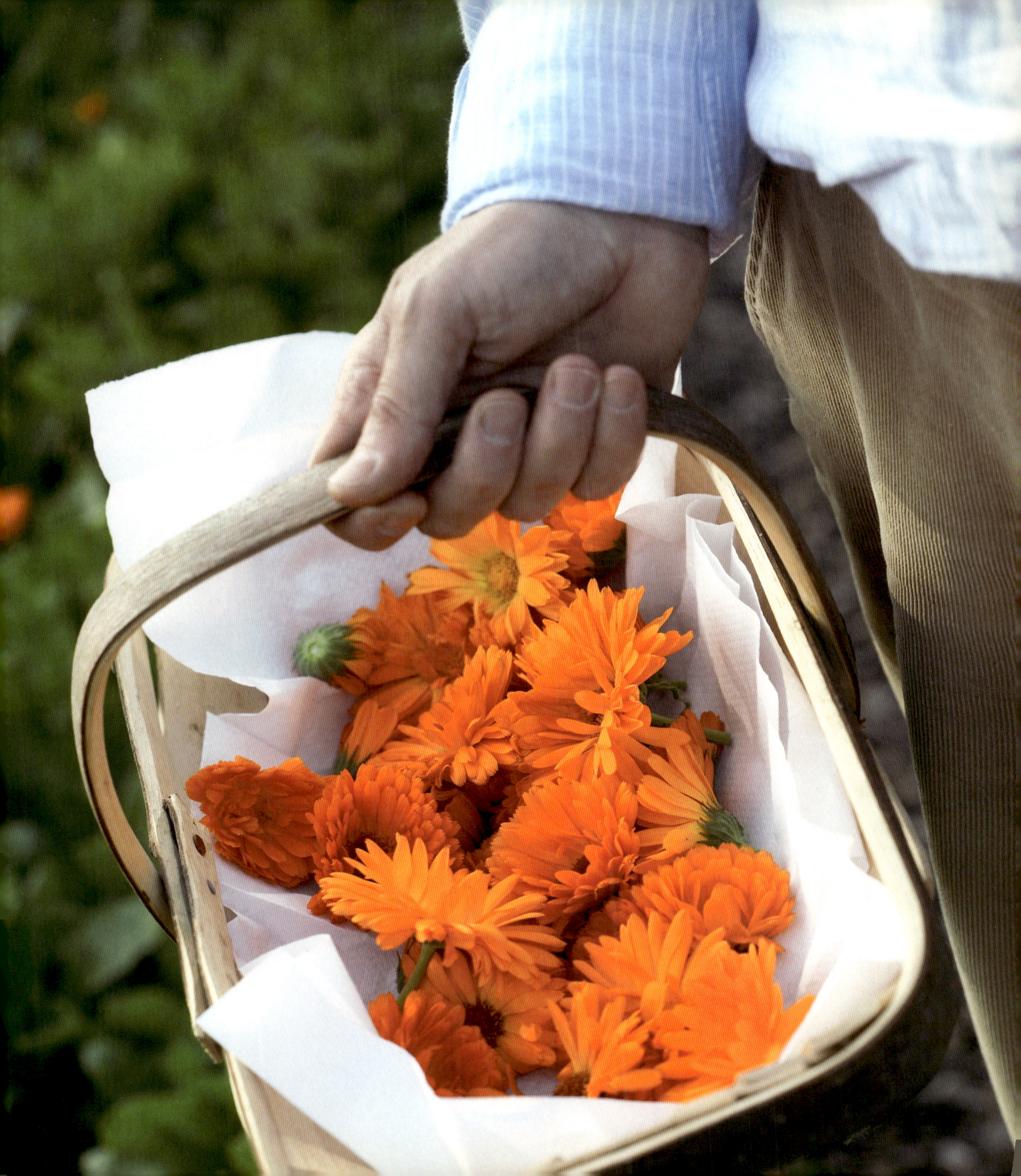

Selbst den Schnee und die Lawinen spürt sie im Voraus.

Wenn man die Bäuerin fragt, was ihr am meisten Spaß macht im Leben, dann antwortet sie: «Die Kühe melken, sie auf die Weide bringen, die Obstbäume ausdünnen, Wolle kämmen…», eben das, was sie ihr Leben lang getan hat. Draußen sein, mit den Dorfbewohnern reden, bei den Tieren sein. Die ganze Natur ist eine große Gemeinschaft, man sieht jeden Tag, wie sich in der Natur etwas verändert. Wenn sie gefragt wird, was sie tun würde, wenn sie genügend Zeit und Geld hätte, lacht die Bäuerin – und wiederholt die gleiche Liste von Aktivitäten:

Sie würde die Kühe melken, auf die Weide bringen, den Obst- und Gemüsegarten pflegen und Wolle kämmen. Sie und viele der älteren Dorfbewohnerinnen und Dorfbewohner unterscheiden nicht zwischen Arbeit und Freizeit.

Bei meinen Gästen habe ich oft den Eindruck, dass sie der Zeit hinterherlaufen und, was immer sie auch tun, nicht genug davon haben. Und dann kommt es vor, dass ich zu Seminarbeginn mit meinem Lieblingsgerät, der Pendelhacke, vor einer Gruppe stehe und sage: «Wenn ich stehe, stehe ich, wenn ich gehe, gehe ich, wenn ich esse, esse ich… und Sie, mein Gegenüber, sind jetzt überhaupt nicht hier und anwesend.» Wir

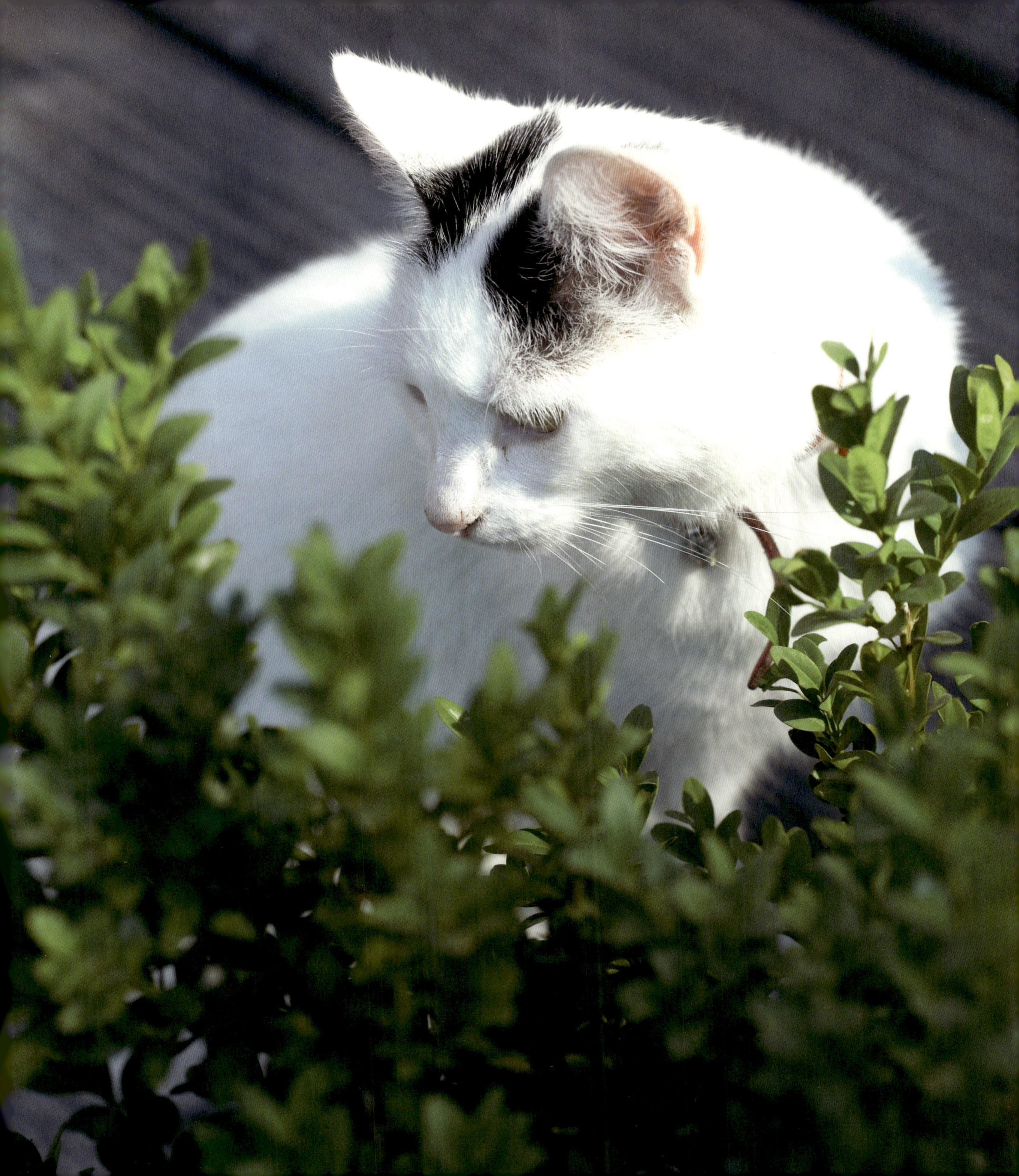

sind so sehr in Bewegung und müssen so vielem gerecht werden, dass die Seele oft nicht mehr Schritt hält.

In unserem Garten steht ein grosses Glasgefäss. Ich fülle das Gefäss mit grossen Steinen und frage die Anwesenden, ob das Gefäss voll sei. «Ja natürlich», lautet die Antwort. Dann gebe ich Kieselsteine zu, von denen eine grosse Menge zwischen den grossen Steinen Platz findet. Wiederum stelle ich den Besuchern die Frage: «Ist das Gefäss voll?» «Ja», kommt erneut die Antwort, wenn auch schon etwas unsicherer.

Nun nehme ich einen ganzen Kübel voll Sand und schütte ihn ins Gefäss. «Ist das Gefäss jetzt voll?» Nun wissen die Leute nicht mehr, ob sie die Frage mit Ja, oder mit Nein beantworten sollen. Zu guter Letzt giesse ich eine ganze Kanne voll Wasser nach. Was will uns diese Geschichte aufzeigen? Würde ich das Gefäss zuerst mit Wasser füllen, dann hätten weder der Sand, noch die Kieselsteine und schon gar nicht die grossen Steine darin Platz. Wichtig ist, uns zu fragen: Welches sind die grossen Steine, und damit die wichtigen Dinge in unserem Leben? Die müssen wir zuerst platzieren. Dieses eindrückliche Experiment hat schon manche Gäste verwirrt und ihr Handeln hinterfragen lassen. Manchmal schmerzhaft, aber oft mit der Gewissheit und Einsicht, auf dem richtigen Weg zu sein. Dass es nicht nur eine Sicht oder Wahrheit gibt, sondern dass uns im Gegenteil viele Möglichkeiten offen stehen, ist eine schöne Erfahrung.

«Und wenn mir das erst heute bewusst geworden ist?», fragte mich ein älterer Seminarteilnehmer. «Dann ist heute der erste Tag vom Rest ihres Lebens. Packen sie es an, setzen Sie es um!»

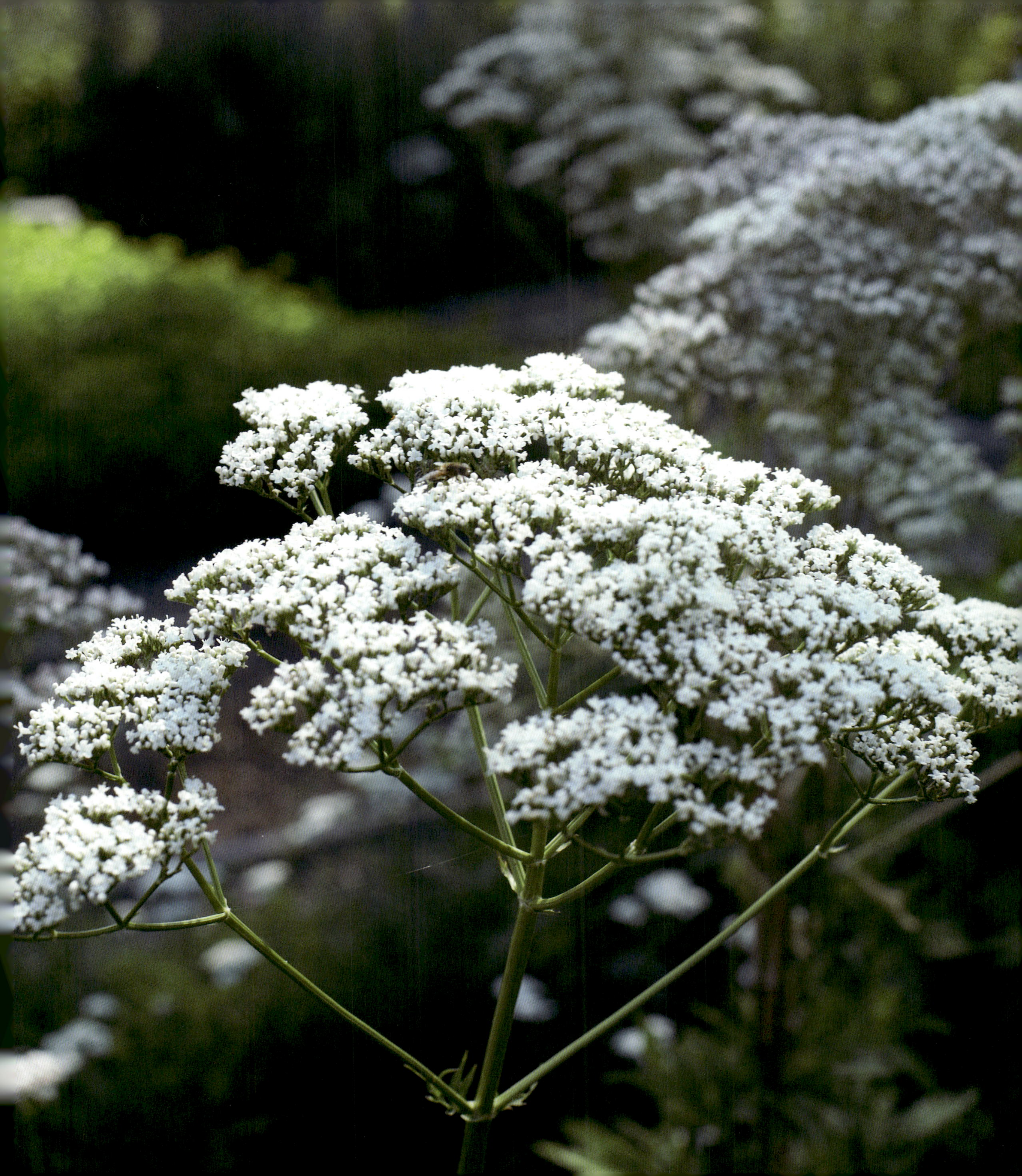

Im Schnee

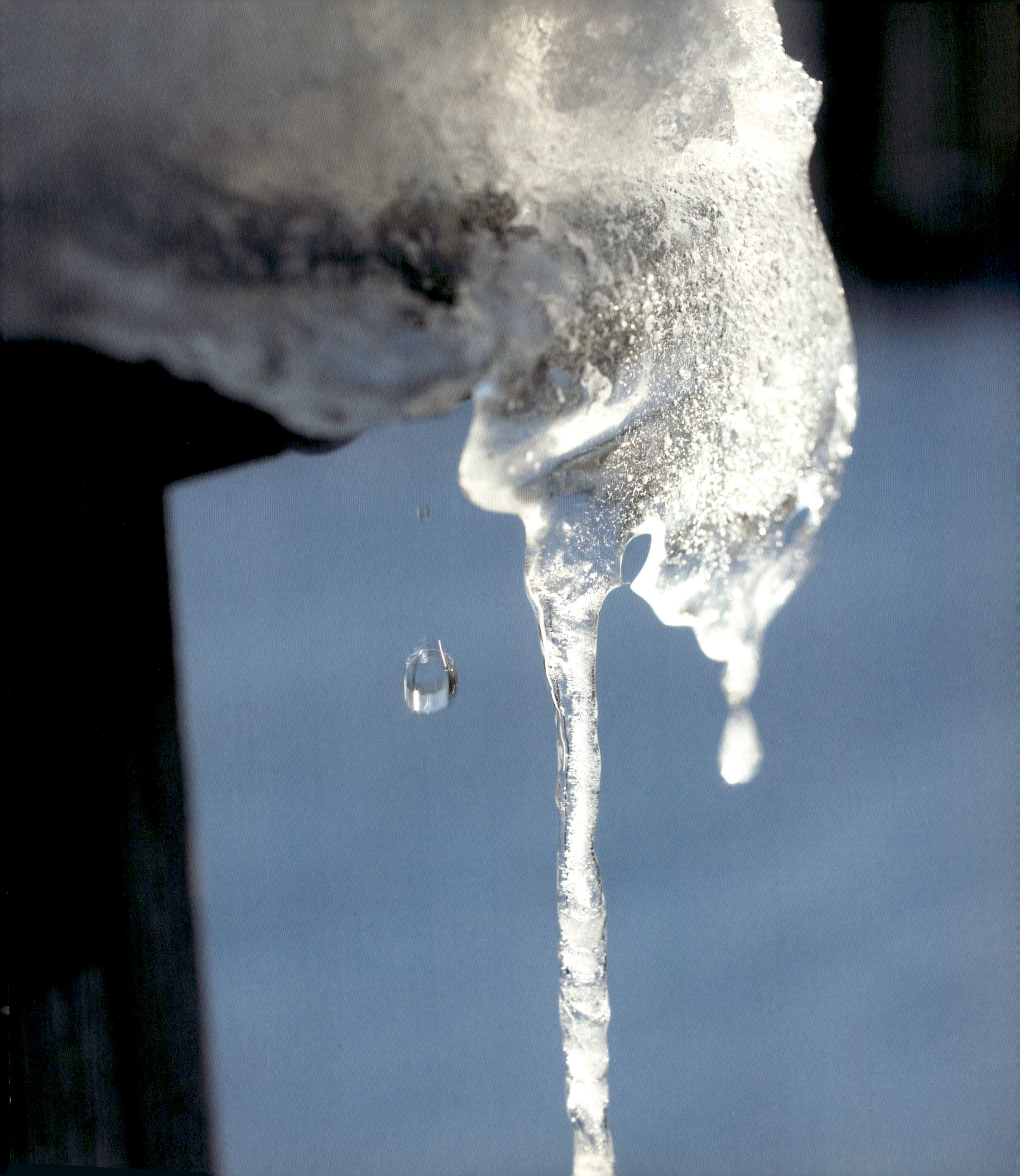

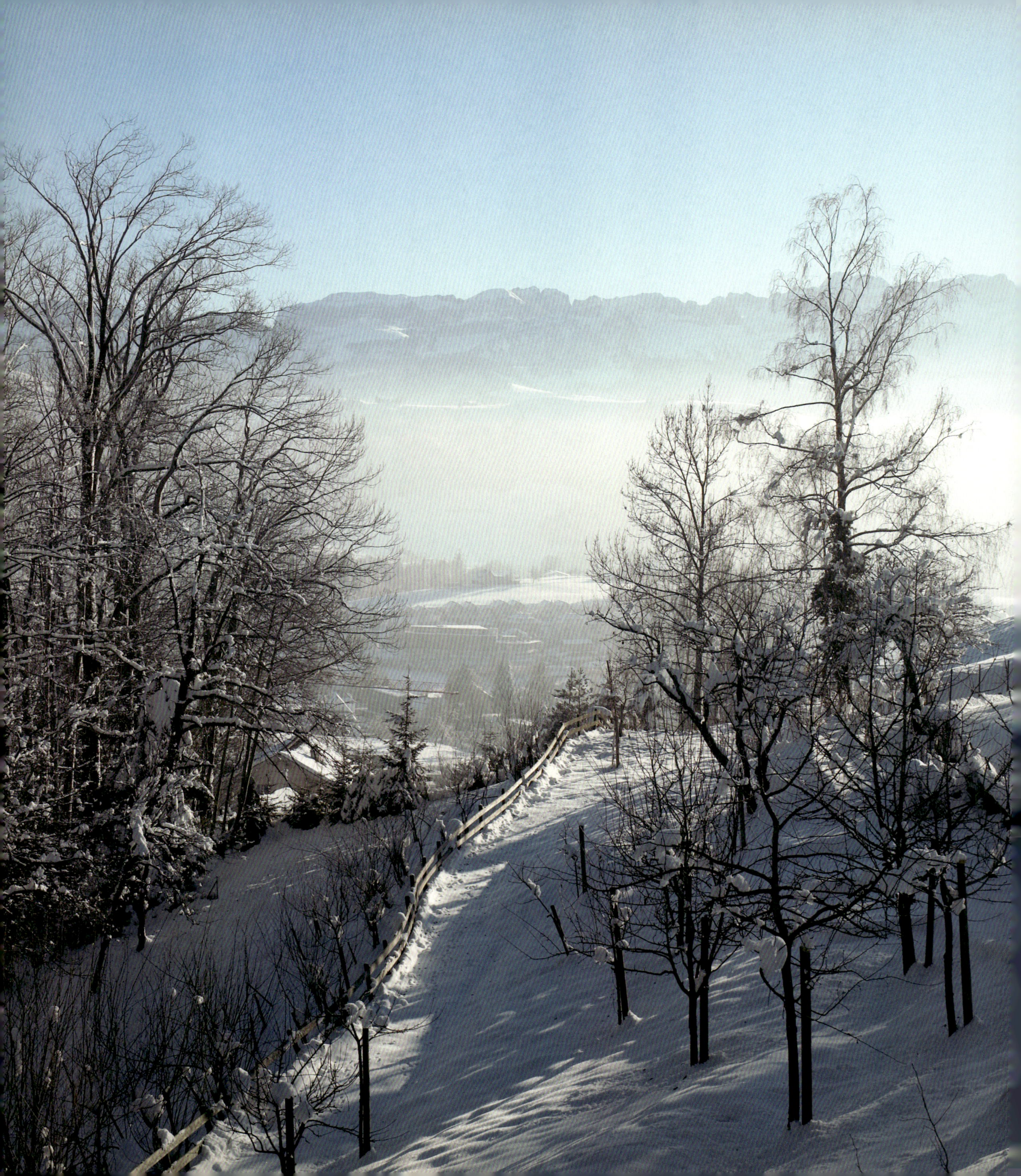

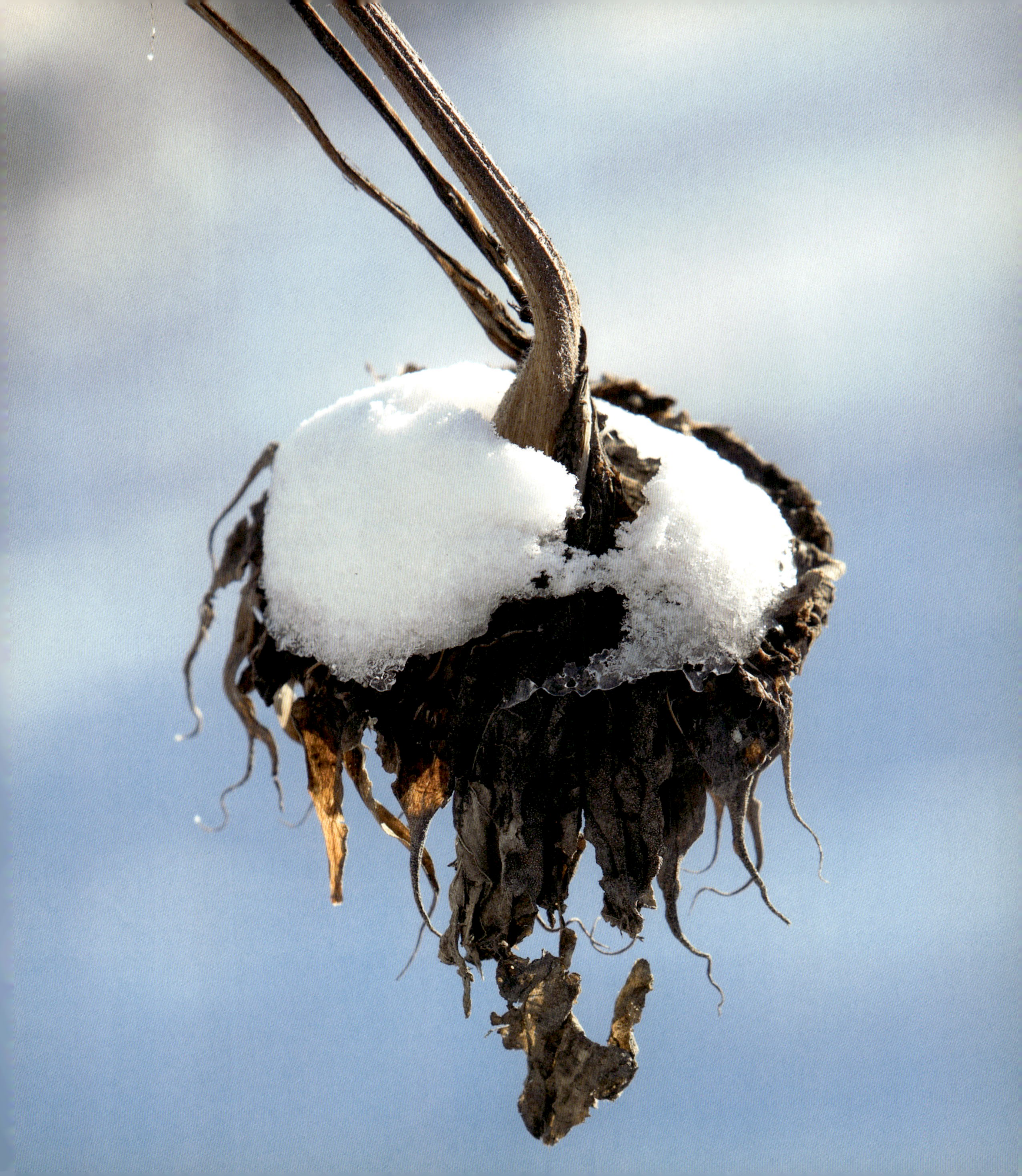

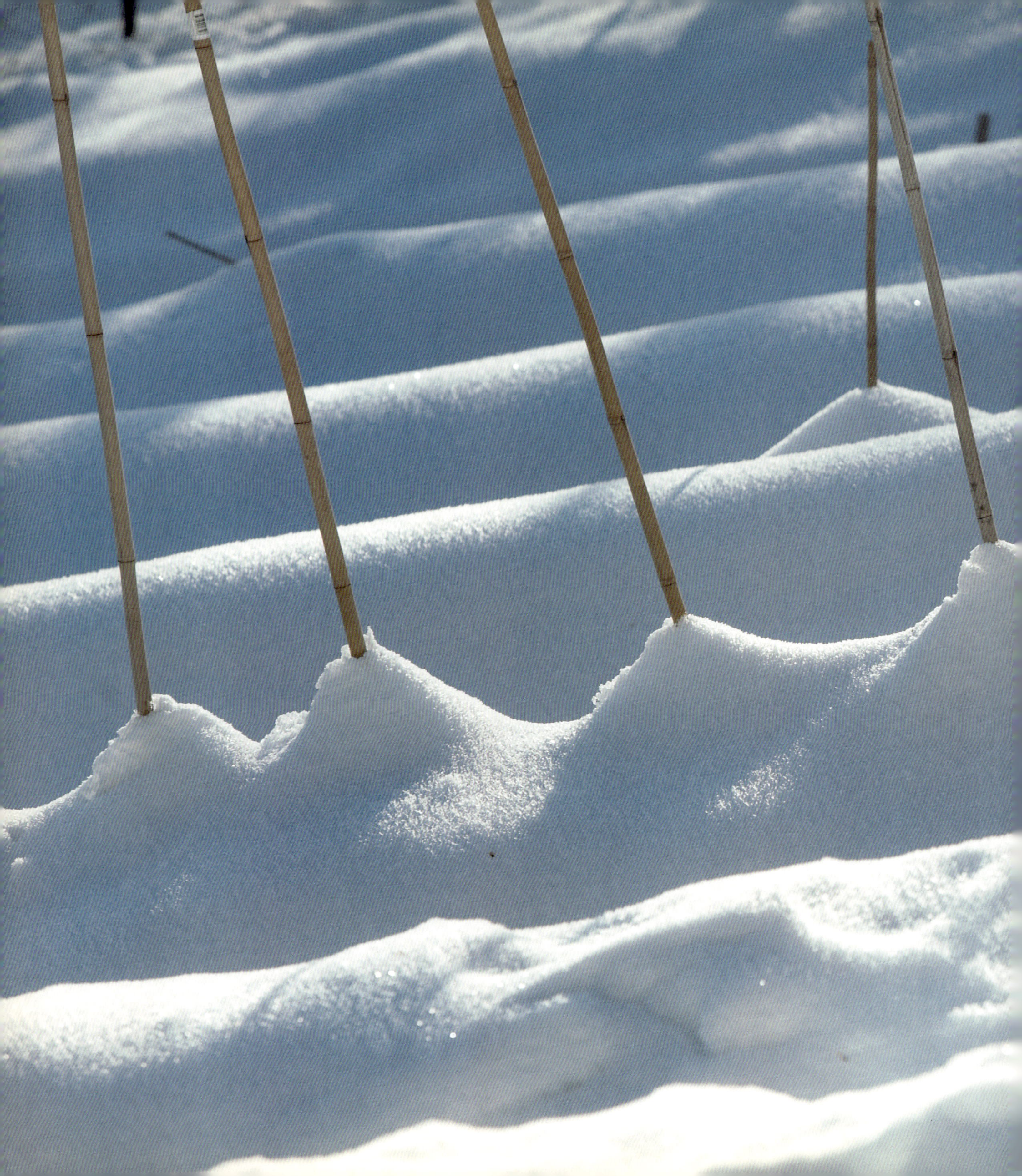